政治行政入門（新版）

山梨学院大学政治行政研究会

編著

公人の友社

はじめに

　「人間は政治的動物だ」というアリストテレスの人間の定義はよく知られている。しかし、近年では、人間と類人猿との間での共通した社会生活の研究が進み、政治は必ずしも人間固有の活動ではないことが分かってきている。そうした研究のなかの一つに、動物行動学者、F・ドゥ・ヴァールの『チンパンジーの政治』（産経新聞出版、2006年）という著作がある。このなかでは、ボス支配のチンパンジーの群れにおいて、序列第1位のオスのボスに対して、第2位と第3位のオスが連合してボスに対抗したり、あるいは序列第3位が第1位と第2位の協力相手としての「キャスティング・ボート」の位置を占めて、メスをめぐって漁夫の利を得たりするなど、多様な政治が示されている。
　こうした説明は動物の「擬人化」として批判されることも多いが、H・ラズウェルのように「誰が何を、いつ、どのように獲得したか」を政治だとする限り、かれらの権力をめぐる駆け引きが、まさしく政治的色彩を帯びたものとして見て取れるのは間違いがない。
　人間の場合、その基本構造を規定する社会体制の選択によって、政治のあり方は、非常に異なってくる。現代日本は、この観点で見ると、いわゆる自由民主主義体制を採っている。この体制のもとでは、ボスの地位をめぐって第2順位と第3順位がどうのということは、政党内部での勢力争いを別にすれば、あまり見ることはないであろう。ではどのような政治になるのか。それはまず、地球レベルでは、国連があるとはいえ、真正の世界政府のない国際政治となって現れるであろう（もっともこれは自由民主主義体制のゆえというよりは、国民国家のゆえではあろうが）。他方、国内政治としては、憲法を主たる柱とする法制度によって代表されるであろう。そして次に、そうした法制度のもとで、営まれる具体的な政治過程に政治が認められるであろう。そしてさらに複雑化した政治社会の公共的な問題を扱う行政という部門のなかに、さらには近年の「ガバナンス」への関心にともなう「政府体系」の視点から見た、諸アクターの動きのなかに、政治が認められるようになるであろう。そして、それらに関する

はじめに

学問が政治学、行政学、となり、さらにそれらによって諸種の社会問題に対する何らかの解決手立てを提供しようとする「政策」が、諸学の研究対象となってくる。

本書は、山梨学院大学法学部政治行政学科の専任教員が、政治学、行政学（とくに地方自治体を中心とする行政学）、政策研究の3領域にわたって、初学者のために書き下ろした教科書となっている。各自の専門性を重視したため、歴史の視角、理論の視角、過程分析の視角、法解釈の視角、等々、いわゆる「学問方法」の多様性が際立っている。また、扱われた主題も分野としては限定されている。

しかし、いずれの章も現代政治の淵源をそれぞれの主題と方法で解き明かしているので、読者は自ら関心を寄せているイシューにしたがって、目次や索引等を利用して該当する章を読んで、政治的な知見を深めてほしいと思っている。なお、文中でゴシック表示している語句は、公務員試験等で問われることの多い語句となっている。それらはいずれも「索引」に載せてある。そうした試験への受験を考えている読者は、索引を「出る単」としても利用してほしい。また、各章末の「考えて見よう」は、本文の内容についてのポイントを確認したり、あるいは、関連するテーマの論文試験対策問題にもなったりしている。

最後に、本書は『入門政治行政』（2008年）に代えて、新版として作成したものである。大学は今、どこでも「教育改革」の台風に襲われている。学科教育についてはその理念を「ポリシー」として掲げるように国から要請されているが、教育の具体的な中身の一端は教科書のような形で提示することが、本筋のように思う。そうしたことができる環境を保つことができていることは、大変意義のあることだし、この教科書のまとめ役を前回同様に行ったものとしてはとりわけ嬉しい。この教科書が一人でも多くの学生や読者のもとに届くことを願っている。

文字通り山紫水明の地である山梨より、山梨学院大学政治行政研究会を代表して
　　2017年夏

丸山正次

目次

はじめに ……………………………………………………………… iii

第一部　政治学 ……………………………………………………… 1

第 1 章　民主政治の基本原理　（丸山正次）…………………………… 2
第 2 章　政治意識
　　　　　──政治的無関心からイデオロギー、世論まで（大髙瑞郁）… 15
第 3 章　執政制度・政党・選挙（江藤俊昭）…………………………… 26
第 4 章　近現代の日本政治（原　禎嗣）………………………………… 45
第 5 章　国際政治の舞台（小笠原高雪）………………………………… 58
　　　　コラム「日本をどこに位置づけるか」………………………… 72

第二部　行政学 ……………………………………………………… 73

第 6 章　行政理論の発展と変容（外川伸一）…………………………… 74
第 7 章　現代行政と政府体系（日高昭夫）……………………………… 88
第 8 章　二元的代表制と住民自治（江藤俊昭）………………………… 102
　　　　コラム「PDCA サイクルに 2 つの D を付加する」…………… 120
第 9 章　国・地方関係と地方分権（清水知佳）………………………… 122
第 10 章　官僚制組織の制度的特徴と職員の役割（外川伸一）………… 135

第 11 章　政策過程と政策手法（日高昭夫）……………………　149
第 12 章　行政責任と公私協働（清水知佳）……………………　164

第三部　政策研究 …………………………………………… 177

第 13 章　日本の安全保障政策（小笠原高雪）…………………　178
第 14 章　国際化する日本社会
　　　　　－国際社会学の視点から（原　百年）………………　193
第 15 章　日本の環境政治と環境政策（丸山正次）……………　208
第 16 章　男女共同参画の基礎と現代的意義（山内幸雄）……　223
第 17 章　少子高齢時代の福祉政策（竹端　寛）………………　237
第 18 章　生涯学習政策の推移（永井健夫）……………………　252
第 19 章　都市計画とまちづくり（中井道夫）…………………　265
第 20 章　日本の警察（原　禎嗣）………………………………　277

索引 ……………………………………………………………… 293
著者略歴 ………………………………………………………… 306

第一部　政治学

第一部　政治学

第1章
民主政治の基本原理

> 一見単純で自明な原理と思われる民主政治（democracy）は、「本質的に論争的な概念」と呼ばれる概念の一つとして政治学の世界では知られている。なぜそうなのか、どこがそうなのか、何が問題なのか、の論争点を通じて民主主義の基本原理を深くとらえよう。

1　民主政治の論点

民主政治 democracy は、よく知られているように、古代ギリシアにおける dēmos（民衆）と kratos（支配、権力）の合成語 dēmokratia に由来しており、基本的には「民衆支配」を指す言葉として理解されてきている。この場合、民衆支配は、支配者の数を根拠とした政治体制概念で、支配者が一人なら君主制 monarchy、支配者が少数なら寡頭制 oligarchy、そして支配者が多数の場合が民主制 democracy となる。民主政治がしばしば「**多数決**」と同一視されるのは、まさにこの語源によると言っても良いであろう。

ところが、デモクラシーは、「民主主義」と訳されたり、「民主制」と訳されたり、「民主政治」と訳されたりしている。この訳語の違いは、理念や価値観を表す場合と、政治体制を表現する場合と、さらに政治内容の特性を表す場合が、この概念にはあることを示している。このことからして、すでに異論の可能性が伺える。さらに民主政治は、A・リンカーンによるゲティスバーグ演説での標語、「人

民の、人民による、人民のための政治 government of the people, by the people, for the people」とも言い換えられている。この時、「人々の」にはどのような人々が入るのか、つまり民主政治の構成員は誰か、が問題になる。また、「人々による」では、人々が直接民主政治を担うのか、あるいは間接的に担うのか、つまり統治の具体的な姿、代表制や選挙制度、が問題になる。さらに、「人々のために」では、人々のどのような価値を重視するのか、とりわけ、人々の平等性を目的とするのか、それとも人々の自由を目的とするのか、が問題になる。以下では、これら3点について、より詳細に論争点を浮き彫りにしていきたい。

2 直接民主主義と間接民主主義

民主政治を歴史的に振り返った場合、しばしば、二つの民主政治モデルがあったと指摘されている。一つのモデルは、古代ギリシアに誕生した**直接民主制**で、時に**純粋民主制**とも呼ばれるモデルである。もう一つは、近代民主政治で、それは同時に**間接民主制**ないし**代表民主制**とも呼ばれるモデルである。では、両モデルの特徴を確認しよう。

(1) 古代ギリシアの直接民主制

古代ギリシアの民主政治に関しては、川出良枝らがこのモデルの代表であるアテネの民主政治について次の四つの特徴を指摘している[1]。第一の特徴は、政治の担い手となる市民の政治への参加権が平等であったことである。ただし、細かく見ると、市民の資格（**シティズンシップ**）は、成年男子のみに限定され、奴隷や女性、在留外国人は除外されていた。しかし、市民資格の保有者の間では政治的な権限の違いは存在していなかった。つまり、成員間の政治的平等という価値が極めて重要視されていたのである。

---

1 川出良枝・谷口将紀（編）『政治学』（東京大学出版会、2012年）、3-5頁。

第二の特徴は、このことから帰結することだが、政治的な権限の均等化、つまり治者と被治者との一致が徹底して追求されたことである。具体的には、市民全員の参加と発言が保証され、決定がなされる民会があり、さらに行政及び司法については、1年毎の抽選によって市民がその職務に就くようになっていた。こうして、市民自らが統治者となることで専門家による支配を避け、権限の格差が生じないようにしていたのである。

第三の特徴は、この市民権の保有者には、高い「公共精神」が求められたことである。当時のギリシアでは、都市国家間で多くの戦争が行われ、市民はこの戦争においては兵士となる義務を負っていた。そのため、公共のために尽くすことは当然の義務と理解されていたのである。

第四の特徴は、この政治的単位となった共同体が、現代の目からするとかなり小規模であり（アテネで最大の市民数は5万人を超えていないと言われている）、成員間の密接な関係性が保証されていたことである。つまり、人びとは、相互に緊密な交流やコミュニケーションを行っており、公共精神の尊重にあるような同じ道徳的価値観をもち、そして宗教においても同じ信仰を持っていた。だからこそ、言論によって、物事を決定することが可能になったのである。

以上が川出らがあげた特徴であるが、このほかの重要な特徴としてさらに、そこでは政治に参加することそれ自体に価値（政治参加の内在的価値）が置かれていたことも挙げるべきであろう。というのも、アリストテレスが指摘しているが、この政治体制の原理は、誰の支配も受けずに、各自が自分の欲するところにしたがって生きる自由を保証しようとする以上[2]、政治に参加しない限り自由ではなくなるからである。

（2）近代民主政治における間接民主制

民主政治は古代以後しばらく歴史から姿を消していたが、それは近代になっ

2　アリストテレス『政治学』（岩波文庫、1961年）、286頁。

て再度ヨーロッパに登場することとなった。しかし、この近代に登場した民主主義は、古代ギリシアとは、その拠って立つ社会的現実を大きく異にしていた。その特徴を、千葉眞は以下の三つの形容句の追加によって表示している[3]。ナ・ショ・ナ・ル・・デモクラシー、立憲主義的民主主義、そして自・由・民主主義（傍点は、二番目を除いて丸山）である。

　第一にナショナルという特徴。ナショナルは国民とも国家とも訳されているが、この概念の前提となっているのは、**主権**概念の登場である。主権とは領域内における最終的で絶対的な権威の存在を示すが、これが市民革命期において主権国家として登場し、さらにその国家は、自国の領土のなかで主権を保有する**国民国家（ネーション・ステート）**と理解された。ここに、国民による政治が、民主政治として語られることになったのである。

　第二に、近代民主政治は、今述べた市民革命後に確立していく近代的な**立憲主義**と結びついた。フランス人権宣言第16条には「権利の保障が確保されず、権力の分立が規定されないすべての社会は、憲法をもつものでない」と記されたが、このような立憲主義を実現するものこそが民主政治とされた。そこで、**法の支配**、**基本的人権の尊重**、**三権分立**等が民主政治を構成する基本要素となったのである。

　第三に、これらと密接に関わるが、民主政治はイデオロギーとしての**自由主義**と結びついた。自由主義は、政治的には思想信条の自由などの自由権を主張するが、同時に経済的には所有権の不可侵を土台とする資本主義を擁護する。政治は、これらの個人としての幸福追求活動を保障するための手段として捉えられる。言い換えれば、政治参加はそれ自体が価値あるものではなく、個人にとっての他の目的を実現するための道具的な価値として捉えられた。

　以上が千葉が指摘した3つの特徴であるが、最後に、これらのいずれの特徴からも代表民主主義、つまり間接民主主義が帰結することをあげておきたい。

3　千葉眞『デモクラシー』（岩波書店、2000年）、25-26頁。

これは、広大な国土と同質性は必ずしも保証できない国民では、対面式の政治的決定などは不可能だという「ナショナル」の要素からも[4]、あるいは見識のあるリーダーたちによる討議が可能となるとの「立憲主義」からも[5]、さらには、近代の市民は、古代ギリシアのように生産活動を奴隷に委ねるのではなく、自ら生産に従事することで生計を営む以上、政治に全面的に関与することはできないという「資本主義的な生産」の条件からも要請されるのである。

3　自由と平等

（1）自由と平等との対立

　民主政治は、人々のための政治を行う。その場合、人々が重視している価値を目的として政治を行う。そうした価値として認められてきたのは、一般的に、「自由と平等」の二つの観念であった。古代ギリシアの民主制では「自己以外の誰にも支配されない自由」を「あらゆる市民が平等に保有する」ことが求められたし、近代民主制では「自由と平等との生まれながらの権利」が保障されることが求められてきた。しかしながら、自由と平等とは価値として矛盾なく結合できるものであろうか。

---

[4] たとえば、合衆国の独立運動に大きな理論的貢献を果たしたT・ペインはこう述べている。「植民地〔ここでは移民によってできた国を指している〕が大きくなるにつれ、公務もまた増えてくる。そして人々も離れ離れに生活するようになる。…いつも全員が集合するのは非常に具合が悪くなる。そこで合意によって立法に関することは、全体から選ばれた特定の人間の処置に任せるのが便宜だ、ということがわかってくる」（T・ペイン『コモン・センス』（岩波文庫、1976年）、20頁）。

[5] たとえば、合衆国憲法の父、J・マディソンは、「世論が、選ばれた一団の市民たちの手を経ることによって洗練され、かつその視野が広げられるのである。その一団の市民たちは、その賢明さのゆえに、自国の真の利益を最もよく認識し、…一時的なあるいは偏狭な思惑によって自国の真の利益を犠牲にするようなことが、きわめて少ないとみられる」（J・マディソン他『ザ・フェデラリスト』（岩波文庫、1999年）、61頁）と述べて、積極的な理由で代議制を肯定している。

まず自由を考えてみよう。民主主義においては、自由の価値は基本的に個人のレベルで捉えられ、個人個人が自由か不自由かという観点においてのみ考慮されていく。そこでの関心には、自由の追求の結果として、個人と個人とが最終的に不平等になったとしても、それ自体を問題視する発想は存在しない。だからこそ資本主義社会における「自由な競争」の結果として生じる個人間の経済的な生活状況の違いは、正当なものと理解されていく。

これに対して、平等の価値は基本的に複数以上の個人からなる集合体の見地から捉えられ、その集合体のなかでのそれぞれの平等化が追求されていく。しかも人間社会においては、何もしないでおいて平等になることは一般にはなく、何らかの強制力を働かせないと平等にはならない。つまり、権力の作用なくして平等は実現しにくいのである。ということは、平等の追求が進むようになると、ある種の自由は制約されざるを得なくなることを意味している。実際、政治世界での民主主義ではなく、たとえば家族を含む社会生活の民主主義や、あるいは労働を含む経済の民主主義を語る場合には、社会資源の公平な配分を指す「**社会的正義**」の観念が生じ、この社会的正義実現のためにはある種の自由の抑制が図られるのは当然だとする考えが生まれてきた。このように、平等の理念を強調していくと、自由の理念は、ある部分については制約を受けるようになる。

さらに、この集合体の見地が登場すると、集合体を構成するすべての人々にとっての一般的な利益、言い換えると**公共の利益**という理念が登場する。公共の利益は誰に対しても分け隔てなく分与されるものであるから、まさに平等という価値を帯びたものである。となると、公共の利益は私的な利益に優先する。ここでもまた、個人の自由は何らかの制約を受けることになるのである。

（2）自由それ自体における対立

民主主義の理念では、自由と平等の対立だけではなく、さらに自由それ自体についても、実は対立した捉え方が存在している。それは「政治的自由」を実現する上での政治参加の意義についての違いで表現することができる。

第一部　政治学

　1節での民主政治の二つのモデルで見たように、古代民主制では、政治に参加することが人間の自由にとって不可欠の要素とみなされており、政治参加はそれ自体が内在的な価値をもつものとみなされていた。しかし、こうした見方は、決して古代民主制のみに限るものではない。たとえば近代においても、この点を明確に主張した思想家としてJ・J・ルソーがいる。ルソーは、よく知られた著書『社会契約論』において「各人が、すべての人々と結びつきながら、しかも自分自身にしか服従せず、以前と同じように自由であること」こそが根本的に解決すべき問題であるとし、そしてその解答は、「各契約者の特殊な自己に代わって、一つの精神的で集合的な団体をつくり、…その共同の自我、その生命およびその意志を受けとる」[6]契約、つまり**社会契約**を結ぶことだとしたのである。各人はこの契約によって主権者となり、政治的共同体の一員となる。そこから、次の有名な一節が帰結する。「主権は譲りわたされえない、これと同じ理由によって、主権は代表されえない。…人民がみずから承認したものでない法律は、すべて無効であり、断じて法律ではない。イギリスの人民は自由だと思っているが、それは大まちがいだ。彼らが自由なのは、議員を選挙する間だけのことで、議員が選ばれるやいなや、イギリス人民はドレイとなり、無に帰してしまう」[7]、と。ここには、自由を維持する唯一の正当な方法は自らが政治的決定に与ることだとする考えが、強く認められるであろう。

　ところが、近代民主政治においては、このような自由とは異なる政治的自由が構想されている。それを明快に示した一人が、イギリスの政治哲学者I・バーリンである。かれに言わせれば、上述してきたような自由は「あるひとがあれよりもこれをすること、あれよりもこれであること、を決定できる…〔のは〕だれであるか」という問いへの答えで、人に決定される「隷属」ではなく、自分の意志で方向を決定できる行為者となる自由を指している。これに対して、「主体が、いかなる他人からの干渉もうけずに、自分のしたいことをし、自分の

6　J.J.ルソー『社会契約論』（岩波文庫、1954年）、31頁、傍点はルソー。
7　同書、133頁。

ありたいものであることを放任されている、あるいは放任されているべき範囲はどのようなものであるか」[8]を問うような自由がある。この自由は、干渉を受けない範囲が広くなるほど自由も拡大されると考える。もちろんこうした自由が無制限に広がれば社会は崩壊するが、しかし、ロックなどが考えた自由では、最小限の個人的自由は不可侵のもとして想定されており、それがこのような「権力から干渉されない自由」だったというのである。この場合、この意味での個人的自由を保障することが政治の役割とされるので、民主政治でなくても、たとえば啓蒙的な専制君主の下でも、この種の自由は守られるかもしれない。つまり、干渉されないという個人的自由は、民主政治との間に必然的関係をもつわけではなくなる。したがって、この自由を求める民主政治での政治参加は、この個人的自由の保護を目的として、あくまでも道具的・手段的に価値づけられていくのである。

（3）多元性と一元性

これらの自由と平等への力点の違いや、自由それ自体と政治参加の意義の理解の違いは、さらに民主政治における多元性を重視するか、それとも一元性を重視するかの違いともつながっている。

民主政治は、多数の人々が集まって集合体として一つの政治的決定を策定するところに大きな特徴がある。その場合、意見の違いがあったとしても、決定した事柄については、異なる意見の人々も従うことが前提となっている。意見が異なるがゆえに決定に従わないとなれば、民主政治は維持できなくなるからである。しかし、それならば意見の違いはどの程度評価されるべき（表1-1も参照）なのであろうか。ここで、決定における意見の違いについての見解の相違が生まれてくる。

一つの考え方は、最終的に多数の意見となった意見こそが民主的に正当な意

---

[8] I. バーリン『自由論（新装版）』（みすず書房、1979年）、303-304頁。

見なのだとみなし、諸種の異なる意見を一元化できる機能に民主政治の特徴を求める考え方である。この見方では、「**多数決**」が基本的に重視され、政治運営では、単独過半数による政権、二大政党制、小選挙区、単一国家、中央集権、などの特性が現れてくる。

これに対して、最終的に一つの意見になる場合でも、異なった意見ができる限り評価されるように求める（だからこそ討議が重要になる）ことこそが、むしろ民主的だとみる考え方もある。つまり多元性への配慮こそが民主政治の特徴だとするのである。この見方では、和解と権力の分有による「コンセンサス（合意）」が重視され、政治運営では、連合政権、多党制、比例代表制、連邦制、裁判所の違憲法令審査、などの特性が現れてくる[9]。

表1-1　決定の仕方

多数決　　相対多数決：投票したもののなかで相対的に最大多数による　　単純多数決：投票者全体の過半数以上による　　限定多数決：投票者の２／３や３／４など過半数よりも高いハードルによる　　絶対多数決：「全員一致」に限りなく近い多数の支持による
満場一致（全員一致）

注：「絶対多数」を「単純多数」の意味で理解する論者もいる。また、「単純多数」を「相対多数」の意味で理解する論者もいる。さらに、「絶対多数」を投票者ではなく、投票権者の過半数以上とする理解もある。

4　民主政治の構成員

最後の論点は、民主政治の主体となる市民とは誰のことか、の問題である。古代民主制がそうであったように、民主制の主体は、一般的に「市民」として捉えられ、市民権（**シティズンシップ**）とは、この市民が保有する権利と義務

9　A.レイプハルト『民主主義対民主主義』（勁草書房、2005年）、1-3頁。

のセットを指していると同時に、そうした市民になる資格をも指している。この観点から以下では二つの論点を挙げてみたい。一つは、市民の資質の問題であり、もう一つは市民の範囲の問題である。

（1）市民はどんな人でも良いのか

　選挙権年齢の引き下げが議論されたとき、18歳は大人なのか、それとも子どもなのかが話題になったことは記憶に新しい。子どもならば選挙権をもつには値しないのではないか、と考えられるからである。これは一つの例にすぎないが、民主政治は、特権や身分制を否定する考え方を一方では持ちながらも、政治の担い手となる「市民とは誰か」という点では、明確に「排除」の思想を持っているのである。だからこそ、選挙権の拡大をめぐって長い闘いの歴史が存在し、とりわけ、労働者階級への参政権の付与や、婦人参政権の承認は、当然のことながら、それ自体が政治的な争点になってきた。

　この参政権拡大の過程で、「市民に値する資質」がしばしば問題にされてきた。この点で注目に値する議論は、制限選挙が自明視されていた近代社会と、普通選挙実施以後の現代社会における「市民像」の違いである。この違いは、日下喜一が指摘するような[10]、以下の特性を備えた**公衆**と**大衆**の違いとして描き出すことができる。つまり、参政権が制限されていた時代の「市民」は「公衆」として認識され、それは、一般に①理性的判断能力を保有すること、②教養が高く知識が豊かであること、③分散的で相互接触が少ないこと、などの点をもつ人々とされている。こうした特徴を持つ人々である公衆による政治は、したがって、合理的な討議による理性的な市民政治が期待できるとされたのである。これに対して、20世紀以後の参政権拡大後の「大衆」は、①理性的判断能力が低下し、情緒的・感情的に動かされる傾向にあること、②教養や知性が公衆ほど高くはなく、複雑な政治の実体を理解するほどの能力がなく、政治的

10　日下喜一『現代民主主義論』（勁草書房、1994年）、32-34頁。

関心が低下したこと、③公衆に比べて群集化する傾向が増し、日ごろの鬱憤、欲求不満、孤独感、不安感、挫折感、疎外感などが、時に爆発する傾向があること、などの点を持っている。こうした特徴をもつ大衆が市民となるならば、民主政治は衆愚政治へと変質してしまうのではないか、と危惧されているのである。

　それならば、「市民」はもっと限定されるべきなのであろうか。もちろん、そうは言えないであろう。「公衆」とされた市民像は、あくまでも理念型でしかなく、実際の市民たち、つまり当時のブルジョワたちが、必ずしもこうしたイメージそのものではなかったことは今では知られている。また「公共精神」の高さが際立つ、古代ギリシアの市民でさえ、しばしば誤った判断をし、煽動政治家に操られることも多かった。だからこそ、教養人であったプラトンやアリストテレスは、民主政治に対して強い警戒心を抱いていた。そこで、その代替案として、プラトンは哲人王支配を提唱したし、アリストテレスは混合政体論をすぐれた国制として提案したのである（表1-2参照）。

表1-2　アリストテレスの国政分類

	支配者一人	支配者少数	支配者多数
正しい国政〔公益実現〕	君主制	貴族制	国政（混合政体）
逸脱した国政〔私益追求〕	僭主制（暴君制）＝最悪の政体	寡頭制	民主制：衆愚政治になりやすい

出典：アリストテレス『政治学』より丸山作成

（2）決定する人と影響を受ける人

　（1）で見たように、市民の範囲を考慮する場合、市民にふさわしい人が誰であるかは異なっても、その範囲が一定の領土内に住む人々だということは当然の前提となっている。近代以後、それは一般に国民として想定され、決定に関わる国民は、同時に決定の影響を受ける国民だと想定されている。ところが、決定する人々とその決定の影響を受ける人々がずれている場合、そこにはまた

別の問題が生じる。それは、国家よりも小さい範囲の場合と逆に国家よりも大きな範囲の場合がある。言い換えると、政治的決定に適した単位とは何か、という問題にもなる。

　まず、国家よりも小さい場合だが、たとえば、原子力発電所の建設許可を考えてみよう。この場合、建設地の自治体住民が決定すべきなのか、それとも万が一の場合に影響を受ける人々が決定すべきなのか、それとも原子力政策は国の政策なのだから、国が決定しさえすれば良いのか、は一概には決められない。あるいは、沖縄県に偏って存在している米軍基地問題を考えてみよう。米軍基地をどこにどれだけ設置するかは高度に軍事専門的な判断を要することである。しかし、だからといって地域の意向をまったく無視して決定することは、果たして民主的といえるのかどうか、という問題がある。問題ごとに決定すべき単位が違うとしたら、そのことを民主的に決定する方法があるのかどうか、地方分権を考える上で重要な問題になるのである。

　他方で、国家よりも大きな場合の問題はどうであろうか。たとえば、地球温暖化の問題を考えてみよう。地球温暖化の原因については、国際的な第三者機関であるIPCC（気候変動に関する政府間パネル）が人為的要因を認定し、特に産業革命以後の化石燃料の利用が温室効果ガスの増加につながっていることが指摘されている。これらのガスは、先進諸国がこれまで圧倒的な量を排出してきたのに対して、温暖化の影響をもっとも厳しく受けているのは、むしろ排出量も少なく、被害への対応能力も低い発展途上国となっている。排出量の制限の決定権をもつ人々と、その決定の影響を強く受けながら決定には与れない人々との明確なズレが、ここにも生まれている。

　あるいは、経済のグローバル化を考えてみよう。現在では為替の変動は、金融市場での投機的な動きによって大きな影響を受けている。また、国際貿易の進展は、国内市場における産業構造を変容させ、人びとの雇用環境に大きな影響を与えている。これらは、いわゆる「国民経済」という単位の揺らぎを示していて、必ずしも民主政治であるか否かとは直接には関係がない。しかし、そ

第一部　政治学

れならば、こうしたグローバル化した経済は、何の統制もできないものであろうか。そうでないことは、**環太平洋パートナーシップ（TPP）**をめぐる各国政治の軌跡を見れば、明らかであろう。その際、各国の政治が民主政治であれば、ここでも国家を超えた市場の影響を、どのようにして決定権をもつ人々の意思に服させるのか、という問題が生じるのである。

　以上、民主政治は、多様な異論を抱え、常に緊張のなかで営まれていかざるをえないことが分かったであろう。民主主義とは何かを問いながら政治を進めていくこと、これこそがまさに民主政治に生きる市民の人生なのである。

（丸山正次）

〈考えてみよう〉
1　民主主義が誕生した古代ギリシアでは、なぜその時代の代表的な哲学者たちは、民主主義を好ましいものと思わなかったのだろうか。
2　現代では、二つの民主主義モデルは、どのような形で共存しているのだろうか。
3　民主政治が適切に機能するには、どのような条件が必要なのだろうか。

【発展的学習のための参考図書】
千葉眞『デモクラシー』（岩波書店、2000年）
水島治郎『ポピュリズムとは何か』（中公新書、2016年）
B. クリック『デモクラシー』（岩波書店、2004年）
R.A. ダール『デモクラシーとは何か』（岩波書店、2001年）
D. ヘルド『民主政の諸類型』（御茶の水書房、1998年）
A. レイプハルト『民主主義対民主主義』（勁草書房、2005年）

第 2 章
政治意識
政治的無関心からイデオロギー、世論まで

　本章は、民主政 (democracy) を支える政治意識について、心理学的観点から考えることを目的とする。政治意識は、政治的態度と同様の概念である一方、政治的関心をも含む日本特有のものである。本章では初めに、問題視されている政治的態度として政治的無関心を取り上げ、これに関わる要因を整理する。つぎに、政治的態度の上位概念であるイデオロギーについて、その変遷と、政治的態度や政治的意見との関連等を押さえる。最後に、政治的意見の集合—世論に、マス・メディアが与える影響を歴史的経緯にそって学ぶ。これらを通して、民主政の礎とされる政治意識が、いかに危ういか考えてみてほしい。

1　政治意識

　本章の主題である「政治意識」は、欧米の「政治的態度 (political attitude)」に等しい概念だとされている。「態度」は心理学の専門用語として「ある対象に対して好意的もしくは非好意的に反応する傾向 (Oskamp, 1977)」と定義され、認知・感情・行動から成ることから、政治的態度は、政治や政治的対象に対して好意的もしくは非好意的に反応する認知・感情・行動といえる。例えば、選択的夫婦別氏制度に対して、あなたは好意的だろうか非好意的だろうか？

第一部　政治学

下記の問に答えてみてほしい。

問1　現在は、夫婦は必ず同じ名字（姓）を名乗らなければならないことになっていますが、「現行制度と同じように夫婦が同じ名字（姓）を名乗ることのほか、夫婦が希望する場合には、同じ名字（姓）ではなく、それぞれの婚姻前の名字（姓）を名乗ることができるように法律を改めた方がよい。」という意見があります。このような意見について、あなたはどのように思いますか。次の中から1つだけお答えください。
（ア）婚姻をする以上、夫婦は必ず同じ名字（姓）を名乗るべきであり、現在の法律を改める必要はない
（イ）夫婦が婚姻前の名字（姓）を名乗ることを希望している場合には、夫婦がそれぞれ婚姻前の名字（姓）を名乗ることができるように法律を改めてもかまわない
（ウ）夫婦が婚姻前の名字（姓）を名乗ることを希望していても、夫婦は必ず同じ名字（姓）を名乗るべきだが、婚姻によって名字（姓）を改めた人が婚姻前の名字（姓）を通称としてどこでも使えるように法律を改めることについては、かまわない

（「家族の法制に関する世論調査」内閣府, 2012）

選択的夫婦別氏制度に非好意的な（ア）を選んだ人もいれば、好意的な（イ）や（ウ）を選んだ人もいるだろう。一方で、そもそも選択的夫婦別氏制度に興味・関心が無かったり、選択的夫婦別氏制度に対する知識が乏しかったりと、どの選択肢も選ばなかった、もしくは選ぶことができなかった人もいるかもしれない。

（1）政治的無関心

政治意識は「政治意識が高い」というように用いられると「政治に深く注意

を払っている、政治をよく理解している」ことを意味し、政治的関心（political awareness）をも内包する日本独自の概念だといわれている。私たち市民の政治参加を基礎とする民主政（democracy）において「政治意識が低い」すなわち政治的無関心（political apathy）は、政治参加を妨げうるものとして課題とされてきた。

　リースマンら（Riesman, Denny, & Glazer, 1950）は、政治的無関心には①政治的無知による**伝統型無関心**と②政治的無力感による**現代型無関心**の２つがあるとした。①の**伝統型無関心**に関わる政治的無知（political ignorance）については、ハイマンとシーツレイ（Hyman & Sheatsley, 1947）を始め、世論調査の結果に基づく複数の実証的研究（Bennett, 1988; 1989; 1995）が、政治知識が乏しいアメリカ市民の存在を示しており、デリ・カーピニとキーター（Deli Carpini & Keeter 1991; 1993; 1996）は、1940年から1994年の間にアメリカで行われた世論調査の結果をまとめて、社会的・経済的地位の低い人々や若者のなかに政治知識が乏しい人が多く、政治知識が乏しいほど投票に参加しない傾向を指摘している。

　また、②の**現代的無関心**に関連する**政治的有効性感覚**（political efficacy）は「個人の政治的行動が、政治的過程に効果を持つという感覚」と定義され（Campbell, Gurin, & Miller, 1954）、社会的・経済的に恵まれた人ほど政治的有効性感覚が高く、政治的有効性感覚が高いほど政治に参加する傾向が、アメリカ・イギリス・ドイツ・イタリア・メキシコの５カ国で確認されている（Almond & Verba, 1963）。さらにBalch（1974）は、**政治的有効性感覚**を「自分は政治に影響を及ぼしうる」という**内的政治的有効性感覚**と「政府は自分の政治的働きかけに応える」という**外的政治的有効性感覚**の２つに分け、とりわけ**内的政治的有効性感覚**が活発な政治参加と関連することを示しており、同様の関連が日本を含む22ヶ国でも明らかにされている（Ikeda, Kobayashi, & Hoshimoto, 2008）。

　政治知識や**政治的有効性感覚**に加えて、**政治的無関心**に関わる要因として、政治的洗練度（political sophistication）が挙げられ、政治的洗練度が高い、すな

わち抽象的に考えるほど、政治的関心が高いことが実証されている（Campbell, Converse, Miller, & Stokes, 1960）。しかし同時に、政治的洗練度が高い有権者は少ないことも指摘されており（Luskin, 1987）、続く項では政治的洗練度に関わる重要な概念、**イデオロギー**（ideology）について見ていくこととする。

（2）イデオロギー

イデオロギーについて考えるにあたり、まず次の問に答えてみてほしい。

問2　我が国では就職を目的とする入国のうち、専門的な技術、技能や知識を持っている人は認めていますが、単純労働については認めていません。このような政策についてどう考えますか。この中から1つだけお答えください。
（ア）単純労働者の就職は認めない現在の方針を続ける
（イ）単純労働者であっても一定の条件や制限をつけて就職を認める
（ウ）特に条件をつけずに日本人と同じように就職を認める

（「外国人労働者問題に関する世論調査」内閣府, 1990）

　これらの選択肢を「保守－革新」**イデオロギー**を用いて抽象的に捉えるならば、現行制度を保とうとする（ア）は「保守」、現行制度を変えようとする（イ）（ウ）は「革新」的な政治的態度、前述の選択的夫婦別氏制度に関する問1（p.16）についても同様に、（ア）は「保守」、（イ）（ウ）は「革新」的な政治的態度といえる。このように政治的態度を抽象的にまとめる体系を**イデオロギー**という。
　そもそも**イデオロギー**は、**マルクス**と**エンゲルス**（Marx & Engels, 1846）が「ある集団や共同体に特有の観念や態度」として、社会階級の非現実的な**虚偽意識**（false consciousness）を指すものとして提唱した概念だが、**アイゼンク**（Eysenck, 1954）の実証的研究を契機に、個人の政治的態度を抽象的にまとめる体系をも意味するようになった。**アイゼンク**（Eysenck, 1954）は、イギリ

第2章　政治意識―政治的無関心からイデオロギー、世論まで

図 2-1　イデオロギーと政治的態度

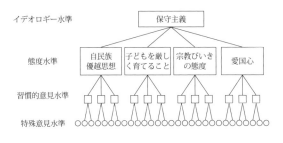

注：アイゼンク, H. J.　小宮山栄一（編訳）『心理学における科学と偏見』、誠信書房、1961年、図7（251頁）

スでの調査結果に基づき、政治的意見をまとめる上位概念を政治的態度、さらに政治的態度の上位概念をイデオロギーとする階層構造（図2-1）を提唱した。また、保守－革新**イデオロギー**を横座標、理論的で内向的な「柔和な心」―実践的で外向的な「強じんな心」という性格を縦座標にする2次元に、**共産主義者／ファシスト／保守主義者／社会主義者／自由主義者**が位置付けられることを実証的に示した（図2-2）。

図 2-2　イデオロギーと性格

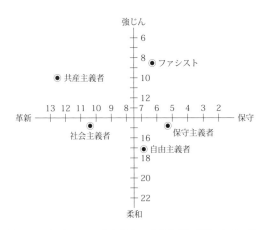

注：アイゼンク.H. J.　小宮山栄一（編訳）『心理学における科学と偏見』、誠信書房、1961年、図10（264頁）に加筆修正

一方ベル（Bell）は『**イデオロギーの終焉**』（1960）を著し、豊かな社会において階級闘争は消滅したとして、**マルクス**らが提唱した古典的ドイツ型**イデオロギー**の終わりを論じた。

1970年代には、さらに豊かで物質的に恵まれた社会となり、金銭や物質より、抽象的なものに価値を見出す**脱物質主義**という新しい価値観が提唱された。**イングルハート**（Ingrehart,1977）は、「生理的満足」や「安全と安定」といった低次の欲求が

満たされることで、より高次の「所属と愛情」「承認と自尊心」「自己実現」といった欲求が生じるというマズロー（Maslow, 1943）の欲求階層（need-hierarchy）に基づき、「物質上昇の抑制」「国内秩序の維持」を重視する物質主義と、「言論の自由」や「政治参加」を重視する**脱物質主義**について国際比較調査を行い、社会の脱工業化が進んでいるほど、若い世代ほど、**脱物質主義**である傾向を明らかにした。

2 世論

本節で学ぶ「**世論**（public opinion）」は、前節で学んだ「政治的態度」を言語的に表明した政治的意見（political opinion）の集合（collective opinion）（Converse, 1975）、狭義には、多数派の意見を指す。そして**世論**を明らかにするために行われる社会調査を**世論調査**という。

章冒頭で示した問1（p.16）を再び例に挙げると、20歳以上の日本国民から**無作為抽出**された5,000人を対象に行われた「家族の法制に関する世論調査」（内閣府, 2012）のなかで、選択的夫婦別氏制度に関する問に回答した3,041人の結果は下記の通りだった。

（ア）「婚姻をする以上、夫婦は必ず同じ名字（姓）を名乗るべきであり、現在の法律を改める必要はない」**36.4%**
（イ）「夫婦が婚姻前の名字（姓）を名乗ることを希望している場合には、夫婦がそれぞれ婚姻前の名字（姓）を名乗ることができるように法律を改めてもかまわない」**35.5%**
（ウ）「夫婦が婚姻前の名字（姓）を名乗ることを希望していても、夫婦は必ず同じ名字（姓）を名乗るべきだが、婚姻によって名字（姓）を改めた人が婚姻前の名字（姓）を通称としてどこでも使えるように法律を改めることについては、かまわない」**24.0%**

(「わからない」 **4.1%**)

同様に問2 (p.18) については、20歳以上の日本国民から**無作為抽出**された5,000人を対象に行われた「外国人労働者問題に関する世論調査」(内閣府, 1990) で、外国人労働者に関する問に回答した3,681人の結果から、下記のような世論が明らかにされている。

(ア)「単純労働者の就職は認めない現在の方針を続ける」***14.1%***
(イ)「単純労働者であっても一定の条件や制限をつけて就職を認める」
 56.5%
(ウ)「特に条件をつけずに日本人と同じように就職を認める」***14.9%***
(「その他」***1.0%***、「わからない」***3.5%***)

リップマン (Lippmann, 1922) は『**世論**』のなかで、マス・メディア (mass media) が提供する**擬似環境**（pseudo-environment）次第で、**世論**は左右されることを論じた。ここからは、新聞やラジオ、TV等のマス・メディアが、私たちの政治的態度や**世論**にどのような効果を与えるのか見ていく。

(1) 強力効果論
20世紀に入り、新聞やラジオといったマス・メディアが普及し始める。1930年代にはドイツで**ヒトラー** (Adolf Hitler, 1889-1945) が政治宣伝 (political propaganda) にマス・メディアを利用し、支持を拡大していった。これらを背景としてマス・コミュニケーション (mass communication) は、私たちの政治的態度や**世論**に直接強く影響するという、マス・コミュニケーションの**強力効果**を主張する、**皮膚注射モデル** (the hypodermic needle model) や即効薬理論 (the magic bullet theory) が提唱された。ただし、これらはいずれも実証的研究に基づいたものではなく、1940年代には**ラザースフェルド**ら

第一部　政治学

(Lazarsfeld, Berelson & Gaudet, 1944; Katz & Lazarsfeld, 1955) の実証的研究によって否定されることとなる。

(2) 限定効果論

コロンビア大学の**ラザースフェルド**らは**フランクリン・ルーズヴェルト**(Franklin Delano Roosevelt, 1882-1945) が第32代アメリカ大統領に選ばれた1940年の選挙期間中、オハイオ州エリー郡でパネル (panel 同一回答者に繰り返し行う) 調査 (**エリー調査**) を行い、選挙キャンペーン (短期間に集中した説得的コミュニケーション) 前 (5月) と後 (10月) での有権者の投票意図の変化を検証した。結果は表2-1の通りで、マス・メディアを利用したキャンペーンによって、投票意図を改変した回答者はわずか8%だった (Lazarsfeld, et al., 1944)。

なお、8月の時点で投票意図を未だ決定していない回答者について、先有傾向に合う情報に多く接触する傾向 (選択的情報選択) も見出されている (図2-3)。

表2-1　キャンペーン前後の投票意図の組み合わせ

5月における投票意図	10月における投票意図		
	先有傾向にそった投票意図	先有傾向とは逆の投票意図	未決定
先有傾向にそった投票意図	補強 36%	改変 2%	部分的改変 3%
先有傾向とは逆の投票意図	復元 3%	補強 17%	部分的改変 3%
未決定	活性化 14%	改変 6%	効果なし 16%

注1：ラザースフェルド, P.F.　有吉広介 (監訳)『ピープルズ・チョイス』、芦書房、1987年、表5 (167頁) に加筆修正
注2：先有傾向は、宗教・社会経済的地位・居住地域によって「共和党より」か「民主党より」かに指標化。

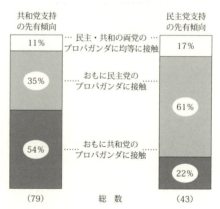

図2-3　選択的情報接触

(8月の時点で投票意図を固めていなかった者)

注1：ラザースフェルド, P.F.　有吉広介 (監訳)『ピープルズ・チョイス』、芦書房、1987年、図29 (142頁)

またラザースフェルドらは、マス・メディアによる情報はまず、**オピニオン・リーダー**（opinion leader）[1]に伝わり、つぎに彼らと周囲の人々（フォロワー follower）との**パーソナル・コミュニケーション**（personal communication）によって多くの人々に伝播していく、という「コミュニケーションの2段階の流れ（two-step flow）」（Lazarsfeld, et al., 1944）を提唱し、後の研究でこれを実証した（Katz & Lazarsfeld, 1955）。

さらにクラッパー（Klapper, 1960）は、マス・コミュニケーションは、私たちの既存の政治的態度を補強する、というマス・コミュニケーションの**補強効果**を論じた。これらによってマス・コミュニケーションの**強力効果**は否定され、その効果はあくまで限られたものであるという**限定効果**論（limited effects theory）が主流となった。

（3）認知的効果

1950年代にはTVが普及し、1960年のアメリカ大統領選挙では、候補者の討論が初めてTV中継され、初回のTV討論で、それまで劣勢だった民主党候補のケネディ（John Fitzgerald Kennedy, 1917-1963）が支持を逆転させ、共和党候補のニクソン（Richard Milhous Nixon, 1913-1994）に勝って第35代アメリカ大統領となった。こうした社会背景のなか1970年代以降、マス・コミュニケーションの効果が、心理学の専門用語として「外界の情報を能動的に収集し処理する過程」を意味する「認知（cognition）」の観点から再考されることとなった。

マコームズと**ショー**（McCombs & Shaw, 1972）は、1968年のアメリカ大統領選挙中に実証的研究を行い、マス・メディアが強調した争点と、有権者が重要だと捉える争点が一致する傾向を明らかにし、これを**議題設定効果**（agenda-

---

1 「最近、あなたは御自分の政治的見解をどなたかに納得させようとしたことがありますか」と「最近、どなたかに政治問題について助言を求められたことがありますか」のどちらか一方、あるいは両方に「はい」と答えた人。

setting effects）と名付けた。ただし後続の研究で、**議題設定効果**は常に強いわけではないことも指摘している（McCombs, 2004）。

さらに**アイエンガー**は、マス・メディアが強調する争点は、有権者が政治家を判断する基準として用いられ易いという**プライミング効果**（priming effect）（Iyengar & Kinder, 1987）や、TV が社会問題をどのように報道するか、その枠組み（frame）次第で受け手の態度が異なるという**フレーミング効果**（faming effect）（Iyengar, 1991）を見出した。具体的には受け手は、個別具体的な事例によって描くエピソード (episodic) 型の TV 報道によって、問題の責任を個人に、一般的で抽象的な文脈のなかに位置づけて描くテーマ (thematic) 型の TV 報道によって、問題の責任を社会に、それぞれ帰属する傾向に導かれることが、いくつかの社会問題に関する複数の実験で明らかにされた。

また**ガーブナー**ら（Gerbner, & Gross, 1976）は**培養（涵養）理論**（cultivation theory）を提唱するなかで、アメリカの 3 大 TV 局（ABC, CBS, NBC）で 1967-1975 年に放送された番組全体の 8 割に暴力的要素が含まれることを明らかにした。そのうえで、TV を 1 日平均 4 時間以上視聴する高視聴者の方が低視聴者（2 時間以下）より、世界を暴力的だと認知し、さらに対人不信も高いことを示し、TV 視聴が受け手の認知に長期的に影響を及ぼすと論じた。

（4）行動

さらにマス・メディアは、私たちの行動を直接左右することも指摘されており、マス・メディアによる選挙予測で、優勢だと報道された候補者に投票する**バンドワゴン（band-wagon）効果**や、逆に、劣勢だと報道された候補者に投票する**アンダードッグ（under-dog）**（判官贔屓）**効果**といった**アナウンスメント効果**が知られている。

また**ノエル＝ノイマン**（Noelle-Neumann, 1973）は、自分の意見が少数派だと知ると、孤立を恐れて意見を表明しない、という**沈黙の螺旋**（spiral of silence）を論じるなかで、自分の意見が多数派か少数派かを認知するにあたり、

マス・メディアが影響を与えるとした。ただし、**沈黙の螺旋**が前提とする、準統計的能力（人々には、何が優勢な意見かを察知する能力が備わっている）と孤立への恐怖（人々は社会のなかで孤立を恐れる）は、それぞれの妥当性に批判もあり、留意を要する。

以上見てきたように私たちは、政治に興味や関心を抱いていなかったり、抽象的に考えていなかったり、マス・メディアに影響を受けたりすることで、決して合理的とはいえない政治行動をとりうる。こうした人間の非合理性を考慮して、民主政の在り方を考えていく必要があるだろう。

（大髙瑞郁）

〈考えてみよう〉
1 政治的関心を高めるためには、どのような方策が有効だろうか。
2 現代の日本において、保守—革新イデオロギーは投票行動を左右するだろうか。
3 インターネットの普及は、世論にどのような影響を与えているだろうか。

【発展的な学習のための参考文献】
大学教育社（編）（1998）．政治学事典　新訂版　ブレーン出版
アイゼンク, H. J. 小宮山栄一（編訳）（1961）．心理学における科学と偏見　誠信書房
池田謙一（編）（2001）．政治行動の社会心理学　北大路書房
蒲島郁夫・竹中佳彦（2012）．イデオロギー　東京大学出版会
久米郁男・川出良枝・古城佳子・田中愛治・真渕勝（2011）．政治学　補訂版　有斐閣
大髙瑞郁・唐沢かおり（2011）．父親との政治的会話と子の内的政治的有効性感覚の関連　山梨学院大学法学論集, 68, 391-411.
山田一成・北村英哉・結城雅樹（編著）（2007）．よくわかる社会心理学　ミネルヴァ出版

第3章
執政制度・政党・選挙

　日本の政治過程の理解にとって重要な執政制度（政府形態）、政党制、選挙制度について確認する。世界には議院内閣制だけではなく、大統領制などの執政制度がある。政党は、間接民主制の下では重要な役割を果たしている。「国家と社会の架け橋」（E. バーカー）といわれるゆえんである。それにもかかわらず最近では政党の役割低下が顕著になっている。政党の衰退という状況である。日本では、同様の傾向があるが、同時に政党の役割を重視した改革が行われている。なお、政党は選挙によって政権獲得を目指す。そこで、選挙制度についても概観することにしたい。

1　日本と世界の政府形態（執政制度）

（1）日本の政府形態
　日本の地方政府形態は、基本的に日本国憲法で規定されている。国会（立法）、内閣（行政）、裁判所（司法）、といった三権によって構成されて（三権分立）、議院内閣制という特徴がある。三権は、次の通りである（数字は憲法条文）。
　　①**立法権**　立法権は国会に帰属（第41条〔国会の地位、立法権〕国会は、国権の最高機関であつて、国の唯一の立法機関である）。例外もある（両院の規則制定権58、内閣の政令の制定権73、自治体の条例制定権94、最高裁判所の規則制定権77、特別法の住民投票権95）。

図 3-1 日本の三権（立法・行政・司法）の関係

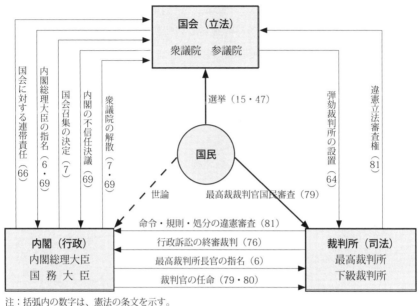

注：括弧内の数字は、憲法の条文を示す。

②**行政権**　行政権は内閣に帰属（第65条〔行政権と内閣〕行政権は、内閣に属する）。例外もある（地方自治体の自主行政権94）。

③**司法権**　司法権は裁判所に帰属（第76条〔司法権、裁判所、特別裁判所の禁止、裁判官の独立〕第1項　すべて司法権は、最高裁判所及び法律（裁判所法）の定めるところにより設置する下級裁判所に属する。）

これら三権の関係は図3-1のようになっている。国民がこの図の中心にあること、つまり国民が主権者であることに注意していただきたい。

（2）世界の政府形態

政府形態は、**執政制度**ともいわれる。それは政府の樹立や運営に直接かかわる政治的アクター（行為者（個人・組織））の間で、それらが担う分業関係や権

限関係を定めることである。議院内閣制や大統領制をイメージするとよい。2つの基準によって執政制度は区分できる。1つは、選任方法である。行政（狭義の政府）を運営する上での責任者である執政長官をどのように選任するか、という基準である。執政長官を直接（選挙人団選出を含めて）国民が選出するか、それとも国民が選出した議院・議員が選出するかである。もう1つは、執政長官の任期の打ち切りの有無である。固定的な任期が与えられているかどうか、つまり不信任決議があるかどうかという基準である。なお、執政長官は大統領や首相を想定するとよい。

このような2つの基準から、4つの類型が想定できる（表3-1参照）。基本的に議院内閣制と大統領制とに区分できる。その他、半大統領制、首相公選制、自律内閣制がある（後二者はほとんどない）。

① **大統領制** 厳格な三権分立である。アメリカ合衆国、ブラジル、フィリピンがこれにあたる。

② **議院内閣制** 三権分立ではあるが、議会と内閣が融合する。イギリス、カナダ、日本がこれにあたる。なお、イギリスの場合、最高裁判所が議会の貴族院に併設されている。一般的には議会と裁判所は分離されている。

③ **半大統領制**（表中にはない。一般的には首相については議院内閣制と、大統領については大統領制と同様） 大統領も首相も設置される制度である。イタリア、ポーランド、フランス、韓国、ロシア等である。なお、首相についてのみ任期の打ち切りがあるが、＜大統領─議院内閣制＞型（議会多数派だけではなく大統領による首相解任可能、ロシア等）と、＜首相─大統領＞型（議会多数派によってのみ解任可能、フランス等）の2つがある。なお、ドイツは大統領と首相両者が設置されている。君主に代わる国家元首を大統領としている。首相とともに大統領が設置されていても、このような儀礼的な場合は、半大統領制には含まれない。

④ **首相公選制** 首相を議会ではなく直接国民が選出する制度である。大統領制移行や議院内閣制の改革など提唱の目的は異なっている。イスラエルで

は首相公選が制度化され、3度首相公選(1996年、1999年、2001年)が行われたが、2001年を最後に廃止された。日本でも検討されたことがある(たとえば、「首相公選制を考える懇談会」報告書、2002年)。

⑤**自律内閣制**　首相は議会多数派から選ばれながら任期の打ち切りがない制度である。カナダの一部の州で採用されている。

表3-1　執政制度の分類

		執政長官の解任のルール	
		議会による解任が可能(任期の打ち切りあり)	原則として解任不可能(任期は固定)
執政長官の選任のルール	議会による選任	議院内閣制(イギリス、カナダ、日本)	自律内閣制(カナダの一部の州)
	有権者による選任	首相公選制(イスラエル(現在廃止))	大統領制(アメリカ合衆国、ブラジル、フィリピン)

注1:ここには分類されていない半大統領制は、大統領と首相が設置されている制度である(本文参照)。
注2:待鳥聡史『代議制民主主義――「民意」と「政治家」を問い直す』岩波新書、2015年、表3-1(142頁)、に加筆修正(表中の国名、および注1)。

なお、この執政制度には議会の一院制か二院制かにも着目する必要がある。権力分立が二院制でも発現するからである。日本が採用している二院制は多数派ではなく、世界では一院制の方が多い(表3-2参照)。なお、「衆議院の優越」といわれるが、世界標準では「優越」ではない。二院制であっても選出の仕方にも、また権限でもバリエーションがある。

表 3-2　上院（第二院（日本の場合参議院））議員の選出方法と特徴
(主要国首脳会議参加 8 カ国)

二院制	【上院議員の選出方法と特徴（主要国首脳会議参加 8 カ国）】 〔直接選挙方式〕 **アメリカ合衆国**：連邦制国家で各州 2 名（改選は各州 1 人（任期 6 年なので 2 年ごとで、一回飛ばす））。上下院の権限は原則対等。ただし、任命同意権（最高裁判所判事、高級官僚）、条約批准権は上院にある。 **イタリア**：小選挙区・比例代表の組み合わせ。両院は対等で、上院も解散がある。 **日本**：都道府県ごとの選挙区と全国の比例代表制の組み合わせ。衆議院の優越がある（再可決、予算・条約の先議権、内閣総理大臣の指名）。 〔間接選挙方式〕 **フランス**：各県の選挙人団（下院議員と地方議員で構成）が選出。下院に優越がある（法案の最終議決権、内閣不信任議決権、歳入・歳出法案の先議権等）。 〔任命方式など〕 **イギリス**：任命・世襲制。貴族や聖職者で構成され、任期は終身。法案議決は下院が優越。 **ドイツ**：任命制。定数 69 で、通例は各 16 州の首相・閣僚が議員になる。基本法の改正法案、および財政法案を含む州に関する法案の審議と議決は連邦参議院が担う。 **カナダ**：首相推薦で総督が任命。憲法上は上下院がほぼ同等だが、運営で下院優位。 **ロシア**：89 の共和国、州などの立法・行政機関の代表各 1 人で構成。下院の権限が強い。
	【参考】この 8 カ国のほか、フィリピン、インド、オーストラリア、ポーランド、スペイン、メキシコ、ブラジル、エジプトなど計 68 か国。
一院制	【参考】韓国、中国、インドネシア、ギリシャ、スウェーデン、イラン、コスタリカ、ケニアなど計 115 カ国。

注：国立国会図書館調べ（『朝日新聞』2004 年 4 月 27 日付）を参考に作成（加筆修正）。

2　日本と世界の政党・政党政治

（1）世界の政党・政党制──政党政治の衰退

　政党は「メンバー間の何らかの程度の政治的志向の一致に基づいて結成され、国民的利益を集約し、選挙民の支持を背景に政権を担当し、あるいは政権獲得をめざす政治集団」（内田満）である。いわば共通の利害・理念を追求する目的で結成され、政権獲得・維持を目指す政治集団といえる。

　政党は、政治過程において重要な役割をはたしている。「政党は現代デモクラシーの生命線である」（S．ノイマン）といわれる。たしかに、政党は、利益の集約機能、ポリティカル・リーダーの補充・選出機能、決定作成マシーンの組織化機能、政治的社会化機能を有していることによって（**政党の機能**）、政治過程において不可欠な存在である。

　1970年以降、「かつて万能を誇った政党は、極めて困難な状況に直面している」。いわゆる政党の衰退あるいは政党政治の凋落（一括して政党の衰退）と呼ばれる事態である。偏向情報の大量配布者、選挙過程の寡占者、少数意見の圧殺者、党派心の扇動者といった**政党の逆機能**については従来から指摘されていた。**政党の衰退**といわれる状況は、構造的な転換を意味している。「インプット過程における優越的地位の剥奪とインプット過程自体の無力化という、まさに『二重の意味』において、政党は機能喪失に陥っている」（阪野智一）という事態が念頭におかれている。

　まず、インプット過程自体の無力化にともなう政党の機能喪失についてである。立法国家から行政国家の転換は、行政の役割、活動量が増大することにもあらわれているように、政治過程の重心をインプット過程からアウトプット過程へと移動させる。政党は本来インプット過程において活動する政治組織である。したがってインプット過程の弱体化は、政党の機能喪失へと至る。

　また、インプット過程における優越的地位の剥奪については、とりあえず三

つの要素がある。

第一に、政党不満の蔓延あるいは**政党支持なし層の増大**である。政党自体への帰属意識の低下があげられる。たとえば、1970年代のアメリカでは、政党帰属性の衰退、政党支持の著しい流動化、分割投票の増加といった「選挙民の中の政党の解体」が生じていた。また、政権についていたデンマーク社会民主党では、70年代初頭から顕著となった組織員の恒常的減少、得票率の漸減、主要な支持者であったブルーカラー労働者からの支持喪失といった「解体過程」も生じた。

第二に、ネオ・コーポラティズム（**新職能代表制**）の台頭である。ネオ・コーポラティズムは、経営者団体や労働組合といった「巨大な利益集団を政策決定の場にとりこみ、争点の非政治化を試みながら、国家政策全体への協力と集団相互間の妥協調整」（篠原一）のシステムとして捉えられる。ここでは、インプット過程における政党の影響力を低下させることになる。利益集団政治において別格な巨大組織が体制に組み込まれた構造である。日本の場合、労働組合の組織率・影響力の低さから「労働なきコーポラティズム」（ケンペル・恒川）といわれることもある。

第三に、単一争点型の市民運動の簇生である。政治的利益集団の台頭の中で、政党の機能は排他的なものではなくなってきていた。立候補者を絞るといった「ゲートキーパー」機能（スコットとレベナー）だけになっているといわれた。エコロジスト運動、自主管理運動、地方自治、フェミニズム運動など従来の政党では系列化できない争点が浮上している。

（3）もう1つの政党政治の衰退の要因──ポピュリズムの台頭

今日世界を席巻している**ポピュリズム**は、政党政治の衰退に拍車をかけている。選挙を通じながらも、政党対立を「特権層」による対立だとして、既存の政党に対する対抗を強調しているからである。ポピュリズムには、固定的な支持層を超えて幅広く国民に直接訴える手法という政治手法と定義づける議論も

ある（リーダーの政治戦略・政治手法）。これだと同じ政党内の手法の相違（日本の小泉政権、イギリスのサッチャー政権、フランスのサルコジ政権、イタリアのベルルスコーニ政権等）にも用いられる。そこで、「人民」の立場から既成政治や政党を批判する政治運動として理解する（既成政治を批判する政治運動）。いわば従来の政党政治は、右派であれ左派であれ「特権層」による政治であり、「下から」の政治が重要であるという運動とみなす。

そこでポピュリズムの特徴を確認しておきたい。主張の中心に「人民」を置き、その政党はその代表性を強調する。したがって、「人民」ではない「特権層」、およびその担い手の既存政党批判を行う。そして、それを担うカリスマ的リーダーが存在する。

現代生起しているポピュリズムには、ラテンアメリカ型とヨーロッパ型がある。ラテンアメリカ型は、チェベス（ベネズエラ）などである。貧富の格差が激しい国々では、「特権層」としての富裕層を批判して、「分配」を求める社会経済的格差批判が中心をなしており、集会での演説（バルコニーからの演説）という手法が採用される。それに対して、ヨーロッパ型は、国民戦線（フランス）、オランダ自由党（オランダ）、イギリス独立党（イギリス）、デンマーク国民党（デンマーク）、ドイツのための選択（ドイツ）、スイス国民党（スイス）などである。このうち、フランス、イギリス、デンマークは、欧州議会議員選挙で第一党を占めるに至っている（2014年）。社会党と共和党の候補者が決選投票に登れなかった戦後初の状況を生み出したフランス大統領選のマリーヌ・ルペン候補の躍進は、その台頭の側面である（第一回投票（2017年4月23日））。「再分配」によって保護された層（生活保護受給者、公務員、移民・難民等）を批判して、その「特権層」を引きずりおろすことを求める。政治文化（支配的価値観）の批判が主となる。メディア（特にテレビ）とインターネットという手法が採用される。

ポピュリズムが民主主義に与える影響は表3-3の通りである。ポピュリズムの特徴として3点が挙げられる。①「リベラル」な「デモクラシー」に基づい

ていること(極右とのつながりは薄く、特権層(女性を蔑視することなどからイスラム文化(したがって移民・難民)等)を批判するリベラルと、住民投票等を肯定的に評価するデモクラシー、両者の推進)、②一過性ではなく継続性があること、③現政治体制との改革競争があること、これらの特徴である[1]。

表 3-3　ポピュリズムが民主主義に与える影響

民主主義の発展に寄与する側面	民主主義の発展を阻害する側面
・政治から排除されてきた周辺的な集団の政治参加を促進する。 ・既存の社会的区別を超えた新たな政治・社会的なまとまりを創り出すとともに、新たなイデオロギーを提供する。 ・重要課題を政治の場に引き出し人々が責任をもって決定を下すことを可能とするとともに、対立的側面の呼び起こし世論や社会運動を活性化させる。	・「人民」の意思を重視する一方で抑制と均衡といった原則を軽視する。 ・敵と味方を峻別することから政治的対立や紛争が急進化する。 ・「人民」の意思の発言、とくに選挙を重視することから、政党や議会や司法の権限を制約し「よき政治」を妨げる。

注：水島治郎『ポピュリズムとは何か——民主主義の敵か、改革の希望か』岩波新書、2016年、を参考に作成。

　この議論を前提とすれば、日本の地方自治における首長主導型民主主義の典型である橋下徹前大阪市長の手法は、まさにヨーロッパ型に近い(政治文化的な批判はわかりにくいと思われるが、例示として文楽を一部の特権層の娯楽として補助金を削減した問題が想定される)。また、提示された3つの特徴を念頭に、首長主導型民主主義に引き付けて理解すれば、選挙を重視しながらも住民投票には親和的であり、従来の制度の批判と改革構想(都構想や議会内閣制、さらには道州制等)を提示している。
　なお、ポピュリズムの台頭にも「陰り」がみられる(2017年)。「ドイツのための選択肢」のペトリ党首は、2017年の党大会で実権を失った。支持率は

---

[1]　水島治郎『ポピュリズムとは何か—民主主義の敵か、改革の希望か』岩波新書、2016年

2016年後半15％前後が7~10％に落ち込んでいる。オランダ自由党も最盛期25％が13％に減少している。イギリス独立党も同様に最盛期13％が7％に下落している（『朝日新聞』2017年5月1日付）。

（3）日本の政党・政党制——政党の強化

政党の衰退あるいは政党政治の凋落は、日本においても同様に生じている。政党支持なし層の増大は1960年代には10％台で推移していたものが70年代に入ると20％台にまで増大し、70年代後半には30％を越えるまでにいたっていた。ただし、今日政権交代を経て、自民党の支持率が上がり、支持政党なし層を超えているという調査もある。また、棄権と無効が徐々に増大し、93年総選挙では自民党を抜き第一党となっている。その後も、増大し2005年（小泉旋風）、2009年（政権交代）の例外はあるが、4割になっている（正確には2014年には47％）。

しかし、逆に政治過程において政党が脚光を浴びてきたのも同時期である。1つは、政治過程における**政党優位論**の台頭であり、もう1つは政党組織を強化する制度改革（政治改革）の実現である。

まず、日本政治分析では、官僚優位論に対して政党優位論が台頭してきたことを確認しよう。高度経済成長期に官僚の活動量は増大したが、政党が人事権と予算過程で重要な役割を有していることによって、その自律性は低く、むしろ政党、具体的には自民党政務調査会の影響力が増大している、という指摘である。まず確認したいことは、政党が衰退している状況にあっても、政治過程において政党が無意味化するわけではないことである。相対的地位低下の中での政党優位論の台頭といえよう。

もちろん、政党の優位論に対しては慎重な議論が必要となる。**一党優位政党**制の確立によって、保守政党と官僚とが一体となった政治が行なわれてきたことは否定しえない。戦後の日本政治は1993年までは、一時期を除いて保守政党が政権を担っていた。55年の保守合同による自由民主党の成立により、一党

優位政党制が長期にわたって存続することになる。「**一か二分の一政党制**」（スカラピーノ・升味準之輔、狭義の「**55年体制**」）から多党制へと政党制は変化するとはいえ、一党優位政党制といった点では継続したままであった（広義の「５５年体制」）。これによって、政界と官界（そして財界）との緊密な関係が生じた。鉄の三角形の形成がその一つの表れである。また、リクルートといった点でも自民党と官僚との結びつきは強い。自民党が分裂する以前の90年総選挙で当選した代議士の25％が官僚出身者となっている。政治過程において、政党と官僚そして財界の関係をどのように捉えるかはかなり困難な問題といえよう。エリート主義、多元主義、コーポラティズムといったさまざまなモデルが提起されている。政策ごとに影響力を行使するアクターは異なっている。しかし、重要な決定に政・官・財といった三者が他のアクターと比べて特別の役割を果たしていることは事実である。

　この権力中枢の「鉄の三角形」は一枚岩として捉えることはできないし、その変化を捉えなければならない。1980年代に入ると、「従来、経済界に影響力を発揮してきた財界の代表エリートが、政・官ととりむすんできた三角同盟政治の影響力システムとは別に、それぞれの業界・企業が各分野別に自民党議員（その典型が族議員）、関連官庁部局の幹部と、中・小規模の同盟型影響力システムをつくり上げるようになった」。「中小規模の三角形政治」（中野実）の登場である。1993年には細川護熙連立政権が樹立、その後自民党社会党を中心とした連立政権等を経て、2009年には民主党を主軸とする政権が樹立する（政権交代）。官主導を批判し、政治主導が強調された。その後、2012年には、自民党と公明党の連立政権が成立している。1993年以降、**連立政権**の時代となった。

　なお、今日の議員の特徴として**世襲議員**の多さがある。衆議院では、24.6％（2005年）、15.6％（2009年）、21.3％（2012年）、20.6％（2014年）、となっている（参議院では、9.1％（2016年）、「オピニオン＆フォーラム」『朝日新聞』2017年4月15日付）。

　世界の政党政治の衰退の状況とは異なるもう１つの動向は、政党組織の強化

である。政党組織の変化は、政党を鍵概念とした政治改革（1994年）、政党助成金の制度化や、次節で検討する選挙制度改革と関連がある。この制度改革は、政治過程における政党の役割を高めるとともに、政党助成金の配分でも選挙における候補者選定でも党首の役割を飛躍的に高めた。このことは、選挙制度との関連で次節で検討しよう。

3　選挙制度と政党制・執政制度

（1）選挙制度と政党制
①選挙制度の特徴

民主主義を前提とした選挙制度では、普通選挙、平等選挙、秘密投票、直接選挙、といった要件が前提となる。もちろん、自由な言論活動や自由な選挙運動といった環境があることが必要である。

選挙制度は、二つの原則のうちどちらかの原則を優先させて設計されている。一つは社会の鏡としての選挙という捉え方である（**少数代表法**）。人々の意見を正確に議会に反映させようというものである。比例代表制はこの原則の典型であり、大選挙区制（単記・制限連記）も含まれる。多党制となり、連立政権を形成することが多い。もう一つの原則は人々の意見を集約統合した議会を目指すものである（**多数代表法**）。人々を実力のある政党に集約・統合させるというものである。小選挙区制はこの典型といえよう。二大政党制となり、単独政権となる。

これら2つの原理の下で政権交代が可能な政党制は、表3-4では一党優位政党制よりも下に位置しているものである。下にいけばいくほど、少数代表法が強くなっている。

②日本の選挙制度

日本の**衆議院議員選挙**制度は、いわゆる中選挙区制度から小選挙区制比例代表並立制にかわっている（1996年選挙から）。中選挙区制は、少数政党にも議

席が与えられること、獲得票と獲得議席数にはほぼ比例関係があることによって準比例代表制として位置づけられている。それに対して、導入された並立制は小選挙区300議席、比例区180議席（拘束名簿式、ブロック制）である（重複立候補可能）ことを考慮すれば、多数代表法に位置づけられる。その後、主に一票の格差問題の「解消」を目指したいくつかの改正を経て、定数475名（小選挙区295名、比例区180名）となっている（2017年改革で定数465名（小選挙区289名、比例区176名））。なお、一票の格差是正のためのアダムズ方式（衆議院議長の諮問機関「衆議院選挙制度に関する調査会」答申）導入の早期実現をめぐって議論されることになる。

参議院議員選挙制度は、都道府県ごとの選挙区選挙と、全国を一選挙区とした政党別で行なわれる比例代表選挙（96人）の並立制である。比例代表は全国区であることにかわりないが、2001年選挙から従来の政党名投票とともに、候補者名投票もできるようになった（非拘束名簿式の導入）。今日、議員定

表3-4 世界の政党システム

			政党	政権交代の可能性	該当する国
単独政権型政党制	非競合的政党制	一党制	1党のみ	なし	旧ソ連、中国、北朝鮮、ナチス・ドイツ
		ヘゲモニー政党制	複数 ただし、支配政党以外は衛星政党	なし	冷戦時代のポーランド、シンガポール
		一党優位制	複数	可能性はあるが結果的に特定の政党の長期的支配が続いている	1952-77年までのインド 1955-93年までの日本
		二党制	複数 2つの大政党が存在	ある 単独政権が一般的	イギリス アメリカ
連合政権型政党制	競合的政党制	穏健な多党制	数は3～5 政党間のイデオロギー的距離が小さく、大きな反体制政党がない	ある 連合政権が一般的	ドイツ ベルギー スウェーデン デンマーク
		分極的多党制	数は6～8 政党間のイデオロギー的距離が大きく、反体制政党が存在	ある 連合政権が一般的	イタリア ワイマール・ドイツ 第四共和制下のフランス
		原子化政党制	小さな多くの政党が乱立	ある	終戦直後の日本

注：G.サルトーリ（岡沢憲芙、川野秀之 訳）『現代政党学—政党システム論の分析枠組み（新装版）』早稲田大学出版部・1992年を修正加筆。

数は242人であるが、半数改選であるため、選挙区73議席と比例代表（全国区）48議席となっている。選挙区定数は、1人区（32選挙区）、2人区（4選挙区）、3人区（5選挙区）、4人区（5選挙区）、6人区（1選挙区（東京））であり、小選挙区制に近づいている。なお、合区（2つの県を合わせて1区）が2016年選挙より導入された（鳥取県・島根県、徳島県・高知県）。

　日本の選挙は、「べからず集」といわれる**公職選挙法**で規定されている。選挙運動期間が短いこと（アメリカは約2か月（各党の候補者指名まで1年以上が経過している）、イギリスは約4週間に比べ、日本は12日間）や選挙運動の規制の厳しさ（戸別訪問禁止、立会演説会の禁止）、などが指摘されている。

　なお、選挙権年齢は149カ国が18歳以上に選挙権を認めていた。ようやく日本でも2016年参議院議員選挙より18歳以上に選挙権年齢を引き下げた。戦後70年を経て大幅な改革である（表3-5参照）。ただし、被選挙権年齢の引き下げは行われていない。

表3-5　選挙権年齢・資格の変遷

	制定年：有権者資格	全人口比（有権者数）
制限選挙	〔1989年〕直接国税15円以上を納めている25歳以上の男子	1.1%（45万人）
	〔1900年〕直接国税10円以上を納めている25歳以上の男子	2.2%（98万人）
	〔1919年〕直接国税3円以上を納めている25歳以上の男子	5・5%（306万人）
男子普通選挙	〔1925年〕25歳以上のすべての男子に選挙権	20%（1241万人）
普通選挙	〔1945年〕20歳以上のすべての男女に選挙権	48.7%（3688万人）
	〔2015年〕18歳以上のすべての男女に選挙権	81.8%＋約1.9%（1億396万人＋約240万人）

　日本の国会は、二院制である。それぞれが独自の特徴を持ち、相互にチェッ

クすることが想定されている。しかし、このように運営されているのか、選挙制度を考慮する限り疑問が残る。良識の府である参議院に、まず政党選挙を促進する政党別の比例代表制を導入した（1983年）。さらに、両院の現行の選挙制度は類似している。この類似は、「**分割統治**」（白鳥令）に適合的である。これは、野党を分割して統治するという意味で、現行の選挙制度にも現われている。衆議院の小選挙区や参議院の選挙区では、多くの政党は、勝利するために協力を行わなければならないし、実際行っている。しかし、政党別比例代表選挙があるとそれぞれの政党の特徴をださざるをえず、協力が強固にはならない。したがって、現行の選挙制度の下では、多くの政党は比例区でそこそこに、小選挙区や選挙区では勝利することが困難という状況をまねき、大政党に有利に作用する。

（2）選挙制度と政党組織

　政党の一体性について考えたい。重要法案に対して、アメリカ合衆国では所属議員の賛否が分かれることも、またフランスでも連立政権により、会派がまとまって行動しないこともある。まとまった行動のことを一体性というが、それには凝集性と規律が手段として活用される。凝集性は政党を構成する議員がもともと同じ政治的立場を有しているがゆえに一体性が確保されるというものである。イデオロギーや深刻なクリーヴィジ（民族や階級等に基づいた亀裂）に基づく政党は凝集性は高く、統制がなくとも同じ行動をとる。

　政党システムとその背後の選挙制度は、規律による一体性の確保に影響を与える（表3-6参照）。この一体性は、政党の執行部が議員に対して同一行動をとることを求めそれが実現することである。大選挙区制のように比例性が高ければ、離党や次回選挙での無所属出馬などが可能となることで、規律性は低くなる。比例制の低い小選挙区制は、逆にこの規律が最も高くなる。

　日本の選挙制度改革は、まさに政党の組織化、規律の強化を推進した。党首は、候補者指名でも政党助成金分配でも大きな影響力を持つ。小泉純一郎内閣や第

二次安倍晋三内閣の際の首相のリーダーシップの強化は、特異なパーソナリティの問題だけではない。

表3-6　選挙制度と政党組織

	小選挙区制	大選挙区制	拘束名簿式比例代表制
比例制	低い	高い	高い
無所属出馬・当選	困難	容易	不可能
凝集性	低くなりやすい（雑居的）	高い（同志的）	高い（同志的）
規律	最も強い	最も弱い	強くなりやすい
一体性の確保の方法	規律	凝集性	凝集性＋規律

出所：待鳥聡史『代議制民主主義――「民意」と「政治家」を問い直す』岩波新書、2015年、表3－3（159頁）。

4　主権者教育と政治

（1）若者と政治

若者は政治に関心がないといわれる。たしかに投票率をみるとそのようにもいえそうである。投票率の全体平均が52.7％（2014年、59.3％（2012年）、括弧内以下同じ）に対して、20-24歳は極端に低く、29.7％（35.3％）、25-29歳でも35.3％（40.3％）である[2]。

選挙権年齢の引き下げを主張し、若者の政治参加を促そうとしている若者のグループ（Rights（ライツ））も誕生し活動している。「地球環境や国際協力を含めて、ここ数年注目を集めている市民活動には多くの10代・20代の若者が参加しています。そうした若者の姿からは、社会をよりよいものへ変えていこうとする強い意志を感じることが出来ます。自分が生きる社会がどうあってほしいか、自分の想いや意見を表明し、社会的な意思決定の場に参加することは、自分の生き方を決める根源にかかわることでもあります」という認識の下で活動している。選挙権年齢引き下げのために、超党派の議員を交えたシンポジウ

ムなども行っている。市民教育を担う他の団体も設立され、全国に広がっている。18歳選挙年齢引き下げは、憲法改正の国民投票制定を契機に実現したが、これらの運動も大きな影響を与えた。

山梨学院大学の学生は、2007年より県下の高校に出向いて、現代の政治、選挙の意義などの講義の後に模擬投票を行っている。特徴的なのは、投票後に政策にはメリット・デメリットがあることを学ぶことである（ワールドカフェ等）。年齢の近い大学生からの講義は刺激的に高校生には映っている。選挙権年齢引き下げに伴い、こうした動きは全国でも活発に行われている。2016年には、山梨県選挙管理委員会は、山梨学院大学江藤ゼミ（市民教育班）と協力して若者への啓蒙のためのパンフレットを作成し配布した。

（2）主権者教育の重要性

選挙権年齢の18歳への引き下げに伴い、**市民教育・主権者教育**の議論が盛んに行われている。とはいえ、いまだ不十分である。

① 市民教育は、若者だけの課題ではない。これは、若者教育だけではなく、年齢幅の広い教育を進めることでもある。若者の投票率だけが低いのではない。

② 学校教育（中高生、大学生）は重要ではあるが、まちづくりにかかわることで政治や行政への参加による実感ある市民教育を進めること。

③ 住民自治の作動につなげること。つまり、首長だけが住民自治の主役ではなく、二元的代表制の作動の重要性を住民が認識すること。より正確にいえば、「住民自治の根幹」としての議会を認識し、それを作動させること。

学校教育の中で、重要争点を取り上げた討議、立候補者による政策提言を踏まえた模擬投票などの試みは重要である。『社会に参加し、自ら考え、自ら判断する主権者を目指して～新たなステージ「主権者教育」へ～』（総務省・常時啓

---

2 明るい選挙推進協会「第47回（2014年）衆議院議員選挙総選挙全国調査」2015年）

発事業のあり方等研究会、2011年）の提出などは、高く評価してよい。生涯学習の指摘はあるものの、中高生や大学生への教育が重視されている（この流れから主権者教育の副読本が刊行された（総務省・文部科学省『私たちが拓く日本の未来』2015年））。この意義は認めつつ、さまざまな実践を効果的に進める必要がある。これにも中立性の確保、自立性の確保、教育の充実という学校教育にかかわる3つの原則を踏まえて地方議会・議員や行政は積極的にかかわる必要がある。

　教育というレベルを超えて、まちづくり集会や審議会等への参加によって、実感として政治を学ぶことは同時に重要である。在住・通学の高校生が公選によって少年町長、少年議員を選出し、その議会が45万円（1期1年）の「予算」を提言する山形県遊佐町「少年議会」（03年から）、地域を元気にする活動を考案し実践する子どもを応援するファンドを創設した高知市（12年から）、若者政策の策定や実施に関する事項を若者が調査審議する若者議会を設置した新城市（15年から）、などの動向は高く評価してよい。

　これらは行政による制度である。これを推進するには、首長の強い意思が必要である。議会は、これらを首長に積極的に提言し支援することはできる。

　同時に、議会として実践的な場も提供している。大学生と議員が意見交換をする学生議会などは広がっている（山梨県昭和町議会と山梨学院大学政治行政学科の学生、越谷市議会と市内の大学生）。

　また、可児市議会は「地域課題解決型キャリア教育支援事業」を進め、その一環として「地域課題懇談会」を行っている。テーマ（介護、健康、子育て支援、地機の活性化）を設定し若い世代と地域の大人とを結びつけ、その自由な議論を進めるファシリテーターの役割を議員が担う新たな取り組みである。高校生は、地域の良さを知るとともに、議会・議員を知る。このことで、高校生は地域学習を踏まえて政策提言を行っている。議会改革は市民教育の役割を担う。選挙によって議員が変わっても継続できるように、運営をＮＰＯに委ねた（15年）。議会の運営が住民の側に広がっている。このことも住民自治の推進に

役立っている。

　行政への住民参加でも、議会への住民参加でも若者を中心としたものを例示してきたが、それにとどまらず、年代を超えたさまざまな住民参加は市民教育にとって重要である。広範囲に行われるようになった議会報告会・住民と意見交換会、議会（だより）モニター制度などは、この文脈の重要な仕掛けである。この仕掛けは、議会改革の一環であるとともに、市民教育の重要な要素である。これらの議会改革は、地方政治の負の連鎖を食い止める役割を担う。議会や地方政治を住民は学び、ときには立候補の意思を固める。会津若松市議会の議会制度検討委員会に参加した住民二名が議員選挙に立候補した（15年）。長野県飯綱町議会が行っている議会だよりモニター制度は、議会だよりを通じて議会を知ってもらい、多くの住民に立候補してもらうという意図もある。

　住民自治の充実はまさに市民教育と重なり合う。

（江藤俊昭）

〈考えてみよう〉
1　世界の執政制度について。
2　政党政治の衰退について。
3　選挙制度の相違と政党政治との関係について。
4　市民教育の意義と課題について。

【発展的学習のための参考図書】
建林正彦・曽我謙悟・待鳥聡史『比較政治制度論』有斐閣、2008年。
財団法人　明るい選挙推進協会編集・発行『Voters』各号
(http://www.akaruisenkyo.or.jp/061mag/)。
待鳥聡史『代議制民主主義――「民意」と「政治家」を問い直す』中公新書、2015年。
水島治郎『ポピュリズムとは何か――民主主義の敵か、改革の希望か』中公新書、2016年。
岩波新書編集部編『18歳からの民主主義』岩波新書、2016年。

第4章
近現代の日本政治

　我が国の「政治」の移り変わりを概観する。紙幅の都合上、近代（およそ明治時代）以降に限って紹介するが、約150年ちょっとの間でも何度か、劇的とも言える重大な変化を経験し、今日の「政治」体制へと繋がっている。本章ではこうした重大な変化の中から「復古」「立憲制」「デモクラシー」「戦時体制」「民主化」「55年体制」をキーワードに、論を進める。

1　維新

　本章では、近代以降の日本の政治を概観する。
　徳川幕府による中央支配と諸大名家の地方支配という**二重統治**（幕藩体制）は、権威の淵源としての天皇制を前提に成立、存続した。関ヶ原の勝利によって日本一の大大名となり、大坂の陣で最大の敵対勢力、豊臣家を亡した徳川幕府は、全国の大名以下武士階級に対する支配権を獲得し、将軍職受任を通じて天皇から形式的に内政委任を受けることにより、国政に関する権限を独占した。事実上、最上位の土地支配者として、300余の大名家ひとつひとつに領地を安堵し、封建的主従関係を確立した。
　中央政府である徳川幕府は、原則として決裁権を持つ将軍を頂点に、譜代大名と旗本からなる官僚機構によって運営された。政治的意思は、老中など譜代の重職のみによって決せられ、それ以外の階層に属する者は、いかに優れた能

第一部　政治学

力を持っていても政治に関わることはない。重職に就いた譜代大名を除く300余の大名たちは、親藩も外様も、自分の領地を平穏に統治することのみに意を用いるのが通例であった。

　このように極度に硬直した身分制度が260年に及ぶ江戸時代を支えた。そしてペリーの来航、開国を求める砲艦外交に狼狽した幕閣が、大名、旗本から庶人に至るまで誰でも意見を述べることを許すという前代未聞の手段を取り、幕府独裁の破綻へと道を開くことになったのである。

　こうした幕府の弱体化に力を得たのが、西国雄藩と過激派公家であった。これらは時の孝明天皇の異人嫌いを奇貨とし、「攘夷」を名目とするテロが横行するが、却って天皇の怒りに触れ、過激派を排除した公武合体体勢が成立する。だが幕府の弱体化は止まるところを知らず、長州征伐の失敗、将軍家茂の陣没、そして孝明天皇の急死により最大の支持者を失った幕府は、間もなく崩壊する。

　徳川幕府の崩壊から明治新国家の樹立に至る政治的・社会的変革を「**明治維新**」と呼ぶが、「維新」とは何であろうか。主として政治的に激的な変革を指して「**革命**」と称する。この語は古代中国の天帝思想に発し、天帝の意思、即ち天命を受けた天子が為政者として相応しくないとき、天帝がその「命」を「革」め、別人に命を下す、という意味である。後から立つ為政者は、前の為政者とは異なる階級から出ることが多く、政体を変えようとするベクトルは、専ら下から上に向く。

　同じように改変を表す言葉に「**クーデター**」がある。これは、軍が文民による政府を倒して軍政を敷くなど、権力構造内部で生ずる争いで、ベクトルは水平方向に現れる。

　では明治維新はどうだろうか。この動きを押し進めたのは少数の公家と、多数の武士であった。言うまでもなく江戸時代に権力を握っていたのは武士であり、形骸化した存在とはいえ公家は武家政権を生み出す朝廷の構成メンバーであることを考えれば、水平方向のベクトルで表されるクーデターといえよう。だが徳川幕府は少数の譜代大名で動かされ、公家は言うに及ばず、大多数の武士は国政に係ることなどない。現実に維新の原動力となったのは西国の外様大

第 4 章　近現代の日本政治

名の家臣が中心で、更に武士としての身分の低い者が多かったことを考えれば、ベクトルを上向きと見ることもできる。革命ともクーデターとも定義できない政変を「維新」、つまり建て直し、巻き直しと呼んだのである。

　1867 年 10 月、徳川慶喜の大政奉還上表により徳川幕府は消滅し、明治新政府が成立する。この時点では確たる新国家のヴィジョンすら持たなかった新政府であったが、2 ヶ月後の 12 月、慶喜を完全に排除した政権樹立を目指し、王政復古の大号令を発した。この時に新政府が選んだスローガンは、「復古」と「公議」である。復古は、12 世紀以来続いた武家政治、それ以前に藤原北家が行った摂関政治を全否定し、天皇親政に復するという宣言であり、公議とは公（おおやけ）に交わされる議論といった意味で、小数の幕閣が独裁した徳川幕府政治を否定し、後年の議会制を想起させる。欧米諸国の国家体制に触れたことがきっかけとなった「維新」であるから、会議体を持った国家機構を目指すのは当然として、復古はどう考えるべきであろうか。上述の通り、維新の原動力となったのは下級武士であった。彼らは、幕府政治を快く思わない中下級公家と連携し、公家を経由して天皇の権威を我が物にしようとした。復古は、下級武士層が公家衆を味方に付けるために絶対に必要なスローガンだった。

2　変転する国家機構

　復古の宣言とともに「総裁」「議定」「参与」の三職が新政府の中枢となることのみが示された。年が明けたばかりの 1868 年 1 月 3 日、鳥羽伏見の戦いで幕府軍が壊走し、京都陥落の危険が遠のくと、三職の下に 7 つの「事務科」を置き、2 週間後には 7 科を 8 つの局に改めるといった、まさに朝令暮改が続く。3 月に「五箇条の御誓文」によって公議政体を選択し、同時に攘夷を否定すると、閏 4 月[1]、「政体書」が発せられて権力分立や選挙制を仄めかしつつ、実動数月

1　当時の暦は太陰太陽暦で一年は 360 日前後。数年ごとに「閏（うるう）月」が置かれた。

にも満たない三職制を止め、**太政官制**への切り換えを行った。

　1869年7月、上述の太政官制を復古調に組み換えた「職員令」体制が敷かれた。現在の内閣に当たる太政官の上位に神祇官を置き、弾正台を復活させるなど、まさに復古を目指したがごときこの体制は、維新の原動力を自認しながら、維新後の政策選択に強い不満を持つ攘夷派など、強固な保守層を懐柔することが目的であった。しかしこのような、時計の針を1000年以上逆に回すような制度「改革」が永続する筈もなく、1871年7月に神祇官、弾正台を廃した**太政官三院制**に移行する。三院とは、内閣に相当する正院、立法に近い左院、各省の調整を主務とする右院をさし、三権分立を意味するものではない。

　この体制は、征韓論を契機として表面化した政府の内部対立によって危機に瀕する。政府の代表格である大久保利通は、対立する木戸孝允、板垣退助を懐柔するために、元老院、大審院を設置し、形式的に三権が並び立つことになった。だが実際には行政府にあたる太政官正院が立法、司法に優越することに変りはなかった。1877年の西南戦争で、武力による政府転覆が不可なることが印象づけられるが、翌年、大久保が暗殺され、政府は岩倉具視と伊藤博文を中心とする体制へと移っていく。

　岩倉は1882年、「**憲法大綱領**」をまとめ、制憲の方針を確定した。民間から続々と発表される私擬憲法や、元老院国憲案など、憲法制定の気運が高まる中、岩倉は**漸進主義**（ぜんしん）、**超然主義**（ちょうぜん）、**欽定主義**（きんてい）を柱とすることを決めた。これは当時の世論とは相容れない方針であったが、岩倉はこれを決行した。

　岩倉の制憲方針を具体化したのは伊藤博文である。伊藤は自らドイツ、オーストリアに渡って最新の国家学・憲法学を学んだ。そして、ごく少数の側近と外国人教師のみを従え、憲法制定作業を進めた。

　制定作業の途上、1886（明治18）年、太政官制を廃し、今日に繋がる**内閣制**が実施された。この改編は、立憲制移行の準備段階であった。特に、宮内大臣を内閣に含めず、天皇と政治を切り離したことは重要である。そして、権力の淵源である天皇を統治権の総覧者にまつり上げ、臣下の**輔弼責任**（ほひつ）によって無

答責を確保しつつ、天皇自身が行使することのない天皇大権を国家の最高権限と定める憲法が、1889（明治22）年に発布された。同時に、天皇の終身在位、つまり生前譲位を許さない皇室典範が定められた。天皇制の安定を狙った制度と説明されるが、主唱する伊藤博文以外の誰かが明治天皇以外の皇族を担ぐことを嫌ったために他ならない。

　なお、この憲法制定作業の最終段階で、法案の表題が「日本帝国憲法」から「大日本帝国憲法」へと変った。

　上述の通り、明治憲法では天皇の大権を臣下が輔弼する体制となっていたが、統治権を担う内閣は、総理大臣の権限が弱く、閣僚を罷免できないため、しばしば閣内不統一で総辞職に追い込まれることとなった。一方、内閣から独立した軍部が統帥権を握り、軍部大臣の人事を盾に内閣を揺さぶることも一再ならず、この憲法施行から僅か55年で大日本帝国は亡ぶのである。

　明治憲法も皇室典範その他、憲法に付属する諸法典も、帝国議会開設前に成立した。伊藤を中心とする政府首脳が、議会、特に民選議院に対してどのような感情を抱いていたか、このタイムテーブルから容易に想像できよう。当時の内閣は薩長両藩出身者が要職を独占する藩閥政府そのものであり、一般民衆の支持を背景とする政党を敵視して止まなかった。憲法大綱領以来、超然主義は歴代内閣に受け継がれ、初期議会における政党蔑視や選挙干渉など、非立憲的行動も枚挙に遑がない。

　とはいえ当時の世界に目を転じると、日本の周辺は、内訌に明け暮れていられるほど平穏ではない。旧幕府の負の遺産ともいうべき不平等条約の改正は、新政府発足以来の宿願であった。1871年の岩倉使節団以来、政府が縷々、条約改正を目指してきたことは周知の通りであるが、日本が近代化、例えば国内法の整備を進めても、締約諸国が日本に対して持つ優位な立場を容易く手離すことはなかった。条約改正は結局、日清・日露の戦役に勝利し、日本の国力を欧米諸国が評価せざるを得なくなったことで実現した。維新から40年足らずの歳月で二度の対外戦争に勝利するまで国力を伸したことは、日本と日本人に

第一部　政治学

とって計り知れない自信となった。明治初年から20年代までの数々の内訌をもたらした藩閥の領袖(りょうしゅう)が政党との妥協、連携を模索し、遂には政党を率いて政権を担う時代が訪れる。前者の代表は長州の山県有朋であり、政党を利用して自らの政権運営に役立てようと試みた。後者は同じく長州の伊藤であり、自ら立憲政友会を組織してその総裁となった。

　山県と伊藤は、維新に続く明治という時代を作り、牽引した大政治家といえる。その二人が、明治の末年、形こそ違え、政権運営に政党との関係を意識したという事実は、彼らの属性、後ろ盾であった藩閥が変質、弱体化したことを示す。山県の後継者である桂太郎、伊藤の後継者である西園寺公望が交互に政権に就くころ、明治が終り、大正の世が始まった。

3　デモクラシーの時代

　1913（大正2）年、二個師団増設問題で陸軍と意見を異にした第二次西園寺内閣が倒れると、4ヶ月前に内大臣に就いたばかりの桂が三度組閣の大命を拝した。しかし桂が、困難な軍部大臣人事に詔勅、つまり天皇の権威を借りたこと、そもそも前内閣が陸軍の横暴で倒れたことに対して世論の批判が集中した。特に、福沢諭吉門下の政治家、実業家、言論人たちが「憲政擁護・閥族打破」をスローガンに桂内閣を攻撃し、桂は辞職に追い込まれた。これを第一次護憲運動という。この時、君権主義、超然主義という、およそ議会勢力にとって利にならない原則を打ち出す明治憲法下、議会勢力が閥族打破と並行して憲政擁護を唱えた点は重要である。藩閥の弱体化という事態をうけ、藩閥出身者に代わって民意を反映する議会内第一党の党首を首班とすることを「**憲政の常道**」と唱えたのである。

　第三次桂内閣が倒れたのち、政党色の強い山本権兵衛、大隈重信が首相を務めたが、次の首相、寺内正毅は長州出身の軍人で、後世、非立憲内閣と評される超然内閣を組織した。寺内内閣は、第一次大戦後のシベリア出兵、これと関

連の深い米騒動による社会の混乱が原因となって倒れ、1918 年、原敬が次の首相となった。原は薩長藩閥とは無縁の南部藩士の次男に産まれ、新聞記者、外務官僚などを経て伊藤博文の立憲政友会に加わった。伊藤や西園寺、山本内閣で入閣し、寺内内閣総辞職後、初の本格的政党内閣を組織した。爵位を受けなかったことから「**平民宰相**」とよばれた人物である。

　原は在任中の 1921 年非業の死を遂げるが、政党政治は着実に日本に根付きつつあった。1924 年に首相になった清浦奎吾は、政党に基礎を置かない非立憲的内閣を組むが、時勢に合わない政治手法として批判を浴び、第二次護憲運動に繋がる。清浦は衆議院を解散して総選挙に打って出るが、加藤高明率いる憲政会が第一党となり、加藤に組閣の大命が下った。加藤は立憲政友会の高橋是清、革新倶楽部の犬養毅に連立を説き、ここに護憲三派内閣が成立した。この内閣の時、**普通選挙法**が成立し、納税額による選挙制限が撤廃された。政党政治がようやく定着したこの時代の政治状況を評して、**大正デモクラシー**という。

4　軍部独走の時代

　原内閣の 1921 年、ワシントン海軍軍縮会議が開かれ、日本は米英の 6 割という保有艦比率を受け入れ、第一次大戦後の平和回復に積極的な姿勢を示した。しかし、日清、日露、第一次大戦と 3 度連続して戦勝を味わったことで、軍部は過剰な自信を身に付ける。大正の末年、立憲政友会の総裁に陸軍大将の田中義一が就任し、1928（昭和 3）年、田中が組閣する。田中は、山東出兵に始まる対中積極策を許し、**張作霖爆殺事件**では陸軍の抵抗に遭い、首謀者を厳罰に処することができなかった。このことにより昭和天皇の勅勘を被った田中は総理を辞職する。

　田中の後を受けた浜口雄幸内閣の時、**ロンドン軍縮会議**が開かれ、日本の海軍補助艦保有率をアメリカの約 7 割とする条約が締結された。この軍縮条約締

第一部　政治学

結が、天皇の**統帥権**を侵すものだという暴論が巻き起こり、浜口も凶弾に倒れることになる。浜口以後も暫く、政党内閣が続くが、1932年、犬養毅が海軍将校らに襲撃されて暗殺されたことで政党政治は終わりを告げ、軍人を首班とする非常時内閣の時代に突入する。この後、満州事変、太平洋戦争と泥沼の戦争が拡大した。政党は全て解散して「**大政翼賛会**」に統合され、軍が掌握する統帥権の前に議会は無力だった。やがて1945（昭和20）年8月、ポツダム宣言受諾により、軍国主義に突き動かされた大日本帝国は壊滅したのである。

5　戦後の民主化

　終戦直後、日本に進駐した**GHQ**（**連合国軍総司令部**）の動きは素早かった。ポツダム宣言に明示された「民主化」「非軍事化」を実現するため、総司令官**マッカーサー**は精力的に動いた。占領政策に有利であると判断すると天皇制の維持を決断し、ソ連をはじめとする連合国の一部や、日本国内にも存した天皇廃止論を抑え、同時に憲法改正作業を急いだ。時の幣原喜重郎内閣は、松本烝治国務大臣を担当大臣として憲法改正案を作ったが、GHQはこれを受け入れず、1946年2月、総司令部民政局が起草した草案（マッカーサー草案）を日本政府に示した。
　その内容は、元首であり統治権の総覧者であった天皇が「象徴」と位置付けられ、戦争を放棄することが明示されていた。法律の留保がついていた臣民の権利は「基本的人権」に置き換えられ、公共の福祉以外にこれを制限することはできない。三権分立は徹底し、議院内閣制が定められ、超然主義の入り込む隙間すらない。これらはまさに、大日本帝国末期の政権が護持せんとした「国体」が変革されることを意味する。しかし、GHQ統治下の日本政府にこの草案を拒絶する力はなく、GHQとの折衝で若干の修正を加えた成案を、**枢密院**の諮詢を経て帝国議会に附し、新憲法は1946年11月3日公布、翌年5月3日施行された。
　新憲法制定と前後し、政治の世界でも大きな動きが起こった。ポツダム宣言

第4章　近現代の日本政治

に盛り込まれた「民主主義の復活、強化」という目標のため、戦前、大政翼賛会に統合され戦争遂行への協力を余儀なくされた政党が、未体験の自由主義社会で再登場することになったのである。1945年11月、**鳩山一郎**を中心とする日本自由党が結成されると、頃を同じくして日本進歩党が誕生した。前者は主に戦前の政友会に連なり、後者は民政党系が多かったが、旧時代の政党の敷き写しではない。また戦前は非合法化されていた無産政党が集まった日本社会党、また日本共産党も正式に誕生した。1946年4月の衆議院議員総選挙の際、届出のあった政党は360を越える。またこの選挙で初めて、39人の女性議員が誕生した。選挙結果は**日本自由党**が141議席を獲得して第一党となり、党首の鳩山に大命が降下するはずであったが、鳩山は**公職追放令**により議席を奪われてしまった。日本自由党は代わりの党首を立てねばならず、外務官僚であった**吉田茂**擁立に動いた。吉田は同年5月、総理となるが、戦後の混乱期に難しい舵取りを迫られた。

　1947年の総選挙では日本社会党、日本自由党、民主党の順となり、片山哲内閣が発足した。だがこの内閣は社会党内部の不統一、特に左派の抵抗のため短命に終わり、連立を組んでいた民主党から芦田均が首相となった。芦田内閣も疑獄事件のために短命であった。

　1948年10月、第二次吉田内閣が成立した。吉田は民主党の一部と日本自由党が合体した**民主自由党**の総裁に就任しており、翌年1月の総選挙で民主自由党は264議席を得て絶対多数を確保し、その後の保守安定政権の地歩を固めたことになる。この選挙での社会党内閣から民主自由党安定政権への移行は、左派のみならず中道政党の敗北をも意味する。そして民主自由党から立候補、当選した議員には**池田勇人**、**佐藤栄作**をはじめとする閣僚出身者が多数含まれていた。政策に通じた彼らがその後の保守政権を支え、牽引していくのである。

　1950年には、民主自由党と、民主党の連立派とよばれる一派が合同し、自由党が発足した。これと対峙するはずだった日本社会党は、前年の総選挙で大敗し、党内に左右派閥の対立を抱えて勢力を伸ばしかねていた。

第一部　政治学

　1950年6月、**朝鮮戦争**が勃発した。マッカーサー総司令官は、日本の直近で発生した戦争に備え、警察力と海上警備力の強化にむけて「**警察予備隊**」を新設し、海上保安庁の増員を指示した。同時に日本共産党幹部が公職から追放された。朝鮮戦争を契機として、日本の社会を安定させ、中華人民共和国やソビエト連邦など共産主義国の台頭に対応した「反共の砦」として機能させようとの意図に出たものである。そしてこの考え方が、対日講話の促進へと繋がった。また、連合国によって武装解除を受けた日本は、講和後、軍事的に不安定な状況に陥ることが明白であったので、日本の防衛力が整備されるまで、アメリカ軍が引き続き駐留することとなった。

　1951年9月、サンフランシスコで対日講和会議が開かれ、ソ連、チェコスロバキア、ルーマニアを除く連合国と講和条約を結んだ。日本は占領を脱し、国際社会に復帰することとなったのである。この条約締結を巡っては、ソ連を含む全ての連合国と同時に条約を結ぶべし、とする全面講和論を唱えるものがあった。米ソの対立が進む中、アメリカ（とその友好国）と講和すると、必然的に日本がアメリカの陣営に加わることになり、日本が米ソの戦争に巻き込まれる、というのがその理由である。この説を採ったのは日本社会党左派、日本共産党、左派労組、一部の知識階層たちであったが、現実の政治において全面講和は、空理空論に過ぎなかった。日本社会党の内部でも、右派は講和条約、後述する安全保障条約に賛成し、左派は全面反対という深刻な対立に陥り、ついに同党は左右両派に分裂した。

　講和条約と共に結ばれた**日米安全保障条約**により、日本にアメリカ軍が駐屯し続けることになった。また同条約は前文で「アメリカ合衆国は、日本国が、攻撃的な脅威となり又は国際連合憲章の目的及び原則に従つて平和と安全を増進すること以外に用いられるべき軍備をもつことを常に避けつつ、直接及び間接の侵略に対する自国の防衛のため漸増的に自ら責任を負うことを期待する。」とし、日本は自主的防衛力増強の責任を負うこととなった。1952年4月、警察予備隊に続く海上警備隊が発足し、同年8月には警察予備隊が**保安隊**へと改

組された。1954年、この保安隊が**自衛隊**となる。

1952年、講和条約の発効に伴い、公職追放処分を受けた政治家が活動を再開した。この年の10月に行われた衆議院総選挙では、自由党240、追放解除された重光葵が総裁を務める改進党が85、右派社会党57、左派社会党54、日本共産党0といった結果となった。議席を減らしたものの政権を維持した吉田茂は、再軍備問題に取り組んだ。他国から武力攻撃を受けた場合、国土を防衛することは憲法違反にならない、憲法9条は自衛権まで禁ずるものではない、攻撃を受けた場合に必要最小限度の措置をとるための自衛隊の存在は憲法に違反しない、自衛隊は9条にいう戦力には達していない、という**有権解釈**[2]のもと、自衛隊を整備、強化したのである。

1953年4月、いわゆる「バカヤロー解散」に伴う総選挙が執行された。吉田率いる自由党は199議席と後退し、鳩山一郎率いる分派自由党は35、改進党76、左派社会党72、右派社会党66などという結果となった。吉田は改進党の一部から閣外協力を受けて第5次吉田内閣を組織したが、鳩山自由党との対立や度重なる汚職事件によって支持を失っていった。

6　55年体制

1954年12月、吉田内閣は総辞職した。鳩山、岸信介、河野一郎らが反吉田を標榜し、鳩山を総裁とする**日本民主党**を組織し、第1次鳩山内閣が成立した。更に翌年2月の総選挙で日本民主党が勝利し、第2次鳩山内閣が成立したが、同党は安定多数を得ておらず、自由党の協力が絶対に必要な情勢であった。

1955年10月、労働界からの強い要求を受け、社会党の左右両派が統一にこぎ着けた。同年2月の選挙における獲得議席は両派で156となり、かつての片山内閣の時の143を上回る。両派の主義主張には隔たりがあり、交渉は長期化、

2　国家機関、ここでは内閣が行う法解釈のこと。

第一部　政治学

難航したが、保守政権に対抗しうる大政党結成にむけて妥協が成立した。

　この社会党の動きは、民主、自由両党に強い危機感を与えた。巨大な保守政党を作ることで、社会党との二大政党体制を目指し、さらに保守政権の永続を狙って両党の話し合いが進み、1955年11月、**保守合同**が成って**自由民主党**が誕生した。以後、自由民主党の長期政権を**55年体制**という。自民党は発足当初、吉田派、反吉田派、官僚派、党人派など8つの派閥が存在し、決して盤石ではなかった。保守合同を進めた三木武吉は「もって10年」、第2次鳩山内閣で文相を務めた松村謙三は、「30年で」自民党は崩壊する、と語っていた。しかしそうした予想に反し、複雑な派閥は派閥として存続したまま、自民党は長期安定政権を打ち立てたのである。

　自民党の安定政権確立は、岸信介による安保改定（アメリカとの関係強化）、池田勇人による所得倍増（戦後復興と国内景気の拡大）、佐藤栄作による小笠原、沖縄復帰（大戦後の占領終結）といった、在任期間の比較的長い総理大臣が、国民生活に直接好影響を与える施策を実施し、一定の成果を上げたことがもとになる。その後も田中角栄の日本列島改造論（未曾有の建設ブーム到来）、バブル景気（1986年から1991年まで続いた好景気と土地を主とする資産価値の大幅上昇）など、自民党政権時代には、失政や汚職、スキャンダルなどマイナス点も多々あるが、その時々の国民生活にとって「向上」と評価される施策が実施されたことで、政権は維持された。

　とはいえ、1983年には総選挙で過半数を得られず、第2次中曽根内閣は、元自民党議員らが組織した新自由クラブとの連立政権となった。そして1993年、総選挙で過半数を得られなかった自民党に対し、離党した羽田孜（新生党）、武村正義（新党さきがけ）、前年に日本新党を結党した**細川護熙**らが、共産党を除く政党との連立を実現し、細川が1955年以来はじめて、非自民の総理大臣となった。1996年、自民党は政権に復帰するが、以後自民党単独内閣は希で、連立政権を組むことが多くなった。バブル崩壊（1991年）後、景気の後退を食い止める効果的な政策を実施できず、「失われた20年」とよばれる低迷の

時代にあって、選挙で圧倒的な勝利をえることは不可能だった。僅かに小泉純一郎が、拉致家族の電撃帰国や郵政民営化など、大きな成果を上げて長期政権を保った以降、3人の総理がそれぞれ1年で辞職するという事態に至り、遂に2009年、民主党に政権を譲り渡すことになった。

ところが民主党政権も安定せず、1年前後で総理が交代して効果的な政策を打てず、2012年、選挙に大敗して野党に転落したのである。

(原　禎嗣)

〈考えてみよう〉
1　内閣、議会(国会)、裁判所の位置付け、権限を、それぞれ戦前と戦後で比較してみよう。
2　本章で名前を挙げた総理大臣が実施した政策を調べてみよう。

【発展的学習のための参考図書】
楠精一郎『列伝・日本近代史』朝日新聞社・2000年5月
坂野潤治『近代日本政治史』岩波書店・2006年1月
寺崎修『近代日本の政治』法律文化社・2006年5月

第5章
国際政治の舞台

> 地球上には200近い主権国家が存在し、国際社会を構成している。全体に秩序をもたらす中央政府が存在しない点で、国際社会は国内社会と大きく異なっているが、社会と社会が国境横断的につながろうとする動きも、昔から継続している。このように、分裂の契機と統合の契機が複雑に絡み合っているのが、まさしく「国際政治」なのである。

1　国内政治と国際政治

　日本は周囲を海に囲まれているが、だからといって日本政治と国際政治はまったくの別物である、と考える人はいないであろう。日本の諸政策を最終的に決定するのは日本の有権者であるとしても、すべてを思い通りに決定できるわけではない。国際社会の現実によって日本の選択の幅は制約されているし、日本の選択が国際社会に思わぬ影響も及ぼすこともあるからだ。明らかに日本政治と国際政治は陸続きのようにつながっている。

　しかし、そのことを踏まえた上で、国際政治と国内政治の決定的な相違を確認しておくことも大切である。一般的にいえば、国際政治のほうが国内政治よりも、合意を形成するのは難しい。交渉で問題を解決できない場合は、武力で決着をつける可能性も残されている。だからといって驚く必要はない。これらはすべて、国際社会に最高権力機関といえるものが存在しないことの結果なの

だ。「**国家間の政治**」（ハンス・モーゲンソー）[1]には、「**国家内の政治**」では普通は考えなくてよいような不確実性、不安定性がつきまとう。

とはいえ、「国家間の政治」というのがひどく単純な表現であることも、認めなければならないだろう。現実の世界では、国境を越えて人、物、カネ、情報が行き来している。その影響は国境を越える人にも越えない人にも及んでいる。こういう世界をうまく管理するのに、いくつかの国々の努力だけで十分だろうか。できることなら、なんらかの国際的な制度が望ましい、という指摘は誰もが同意するに違いない。

国際政治をどのように教えるべきかについては、さまざまな考え方がありうる。大学で国際政治を担当している教師を集めて熟議をさせても、ただひとつの結論に到達するとは想像できない。本書は初学者向けの入門書だから、国際社会の成立と展開を歴史的に跡づけることを中心とする。それは読者が今後の世界を考える際の、足場のひとつとなるだろう。

2　国際社会の原形

国際社会の原形は、文明圏と呼ばれるかたちで、近代のはるか以前から存在していた。**古代ギリシア**の文明圏はその一例である。ギリシア人は大きな統一国家をつくるのではなく、いくつもの**都市国家**（ポリス）に分かれていた。アテネに典型的にみられたように、民会（市民総会）を中心とする政治が可能であった理由の一つとして、個々の都市国家が小規模であった事実を挙げることは十分に可能であろう。

都市国家間に問題が発生すれば、使者を送って話し合いが行なわれた。話し合いで解決できない場合は、武器を用いて決着をつけることもしばしばあった。都市国家の守護者としての戦士は軍会を構成し、それが民会の起源となった。

---

[1] モーゲンソーの代表著である『国際政治』全三冊（岩波文庫、2013年）。原題はPolitics Among Nationsである。

第一部 政治学

話し合いにせよ戦いにせよ、それらはまったくの無秩序ではなく、ある程度の原理や規則を共有しながらおこなわれた。それを可能にしたのは、ギリシア人が言葉や信仰などの点で一つの文明圏に属している、と自覚していたことであった[2]。

こうして古代ギリシアの文明圏には、**外交**、**戦争**、**国際法**の初歩的な形態が芽生えていた。一つの都市国家が強大化しそうになると、他の都市国家が同盟を組み、**勢力均衡**を回復する、といったことも行なわれていた。そんな昔の話に意味があるのか、などと言ってはいけない。アテネやスパルタなどの興亡を描いたツキジデスの「戦史」は、国際政治の生きた教材として、いまも世界中で読まれている。

古代ギリシアに言及したとなれば、**古代ローマ**の文明圏にも触れないわけにはゆかないだろう。ローマ人は周辺の国々を征服し、巨大な**帝国**をつくりあげた。そこでは正義と安定の実現のために、法の強制という手段に頼らなければならなかった。都市国家でみられたように、市民が互いに顔を合わせて議論を重ね、合意を形成してゆくことは、難しかったからである。

国際政治の概論書では、ギリシアを**並立型**の国際社会の原形とみなし、ローマを**帝国型**の国際社会の原形とみなすことが多い。ギリシアはともかく、ローマを国際社会とみなすことには、違和感があるかもしれない。国際社会とは、二つ以上の国々が、ある程度の秩序の下に、長期にわたり交流できるようなまとまりであるはずだ。帝国は中心部が周辺部を支配する垂直的な体制であり、対外的には一体として行動する場合が多いのだから、それ自体が一つの国家なのではないか、というわけである。

これはもっともな疑問であるし、はじめは帝国として出発しても、属領の同化がすすめば、一つの国家に統合されてしまうだろう。しかし、上述したローマ法は、征服した国々の法を破壊するのではなく、全体のなかに包摂し、調整するものであった。市民資格に関しては、ローマは異邦人でも法に忠誠であれ

---

2 オリンピュア祭典競技（古代オリンピック）が始まったのもそのような背景による。

ば与えたので、出自を重視するギリシアより開放的であった。古代ローマの文明圏は、帝国型ではあったものの、内部に多元性を許容していたといってよい。

近代以前の文明圏は、ギリシアとローマだけであったわけではない。ヨーロッパには、古代ローマ帝国の衰亡後にも、神聖ローマ帝国を中心とするキリスト教文明圏が存在していた。歴代中華王朝を中心とする東アジア文明圏、ムガル帝国を中心とする南アジア文明圏、オスマン帝国を中心とする西アジア文明圏なども、帝国型の文明圏のよく知られた例であろう。これに対し、並立型の典型例としては、春秋戦国時代の中国大陸、中世末期のイタリア半島などを挙げられる。

3 近代以前と近代以後

以上のように踏まえた上で、どうして近代以前の文明圏を「国際社会の原形」と述べてきたのか、「原形」と述べる以上は今日の国際社会と異なる点があったはずであるから、それは何かを整理しておこう。

第一に、近代以前の文明圏は、今日の国際社会と異なり、地球規模ではなかった。交通通信手段が限られていた時代には、一つ一つの文明圏も見渡すことが困難なほどに広大であり、他の文明圏との接触は日常的ではなかった。当時を生きた人々の大半にとって、自分の属する文明圏が「世界」であり「天下」であった。そうした「世界」「天下」が地球上のあちらこちらに点在していたのである。

第二に、近代以前の文明圏は、その名称が示すとおり、ある程度の統一性を持つものとされていた。たとえば、ヨーロッパは古代ローマ帝国の末期以来、宗教的権威としての教皇と、政治的権威としての皇帝とを頂点として、ある程度の統一性を持っていた。このことは、近代以前の文明圏が地域的な規模にとどまっていたことと、大いに関係しあっているだろう。

第三に、近代以前においては、国家の領地は必ずしも明確でなく、支配者の管轄権も限られていた。たとえばギリシアの都市国家には境界線があったが、それは隣接する都市国家との力関係によって絶えず変動していた。ヨーロッパ

第一部 政治学

の諸王国には教会領や貴族領が含まれており、国王も介入できなかった。外から最高位とみなされなかった国王は、内でも絶対者となりえなかったのである。

4 主権国家体制の成立

今日の国際社会に直接つながるような国際社会が最初に出現したのは、十七世紀のヨーロッパであった。**主権国家体制**と呼ばれるものがそれである[3]。主権国家体制は、やがてヨーロッパ外にも拡大し、二十世紀には地球規模の国際社会となった。

主権国家はそれまでに類例のない、新種の国家であった。明確な国境線によって区切られ、その内側の隅々にまで支配を貫き、国外からのいかなる介入も許さない。こうした至高の権力こそが主権と呼ばれるものである。それはヨーロッパの国王たちの、教皇や皇帝の権威に対する抵抗の産物であった。十六世紀には、自身の離婚をめぐって教皇と対立し、ついにはローマ教会を脱退し、自前の国教会を作ったヘンリ八世のごとき怪物まで現れている。

しかし、国王たちの勝利を決定的にしたのは百年以上にわたる宗教戦争、とりわけ 1618 年からの三十年戦争であった。「正しい信仰」をめぐり、敵と味方が入り乱れ、血で血を洗う戦いを繰り広げた。この状況を克服するため、ヨーロッパをいくつかの主権国家に分割し、国王たちに宗派の選択を任せるとともに、希望する人民には移動の自由を認めることとなった。ヨーロッパが一つしかなく、宗派間の対立が激しい場合、「異なる信仰」の共存しうる秩序を構築するのは容易でなかったからである。

主権国家への分割は、教皇と皇帝を頂点とする統一的なヨーロッパという、中世的な理念の否定であった。1648 年の**ウェストファリア条約**は、三十年戦争を終結させるとともに、主権国家に法的なお墨付きを与える歴史的な文書で

---

3 ウェストファリア体制、西欧国家体系などというのも、ほぼ同じ意味である。

あった。このお墨付きを追い風として、国王たちは国内の平定をさらに進め、国境線の防御を固めていった。こうして主権国家は実力の裏付けをも得ていった。

以上の変化をどのように評価できるであろうか。まず、思い切った棲み分けを認めたことによって、敵と味方が入り乱れての、血で血を洗う戦いが一段落したことはたしかであろう。そのことは、「戦争の烈度」を示した別表からも、おおよそ跡づけできることである。しかし、宗教戦争が克服されたからといって、永遠平和がおとずれるわけではない。むしろ主権国家が当然になればなるほど、国境線をめぐる紛争は多発すると考えられる。

表 「戦争の烈度」の研究（ソローキン）

世紀	12	13	14	15	16	17	18	19	20
烈度	18	24	60	100	180	500	370	120	3080

Quincy Wright, A Study of War, Chicago, 1942, p.237.

主権国家体制は、戦争を否定しない体制であった。ヨーロッパを束ねるような権威が否定された以上、国家間の紛争を調停できる者はいなくなり、安全保障は国家の自己責任となる。国境線をめぐる紛争が発生し、外交で解決するのが困難なときに、戦争に訴えるか訴えないかは、主権国家が自由に判断することとされた。戦争と外交を繰り返しながら、それらの手順に関する国際法も整備されたが、主権国家体制が戦争を否定しない体制であることに変わりはなかった。

5　「帝国殺し」の妙薬

しかし、それにもかかわらず、十九世紀までのヨーロッパでは、主権国家体制を本格的に見直す動きは起こらなかった。それどころか、勢力均衡政策によって同盟を組み、帝国の復活を阻止する動きがしばしば見られた。主権国家体制が持続したのは当然であろう。

その最大の原因は、帝国に対する嫌悪感の強さに求められる。たとえばモン

テスキューは、帝国が巨大になると、人々の責任感は曖昧となり、そのことが内側から帝国を崩してゆく、と古代ローマの歴史を回顧しながら論じた。これに対して近代のヨーロッパでは、中規模の国家が並立し、多様性が保証されているために、人々に自由と活力が与えられ、それがヨーロッパを発展させている、と力説したのはヒュームであった。このような考え方は当時のヨーロッパの人々に広く共有されていたのである[4]。

　皮肉なことに、十九世紀の後半になると、ヨーロッパの主要国はアジア・アフリカへの進出を強め、ヨーロッパの外側に帝国を形成してゆく。いわゆる帝国主義時代の到来である。その過程で、南アジアのムガル帝国、東アジアの清帝国などは解体され、植民地や従属国とされていった。そして、アジア・アフリカ各地の諸民族が独立運動を開始したとき、彼らがめざしたのはヨーロッパをモデルとする主権国家の建設であった。主権国家は「帝国殺し」の妙薬であるらしい。

　こうして二十世紀の後半までに、主権国家体制が地球の陸地の大部分に広がった[5]。かつてはさまざまな文明圏が点在していた地球上に、一つの国際社会が成立した。しかしその内実である主権国家体制は「戦争を否定しない体制」であった。この問題に、人々はどのように取り組んできたのであろうか。

6　リベラリズムの挑戦

　ヨーロッパに主権国家が出現したころ、国王や貴族たちにはキリスト教文明圏の意識が残っていたし、支配層の特権を守ろうという意識も共有されていた。

4　高坂正堯『古典外交の成熟と崩壊』(中央公論社、1978 年)、第一章第二節。
5　貿易路として重要であり、人類の共通財産といえる海洋も、近年では国家による線引きが活発化する傾向にある。地球の表面の 7 割が海洋であるが、現状ではその 3 割がいずれかの国家の管轄下にある。陸地と合計すると、地球の表面の約半分が、いずれかの国家の管轄下にある。

そうした意識は、多分に反動的な性格を帯びながらも、国王や貴族たちを国境横断的に結びつけた。**王朝的国際主義**の結びつきが、分割されてしまったヨーロッパの危うい部分を、いくぶんなりとも緩和するのに役立っていたのである。

しかし、王朝的国際主義の存立基盤は、縮小してゆく運命にあった[6]。主権国家体制が成立してから、なによりも強まったのは国家と社会の関係であった。国王は戦争に勝つためにも、領域内の住民の支持を必要とした。その結果すすんだのは、「国王の国家」から「国民の国家」への転換だった。しかし、そうした変化は、王朝ではなく社会を基盤とする新しい国際主義に、きっかけを与えるものでもあった。それは**自由主義的国際主義**、あるいは**リベラリズム**（自由主義）と呼ばれている[7]。

リベラリズムは三つの系譜に大別できる。第一は、**経済的リベラリズム**の系譜である。戦争によって領土を広げなくても、平和な経済交流を活発にすれば、国は豊かになれる。戦争は他国との貿易を妨げるものであり、発展を阻害するものである、というのが経済的リベラリズムの骨子である。アダム・スミス以来、経済的リベラリズムは国内体制をめぐる議論であった。国家は市場に介入するべきでなく、国防と治安に専念していればよい。そういう議論の延長上に、経済活動を自由にすれば、それが国境横断的な結びつきをつくりだし、危険をはらんだ国際政治の改善にもつながるはずだ、という主張が生まれてきたと考えられる。

第二は、**政治的リベラリズム**の系譜である。戦争を開始するのは国王であり、被害を受けるのは国民である。そうであれば、政治が国民に対して責任を負う

---

6 とはいえ、皇室外交や王室外交などは、国民の善意を対外的に表徴する方法として、今日でも一定の意味を持っているといえるだろう。
7 国際主義（インタナショナリズム）は、主権国家体制と共存しながら問題点の克服を図るもので、国際政治における改良主義といえる。これに対して、主権国家を媒介とすることなしに、全人類を主体とする政治体への飛翔をはかる世界市民主義（コスモポリタニズム）は、主権国家体制の清算を目指す点で、国際政治における革命主義といえる。

ようにすれば、国民の意思に反して戦争をはじめることは不可能になるはずだ、というのが政治的リベラリズムの骨子である。政治的リベラリズムも国内体制をめぐる議論であり、政治を国民に開かれたものとすることに主眼があった。しかし、政治的リアリズムの背後には、対外政策をめぐる不信感も作用しており、それが転じて、国内政治を変えれば国際政治も変わりうる、という議論になったとみることができる。

　第三は、**機構的リベラリズム**の系譜である。戦争が起きるのは、国家が自国の利益しか考えていないからだ。そこで国際機構を設立し、国際社会の共通利益を追求するようにすれば、平和の機会はそれだけ大きくなるはずだ、というのが機構的リベラリズムの骨子である。これは政治的リベラリズムを国際社会に広げた議論といえるだろう。もちろん、諸国家の上に立つ政府の樹立は容易でないし、望ましいとも限らない。機構的リベラリズムは、各国が国際社会の共通利益を意識しながら行動できるようになるための、条件づくりをめざすものといってよい。

7　二つの世界戦争

　二十世紀の前半は、二つの世界戦争が相次いで起こった時代であった。当時の世界においては交通・通信手段の発達の結果、国境を越える経済交流が活発となり、相互依存が深まっていた。たとえば1870年代から1880年代にかけて、ヨーロッパでは食糧価格が約半分に下落したが、それは船と鉄道によってヨーロッパ以外の地域の穀物が大量に輸入されるようになったことの結果であった。経済的リベラリズムの教義によれば、戦争の危険が減少していたはずの時期に、未曽有の大戦が起きたことになる。

　どうしてそのようなことになったのだろうか。世界が一体化しつつあったことは、そこでの主導権を誰が握るか、すなわち誰が覇者になるかを問題にした。とりわけドイツは近づきつつある「世界政治の時代」を強く意識し、そこで「名

誉ある地位」を占めることをめざして勢力圏を広げていった。それに最も強く反応したのはイギリスであった。イギリスとドイツの対立は、それが一体化しつつあった世界の主導権をめぐる争いであった事実によって、世界的な広がりを持つものとなった。

第一次大戦は「ヨーロッパの自殺」といわれた。敗戦国のみならず、戦勝国にも甚大な犠牲をもらしたからである。そうなった理由の第一は、産業革命の成果が応用されて、さまざまな**近代兵器**が量産されたことであった。第二の理由は、「国王の国家」から「国民の国家」への転換が進んだ結果、戦争が国民をあげての**総力戦**となったことであった。政治的リベラリズムの教義によれば、国民は戦争に反対するはずだったが、そうでもなかったわけである。

第一次大戦が終了すると、アメリカのウッドロウ・ウィルソン大統領の提唱を受けて、**国際連盟**が設立された。加盟国は不法な武力行使を自制すること、紛争の平和的解決に協力すること、侵略行為が起きたときには集団的に対処することなどを約束しあった。機構的リベラリズムの教義によれば、今度こそは平和な世界が実現するはずであった。国際法の分野でも、戦争の仕方を規制するだけでなく、戦争そのものを違法とする新条約が締結された。1928年の**不戦条約**がそれである。

しかし二度目の世界戦争も防げなかった。ドイツが再び立ち上がり、今度は日本も加担した。国際連盟は、小国の紛争に関しては、和解という非強制的方法によって、平和的解決に成功したこともある。ところが既存の国際秩序に不満を持ち、それを力で変えようとする大国が現れたときは、国際連盟はほとんど役立たなかった。野心的な国家に自制を促すはずの強制措置が、あまりに弱体だったためである。

こうして第二次大戦は、基本的には第一次大戦の延長上の出来事だったといえる。事実、ジグ・ノイマンのような歴史家は、両者は別個の戦争ではなく、20年ほどの小休止をはさんで行われた一つの戦争だった、という史観を提出している。第二次大戦の戦勝国は**国際連合**をつくり、世界を安定させようとした。

しかし米国とソ連のあいだで対立が始まったため、世界は再び不安定化した。

8　復権するリアリズム

　リベラリズムの教義が信用を失うなかで、国際政治の世界において復権したのが、**リアリズム**（現実主義）の主張であった。リアリズムが強調するのは、国際政治の基本は国家と国家の関係であり、国家は自国の安全保障を最優先して行動し、安全保障の手段として最も重要なのは自国の軍事力である、といったことである。

　これは新奇な理論というより昔ながらの常識のようなものである、といったとしても、リアリズムを侮辱したことにはならないだろう。自由な経済交流、政治参加の増大、国際機構の設立などを重ねてみても、二つの世界戦争を防げなかった。力による現状変更の試みに対し、対抗しうる軍事力の確保を怠ったことが、かえって惨事を招き寄せたのではないか。リアリズムの論客たちはこのように主張した。

　もちろん、リベラリズムの立場からは、つぎのような反論も可能であろう。主権国家体制は戦争を否定しない体制であり、その危険を軽減しようとリベラリズムは試みている。この点を、リアリズムはどのように考えているのだろうか。軍事力による対抗という政策は、惨事をますます拡大するだけではないのか。

　これに対し、リアリズムが重視したのは戦争の**抑止**であった。米国の戦略理論家バーナード・ブロディは、第二次大戦終結直後の1946年に、「今後の軍事機構の主要な存在理由は戦争に勝つことではなく戦争を避けることである」と述べていた。戦争による破壊の規模が大きくなった今日、攻撃を受けたのちに防衛に成功しても喜ぶことはできないのであり、事前の抑止こそが重要だ、というわけである。

　第二次大戦後の米ソ対立には、二つの世界戦争と大きく異なる特徴があった。それは米ソ間に直接戦闘がおこらなかったことである。米ソ間に直接戦闘がお

こらなかったことから、この対立は**米ソ冷戦**と呼ばれるようになった。冷戦は第二次大戦後に生れた言葉であるといわれ、実際の戦闘すなわち熱戦と区別される。米ソは激しく対立しながらも、ついに直接戦闘を行なわなかった。その意味において、米ソ対立は最後まで冷戦の域にとどまっていた。

米ソ対立はどうして熱戦に拡大しなかったのか。それにはいくつかの理由を考えられるが、最も基本的な理由は**核兵器**の出現であった。核戦争が人類の破滅をもたらしかねないことは明白であり、そのことは米ソの指導者たちも認識していた。そして、米ソの直接戦闘は、たとえ通常兵器によって開始されたものであったとしても、核戦争に拡大してゆく可能性を十分に持っていた。そのため米ソは直接戦闘をのぞくさまざまな手段を用いて争うこととなったのである[8]。

ジョン・ルイス・ギャディスは、冷戦のそうした特性に着目し、冷戦は「**長い平和**」であったと指摘している。ギャディスの指摘は上記の意味においては正しいであろう。核兵器の出現は核戦争の恐怖をもたらすものであったと同時に、その恐怖は戦争の拡大を抑制する効果を持っていた。素直に喜びにくいことではあるが、核時代にはそうした一面が伴っていたのである。

9　今日の国際社会

今日の国際社会を捉える際に大切なことは重層的な視点である。国際社会の基盤が主権国家体制であることは、今日でも変わっていない。ヨーロッパでも、ヨーロッパ以外の地域でも、主権国家をうみだす原動力の一つは帝国への嫌悪であった。小国も独立を好み、干渉を嫌うことは、普遍的と思われる。しかし、主権国家体制の変革につながるような動きが、今日の国際社会に出現している

---

[8] ただし米ソ冷戦が熱戦をまったく伴わなかったというのは正確ではない。「直接戦闘をのぞくさまざまな手段」のなかには、米ソが世界各地の紛争に介入し、勢力圏の維持・拡大に努めることも含まれていた。朝鮮戦争(1950-1953)やベトナム戦争(1960-1975)はその代表的な事例であった。

ことも否定できない。最後にそれらを素描しよう。

　第二次大戦後にはリアリズムが復権したが、リベラリズムの挑戦も終わってしまったわけではない。とりわけ先進諸国間では、民主政治と市場経済を共通項としながら、貿易や金融などの協力関係が制度化された。1975年に開始された**主要国首脳会議**（サミット）は、国内政策をふくむ相互調整の場となっている。二つの世界戦争の震源地であったヨーロッパでは、経済統合が1950年代から開始され、2002年には共通通貨**ユーロ**が導入された。主権国家体制の発祥地で、国家主権の一部を地域機構に委譲する動きが始まったことは、画期的なことである。

　交通通信手段の発達により、人、物、カネ、情報の国際移動はますます容易となっている。それに冷戦の終結が重なった結果、1990年代以降は**グローバル化**が注目されるようになっている。人間活動の相互依存性が、地球規模で深まってくると、それらをいかに管理するかが問題となる。グローバル化には環境破壊、貧困、組織犯罪、感染症といった否定的側面も伴うとなれば、なおさらである。

　とりわけ深刻なのは、いわゆる**破綻国家**の問題である。第二次大戦後の新興独立国のなかには、国際的には主権国家の扱いをうけているものの、国内的にはその実質を欠き、領域内の安全の維持に失敗している国々も存在する。難民をはじめとする、破綻国家の被害者たちを放置するのは、倫理上も実利上も不可能に近い。そうした問題の源である破綻国家を、あくまで一人前の主権国家のように扱うべきなのだろうか。

　もうひとつ、グローバル化との関連で見逃せないのは、国家以外の主体の活動範囲の広がりである。国際的な情報発信力を有する**非政府組織**、国際的な生産活動を行う**多国籍企業**の影響力が高まっている。これらとの協力なしには、大国も能力を発揮できない場面が増えている。そうした脈絡のなかで、多角的なフォーラムとしての国連の存在意義も高まっている。国家と**非国家主体**が共演しながら織り成すドラマは、国際政治というより世界政治といったほうが適

切となるかもしれない。

　しかし、以上の素描は、主権国家体制が終焉しようとしていることを示すものではない。国内に治安を確保し、国外からの攪乱を排除するのは、依然として国家の基本的な役割である。国家や非国家主体の協働でも、さまざまな資源を提供し、約束を国内で実行し、他国にも担保するのは、国家である場合が多い。国際社会の平和と安定は、主権国家体制に依拠する部分が依然として大きいといえるだろう。

（小笠原高雪）

〈考えてみよう〉
1　主権国家体制にはどのような問題点が存在するか。それにもかかわらず主権国家体制が生命力を保ってきたのはどうしてか。これらについて考えてみよう。
2　今日のアジアの国際政治の特徴を、リアリズムとリベラリズム、それぞれの視点から考察してみよう。

【発展的学習のための参考文献】
バーナード・クリック『現代政治学入門』（講談社学術文庫、2003年）
中西寛『国際政治とは何か』（中公新書、2003年）
藤原帰一『国際政治』（放送大学教育振興会、2007年）
ジョセフ・ナイ『国際紛争』第10版（有斐閣、2017年）
高坂正堯『平和と危機の構造』（日本放送出版協会、1995年）
ヘンリー・キッシンジャー『外交』全二冊（日本経済新聞社、1996年）

第一部　政治学

コラム
「日本をどこに位置づけるのか」

　日本は歴史的には東アジア文明圏の東端に位置したが、島国という地理的特性のために、時間をかけて独自の文化を醸成できた。日本人は、江戸時代には中国を相対化するようになり、明治維新以降は欧米との交流を活発化した。アメリカの政治学者サミュエル・ハンティントンは、冷戦後世界は文明圏衝突が基調になると論じた著作のなかで、「日本文明圏」を東アジアと別個のものと位置づけた。
　ペリー来航による開国（1854）は、日本が主権国家体系に組み込まれる端緒となった。しかし日本が名実ともに主権国家となったのは、廃藩置県（1871）と不平等条約改正（1910）によってであった。それから第二次大戦に敗北するまで、日本は東アジアを舞台に地域的帝国の建設を試みた。日露戦争（1904-1905）や日本軍の東南アジア占領（1941-1945）は、結果的にアジア諸民族の独立運動に勢いを与え、ヨーロッパがアジアに築いた帝国を瓦解させる一因となった。
　1980年代以降、国力の増大を続けてきた中国は、かつての帝国の勢力範囲に対する関心を復活させつつある。勢力範囲を領域のように扱うならば、周辺諸国との軋轢は不可避であろう。周辺諸国は近代以前に戻るために、独立運動をたたかったわけではない。日本の未来は中国を中心とする「東アジア」にあるのだろうか。東南アジアやアメリカなども視野に収める「アジア太平洋」にあるのだろうか。その選択も地域の今後を大きく左右するに違いない。

第二部　行政学

第6章
行政理論の発展と変容

　本章では、主題にあるとおり、行政理論の発展と変容の概要を見ていく。その手始めとして、行政がなぜ必要なのかについて、私たちに最も身近な行政サービス供給の観点から見ていくことにする。その上で、行政とは何かを包括的に定義し、そうした行政を研究する行政学（行政理論）の歩みを概観する。

　まず、行政管理の理論と古典的組織論が結合して誕生したアメリカの伝統的行政学について見ていく。伝統的行政学は、行政を政治と切り離された固有の領域だとみなし、その能率性を実現するための組織編制や管理方法などを主張するものであるが、そのうちの主要な理論を簡単に紹介する。

　次に、政治と行政の連続的・循環的関係を主張し、伝統的行政学に疑問を呈する考え方と古典的組織論を痛烈に批判する論者の主張を概観する。

　また、アメリカ行政学の影響を受けながらも、官僚制の具体的分析を特徴とするわが国の行政学について見ていくが、具体的分析については相当の紙幅を必要とすることから、本章では、官僚制とその批判の理論面に焦点を当てることにする。

　最後に、従来の官僚制の具体的分析を中心としていた行政学が変容を遂げていく過程を、NPM、ガバナンスの概念と関連させながら概観する。

第6章　行政理論の発展と変容

1　行政の必要性－行政サービス供給の観点から

　私たちは、日ごろ、民間企業から財やサービスを購入して生活を営んでいる。しかし、民間企業が供給する財やサービスさえあれば、不自由なく暮らしていくことができるであろうか。たとえば、通学・通勤などに利用する道路は日常生活に欠かせないものであるが、民間企業が供給しているわけではない。道路サービスを供給しているのは、国や地方自治体である。大学の休憩時間に利用する水道やトイレ（下水道）のサービスも欠くことはできないが、この供給も地方自治体が行っているのである。このように、一日の生活を振り返ってみるだけで、そこには国や地方自治体が供給する財やサービス（行政サービス）がいかに多いかに気づくはずである。そして、こうした行政サービスの範囲・規模は、歴史的に見ると、「**安上がりの政府**」から**職能国家**という形で、また**消極国家**から**積極国家**という形で、ほぼ一貫して拡大を遂げてきたのである。また同時に、そうした国家は、生存権の保障、所得の再分配、市場経済への介入による景気変動の調節に大きく関与するという意味で、**福祉国家**という側面を持つとともに（西尾勝）、立法部門に対して行政部門が圧倒的に優位する**行政国家**となっているのである。

　行政サービスは、国民ないし住民によって選挙等を通じて信託されているという意味で正統的・合法的な主体である政府の行政部門によって供給される。行政学者の西尾勝の区分に従ってもう少し敷衍すると、まず、中央政府における内閣や地方自治体における首長といった行政権の最高決定権者（執政者）による政治的意思決定が行われる。その意思決定を受け、執政者を補助する公務員集団（官僚）による人材、財源などの行政資源の管理と現場業務の監督といった活動を通じて社会の構成員に対して供給されるのである。

　さて、今までは、行政活動の必要性を理解してもらうために、行政サービスの供給に絞って見てきたが、政府の行政活動はこれにとどまるわけではない。

第二部　行政学

そこで、これ以外の役割も念頭に置いて行政を一般的に定義すると次のようになる。すなわち、「行政とは、政府を中心とする主体が、人材や財源、情報といった行政資源を調達し、適切に管理することを通じて、ルールの策定や規制の執行、財・サービスの生産と供給を行う活動」ということになる（伊藤正次他）。こうした行政について研究する学問が行政学である。本章では、行政学がどのように成立し、発展してきたかを簡単に見ていくことにしたい。

2　伝統的行政学の成立

19世紀末にアメリカで産声を上げた伝統的行政学は、近代国家の統治機構における行政機能の拡大と質的変容を背景に、行政を政治とは切り離された固有の研究対象だとした。これは、**政治行政分断論**、あるいは**政治行政二分論**と呼ばれ、その代表的論者は**ウッドロウ・ウィルソン**と**フランク・グッドナウ**である。ウィルソンは、「行政は政治の固有の領域外に存在し、行政の問題は政治の問題ではなく経営(business)の領域に属する」と述べた。**伝統的行政学**は、まさに**行政管理の理論**と**古典的組織論**とが結びつくことによって誕生したのであった。したがって、政治から切り離された行政管理の理論が、行政における能率性の追求を最重要のテーマとしたのは当然のことであったといえよう。

古典的組織論は、**フレデリック・テーラー**の**科学的管理法**の流れをくんでいる。テーラーは、工場における工具の一つひとつの作業工程、休憩時間などを計測・分析し、**作業の標準化**や**標準化された作業の統制、作業の協同化**などによって能率の向上を図ろうとした**動作・時間研究**で有名である。伝統的行政学は、**L.D. ホワイト**が著した教科書『**行政学研究序説**』で初めて体系化された。ホワイトは、この著書の中で「行政は国家目的を達成するための人及び資材の管理である」と述べ、行政学を管理科学の一分野として位置づけた。伝統的行政学を完成させたのは、『**管理科学論集**』を編集した**ルーサー・ギューリック**と**リンダル・アーウィック**である。彼らは、組織における効率性を追求するため

には、ピラミッド組織における「**命令系統の一元化**」や、**ライン部門**による指揮命令権とライン部門への**スタッフ部門**による助言という組織編制の必要性を指摘するとともに、一人の責任者が管理できる部下や業務、すなわち「**統制範囲（スパン・オブ・コントロール）の限界**」を主張し、適切な統制範囲を設定することの重要性などを指摘した。また、その効果を遺憾なく発揮させるために、分業を行う際には機能や方法などに「**同質性の基準**」を用いるべきことを主張した。さらに、ギューリックは、組織のトップが行うべき管理機能として、企画 (planning)、組織化 (organizing)、人事 (staffing)、指揮監督 (directing)、調整 (coordinating)、情報提供 (reporting)、予算 (budgeting) の7つがあることを主張し、これらの頭文字をとって **POSDCoRB** という造語をつくり、能率追求を第一とする POSDCoRB 行政学を展開した。こうして、古典的組織論と結合した行政管理の理論は、伝統的行政学の正統的地位（正統派行政学）を占めていったのである。

　そもそも、アメリカにおいて政治行政分断論は、どうして優位を占めるに至ったのであろうか。それは、**マックス・ウェーバー**が合理的組織編制の不可避的存在と見なしていた、**専門性と永続性に基づく官僚制**が、ヨーロッパ諸国では既に高度に発達を遂げていたのに対し、こうした官僚制の作動を遠方から客観的に見ていた新しい国家アメリカでは、これを否定的に捉える傾向があったということが、まず挙げられよう。また、**ジェファーソン大統領**（第3代）によって取り入れられ、**ジャクソン大統領**（第7代）によって確立された**猟官制（スポイルズ・システム）**（能力ではなく、選挙の功労者に官職を付与する人事慣行、スポイルズには獲物（ここでの獲物は官職）という意味がある。）によって「素人による行政」が推奨され、専門的知識をもった官僚を育てることができず、このことが官僚制に対する阻害要因となっただけでなく、汚職と腐敗を蔓延させていたという事情も大きく起因していたといえよう。

3 伝統的行政学に対する批判

しかし、アメリカにおいても、**行政国家化現象**（立法部門に比べて行政部門が大きく肥大化する現象）は少なからず進展しており、第一次世界大戦や大恐慌は、それに拍車をかけたため、政治と行政を分断した上で、行政の効率性を追求するといった方法は、早くから批判を受けることになった。そして、**フランクリン・ルーズベルト大統領**（第32代）によって始められた**ニューディール政策**が浸透した1940年代には、政治と行政とは連続的・循環的関係にあり、両者を明確に区分することは不可能とする**政治行政融合論**が優位を占めるようになったのである。ただし、猟官制という人事慣行からも分かるように、政治行政分断論のいう「政治」とは「政党政治」のことであるのに対し、「行政過程においても政策形成の機能が営まれている」と、**ポール・アップルビー**が主張するように政治行政融合論の主張する「政治」とは「政策形成」のことであることから、分断論と融合論という二つの論調は必ずしも噛み合っていないと主張する者もいる。ともあれ、伝統的行政学は、能率の崇拝が特定の価値判断であることに気が付いていない上に、行政の中の人間を形式的・技術的観点からしか捉えておらず、その社会的背景との関連を見落としていたのである（**ロバート・ダール『行政の科学－3つの問題』**）。

ところで、政治行政分断論と結びついた古典的組織論を批判し、現代の組織理論に大きな影響を与えたのは、**ハーバート・サイモン**と**チェスター・バーナード**の二人である。サイモンは、伝統的行政学で提唱されてきた諸原理は相互に矛盾するという意味で単なる「諺」に過ぎないと、ギューリックらの行政管理論を批判したことはつとに有名である（論文「行政の諺」）。「行政過程は意思決定である」とするサイモンは、意思決定における個人の完全合理性を批判し、**個人は限定された合理性**しか持ち得ないことを主張した。新古典派経済学（現在の正統派経済学）のように個人の完全合理性に立脚すれば、個人は主観的効

用を最大化できるということになるが、人間にとって情報は不完全であるし、個人の認知能力にも限界があることから、そもそも個人には自身の効用を最大化するような最適な意思決定は本来不可能であり、一定水準の満足度が得られればそれで良しという形で意思決定を行うと主張したのである。新古典派経済学の**完全合理主義モデル**に対して、これを**満足化モデル（満足化原理）**という。こうした満足化モデルによると、限定された合理性しか持ち得ない組織内構成員は、標準作業手続き (SOP) や組織目標と構成員の目標を連動させることなどによって、組織内効率を高めることができるとしたのである。

また、バーナードは、組織とは、それを構成する成員の**協働システム（協働体系）**であると捉えた上で、その協働システムで重要なのは**共通目的、協働への意欲、コミュニケーション**とし、協働システムに「均衡」という概念を適用して**組織均衡理論**を考案した。組織が均衡しているとはどういうことであろうか。これは、組織の構成員が組織に対して行った貢献と組織自体が提供する誘因とを比べた場合、後者が前者よりも大きいか等しいと感じる状態のことをいう。つまり、誘因と貢献のバランスが取れている時には、協働システムは安定的となり、両者のバランスが崩れた時には、構成員は組織に対して不満を抱くことになる。そうすると、協働システムは作動しなくなってしまうのである。

これに関連して、バーナードは**無差別圏（無関心圏**ともいう。）という概念を唱えている。これは、組織の構成員が上司の命令を無意識のうちに受容できる範囲のことである。これを弓道における矢と的にたとえるならば、矢（上司の命令）が的（構成員の無差別圏）の範囲内に飛んでくる場合、構成員は上司の命令に従うが、的を外れた命令については、不利益になるため従わないというものである。つまり、無差別圏内に飛んでくる命令について、構成員は上司の権威を受け入れているということである。このことから分かるように、構成員が上司の命令を受容するか否かは、上司の権威を受容するか否かということなのである。こうした考え方を**権威受容説**という。古典的組織論が組織ピラミッドにおけるトップダウンによる指揮命令の分析に重きを置いたのに対して、バー

ナードは命令を受け取る側である組織構成員の誘因に重きを置いたのである。

以上にように、1930 年代末から 40 年代にかけて、政治行政分断論に基づき、執政権の統合・強化やヒエラルヒー原理を唱える行政管理論と、作業の科学的管理・効率的組織編制・組織内の人間関係（メイヨーらの人間関係論の議論は省略した）などを分析の対象としつつ展開した古典的組織論の二つの流れの結合からなる伝統的行政学は、政治と行政の連続的・循環的関係を説く政治行政融合論と組織の形成を重視する現代組織論の発展によって、その正統性を失うことになったのである。その後、現代組織論は、経営学の分野で独自の発展を遂げ、また、政治行政融合論は、政治と行政の関係の重要性を指摘することによって、行政学はその独自性・一体性を確立できず、「**一体性の危機**」（「**アイデンティティの危機**」、「**同一性の危機**」ともいう。）に陥ることになったのである。

4　わが国の行政学の特徴と官僚制

以上は、アメリカにおける行政学の発展についてであった。アメリカ行政学は、当然のことながらアメリカの憲法構造に特有な徹底した三権分立に強く規定されるとともに、先にも述べたように強固な官僚制の伝統を持たない国におけるそれであった。しかし、わが国では、明治期以来、天皇制絶対主義に基づき、圧倒的な力を持つ官僚制が確立されていたことから、アメリカ行政学の影響を受けながらも、公的官僚制組織の活動に考察の重点が置かれることになった。要するに、わが国の行政学は、「政府に属するヒエラルヒー型組織（公的官僚制組織）の集団行動について考察する学」（西尾勝）として発展してきたのである。

官僚制あるいは官僚制組織とはどのようなものであろうか。**官僚制**とは、独任制の長のもとに、組織の構成員がその職位に応じて上下関係からなる複数の階層（ヒエラルヒー）によって編制され、上位の階層に属する者の指揮命令によって、下位の階層に属する者の行動が規律される組織のことである。ドイツ

の社会学者である**マックス・ウェーバー**は、こうした官僚制は、ひとたび形成されると破壊することが困難という意味で永続性があり、意思決定を行い何らかの活動をする形態としては極めて合理的であって、その他の形態の組織に優越すると説いた。官僚制組織の最も分かりやすいものは、中央の各府省であろう。たとえば、財務省という組織を簡略化して示すと、頂点に大臣が位置し、その下に副大臣・大臣政務官（一般的には与党の国会議員が就任）と続き、省内トップの官僚である事務次官が配置されている。その下に主計局・主税局・理財局・国際金融局などの局の局長、その下に局内の課長、さらにその下に、係長、課員などの階層があり、指揮命令関係を主軸として意思決定がなされ各種の活動が行われているのである。なお、官僚制というと、国の官僚の組織のことだけを意味すると思いがちであるが、こうした組織は地方自治体でも同様であり、また、一定規模の民間企業なども官僚制組織を形成していることに注意が必要である。

　ウェーバーは、こうした官僚制の持つ合理性に関して重要なのは、様々な規則などによって官僚の恣意的行動を防ぐことができることから、顧客の立場から見ると、官僚制（官僚の行動）は極めて**予測可能性**が高いこと、また、官僚が誰であっても、特定の行為に対しては同様の結果が得られるという意味での**非人格性**を持つことを主張した。換言すると、官僚制組織は、顧客に応えて設定された目的の達成という観点からは、最も合理的な組織形態だとしたのである。こうした予測可能性や非人格性が成り立つのは、ウェーバーが指摘したとおり、官僚の自由な選抜、職務の専門的遂行、職務専念義務、規律による統制などに依拠しているのである。

　しかし、アメリカの社会学者たちは、こうしたウェーバーの主張とは異なる観点、すなわち**機能性**や**能率性**の観点から官僚制の持つ逆機能を指摘したのである。たとえば、**ロバート・マートン**は、官僚の行動の予測可能性を高めることに寄与する様々な規則は、官僚の硬直的行動によって、もともと制定された目的が見過ごされ、当該規則に従うことが自己目的化されるようになると主張

した。これを**目的の転移**という。その結果、規則が予想していなかった特殊な案件についても、規則を杓子定規にあてはめようとして臨機応変の措置がとれなくなるのである。これが**訓練された無能力**と呼ばれる状態である。こうしたことは、官僚制に対する顧客の信頼を失墜させることにつながっていく。これらがマートンのいう**官僚制の逆機能**である。マートンによれば、逆機能は官僚たちの**規範への過剰同調**（たとえば、「事案の文書での保存」という規範⇒「全てを文書に残すべきだ」という過剰同調は、**繁文縟礼＝レッドテープ**を引き起こすなど）から生じるのである。

また、テネシー渓谷開発公社の職務遂行過程を分析した**フィリップ・セルズニック**は、官僚制組織で能率を高めるために行われる分業に着目する。本来、分業は、様々な専門性を持つ官僚に、それを遺憾なく発揮してもらうために行われるものである。しかし、こうした分業は官僚制内の下位組織（各部署）の利害の相違を招来し、官僚制全体の目的ではなく、下位組織の目的を重視する行動を生み出すようになる。これが**下位目的の内面化**という現象である。セルズニックは、下位目的の内面化によって下位組織間の利害が対立し、官僚制全体の目的達成が阻害されることを指摘したのである。また、セルズニックは、官僚制ではある環境との関係を安定化させることを目的とする**包摂**（取り込みともいう。）が行われることも指摘した。たとえば、ある行政機関が関係の審議会のメンバーに利害関係者を加えることで、その後の政策決定とその実施を当該行政機関の思っている方向に進めようとすることは、包摂の一形態といえよう。

官僚制は、別の角度からも批判を受けることになる。そうした批判者が**アンソニー・ダウンズ**や**ウィリアム・ニスカネン**などの**公共選択学派**（**公共選択論者**）である。ダウンズは、官僚が追求しようとするのは、公共の利益などではなく、自己利益（権力、威信、金銭、便宜、安定など）であると主張し、官僚の類型化を行うとともに、幅広い議論を展開した。その中で、彼は**セクショナリズム**（**割拠性**）についても考察し、権限や管轄の拡大のために争うことによって行政

機関は存続を図ろうとすると主張したのである。

　また、ニスカネンは、民間企業の経営者が利潤極大化（最大化）を図ろうとするように、官僚は自己の所属する部署の予算を極大化しようとするとし、**予算極大化仮説**を展開した。もちろん、官僚は予算極大化だけを考えているわけではない。当然、その他の動機も持つが、それらは予算総額と正の相関にあるとするのである。真淵勝のロジックを借用すると、予算の拡大⇒組織の拡大⇒ポスト数の増加⇒昇任の機会の増大が成り立つことになる。あるいは、予算の拡大⇒当該行政機関の相対的強大化⇒有能な人材の引き付け⇒政策決定への影響力の増大という形で官僚の様々な動機の実現につながるのである。

　いずれにしても、わが国の行政学は、その議論の多様性からそれを簡略化して触れることはこの紙幅からは困難であるが、上で述べた官僚制に関するウェーバーの理論やそれに対する批判理論の影響を受けながらも、わが国の実際の行政官僚制を具体的に観察・分析することによって独自の発展を遂げていったといえよう。

5　行政学理論における NPM 理論の登場

　さて、ウェーバーの主張した官僚制は、合理性に重点を置いた理念型であることから、現実の官僚制は理念通りには作動していない。また、官僚制には合理性以外の側面もあることから、それらの側面に関して様々な問題が起きても不思議ではない。特に、福祉国家・行政国家の確立過程においては、官僚制を基軸として効果的に機能していた行政活動も、様々な学問分野から疑義が唱えられることになる。経済学からはシカゴ大学の**ミルトン・フリードマン**を総帥とする**マネタリスト（貨幣主義者）**が政府の介入に対して積極的批判を展開した。また、政治学の分野では、**サミュエル・ハンチントン**が統治可能性の問題を提起した。

　こうした考え方を加速させた出来事は、第 4 次中東戦争をきっかけとして起

第二部　行政学

こった1970年代の**石油ショック**である。以降、政府の政策は効率性の面や政策の有効性の面で綻びが拡大していった。これにより、官僚制を基盤としている政府活動に根底から疑問を呈する考え方が先進国を中心に世界中を席巻するようになったのである。こうして誕生したのが、**新自由主義** (Neoliberalism) の理念に基づく **NPM**（New Public Management）（**新公共管理、新公営経営**と訳される。）という考え方である。新自由主義は、「**政府の失敗**」(government failure) を強調し「大きな政府」を批判するとともに、資源配分の効率性の観点からは市場メカニズムが最も有効であることを指摘し、「小さな政府」を志向するものである（「新」とつくのは、18世紀後半以降に**レッセフェール**を主張する自由主義が唱えられたからである）。そして、NPMとは、政府の行政活動に市場メカニズムを導入するとともに、民間の経営手法や成功事例を積極的に取り入れ行政活動の効率化を図るべきだとする考え方である。こうした考え方が行政学において大きな位置づけを与えられることは当然であった。

　NPMは、上の考え方に基づくいくつかの具体的手法の総称である。たとえば、イギリスのサッチャー保守党政権で取り入れられた、行政組織から執行部門を切り離し相当程度の裁量権を付与する**エージェンシー（執行庁）**という考え方、また、同じくサッチャー政権で実行に移された、行政機関内の部署が行っている業務を当該部署と民間企業との競争入札に付し、落札した方がその業務を実施する**強制競争入札 (CCT)**、メージャー保守党政権で導入され、民間資金や民間のノウハウを使って公共物（病院、図書館、道路、橋梁など）の設計から建設、その後の管理・運営までを民間企業に委ねる **PFI**(Private Finance Initiative) などのほか、行政活動の中に市場と似た状況を創り出す**擬似市場の導入**（学校の選択にバウチャー（金券）を結び付け、学校間の競争を促進するなど）、ヒエラルヒー（階層）のフラット化による意思決定の効率化などがある。わが国においても、エージェンシーは**独立行政法人**（自治体では**地方独立行政法人**）として、強制競争入札とPFIは日本型に変形されて導入されている（**市場化テスト、日本版PFI**）。また、地方自治体などでは実際に官僚制組織の階層数を削減

しフラット化を行ったところもあるほか、独自の制度として、公共施設の管理を、民間企業等を指定して行わせる**指定管理者制度**が導入されている。また、バウチャー制度は採り入れられていないが、学校選択制を導入し学校間の競争を促進しているところもある。

　これらによって、果たして行政機関の効率化が図られたかどうかは、包括的な実証研究が行われていないことから、現在のところ明確にはなっていない。ただ、組織の断片化やフラット化が進むとともに、官僚の役割に大きな変化がもたらされたことは事実である。たとえば、民間職員が行政活動に関与することによって、ウェーバーが挙げる官僚制の特徴のうち、官僚制職員の専業制の原則や職務の専門的遂行原則などは大きく崩れることになった。また、民間職員による行政活動への関与は、官僚制組織の規律を複雑なものとし、顧客からすれば分かりにくいものになったといえよう。

　そこで、イギリスでは、「第3の道」を進もうとするブレア労働党政権によって、行政と民間が協力してプロジェクトを進める**PPP**(Public Private Partnership)（**官民連携、公民連携**）の取り組みが進められたり、断片化した行政組織を連携させる「**連結政府**」(Joined-Up Government) が提唱されることになるが、これらの試みも、根本的にはNPMから脱却しきれていなかったのである。

6　NPMからガバナンスへ

　行政が追求すべき価値群のうち効率性・能率性・経済性という価値群を最重要視するNPM的手法は、現在でも大きな影響力を持っているし、行政学においても大きな位置を占めている。しかし、90年代あたりから、行政活動を効率化するために行政組織自体を断片化することは、かえって現代の複雑な諸課題を効果的に解決することを困難にするという主張が台頭するようになる。『ガバナンスの理解』(「Understanding Governance」)を著したイギリスの**ロッド・ローズ**などによる**ガバナンス**(Governance)（**協治、共治**）という主張である。そし

て、行政学も「ガバナンスの行政学」へと変容していくことになる。ここで言うガバナンスとは、政府だけでなく、NPO(Non Profit Organization)、ボランティア、民間企業、市民などがそれぞれの諸資源を糾合することによって、ネットワークを形成しながら諸問題の解決にあたること、と定義しておく（論者によって少しずつ解釈が異なる）。ここでいう諸資源とは、資金、人材、資材といった有形なものだけでなく、権力、権威、地位、知識、技術、情報、ノウハウなどの無形のものも含まれる。従来までは、これらの諸資源の大半は政府が所有していた。しかし、現代では、社会政治的環境の複雑性・多様性・動態性に伴い、これらの資源は社会の諸主体の間に広範に拡散してしまっているのである。そこで、政府が中心となり、諸問題の解決に必要な資源を持つ諸主体を糾合し、彼らのネットワーク的協働において当該問題の解決策を見出し、実行するということになる（こうしたことは、国家の弱体化の表れであるとし、スーザン・ストレインジは、「国家の退却」と呼んでいる）。ここでの政府の役割は、ネットワークの舵取り(steering)や条件整備(enabling)、あるいはルール形成(rule-making)や調整(coordinating)ということになるであろう。

　ここで留意すべきことは、ガバナンスにおいても、政府(Government)は必要だということである。権力とか正統性を問題解決における無形の資源とみなすと、一部の論者が主張する政府を除いたガバナンス（政府なきガバナンス）(Governance without Government)は現実的ではなく、やはり、政府が必要(Governance with Government)だからである。こうしたガバナンスが問題解決の一般的形態となった場合、官僚制組織はウェーバーが描いたものと比べて大きく変容することは間違いない。それがどのようなものであるかは、これからの行政学が解明していく課題の一つである。

（外川伸一）

〈考えてみよう〉
1　アメリカ行政学は、どのような発展過程を遂げたかについて簡潔に述べなさい。
2　マックス・ウェーバーの官僚制とはどのようなものか。また、ウェーバーの官僚制はどのような観点からどのように批判されることになったか述べなさい。
3　NPMの理論はどうして誕生したか。また、その欠陥を補うために登場したガバナンスの理論とはどのような理論か述べなさい。
4　NPMの理論やガバナンスの理論では、ウェーバーが考えた官僚制はどのように変容していくと思うか述べなさい。

【発展的学習のための参考図書】
『行政学』の全体像をもっと詳しく知りたい学生は、以下の文献のいずれかを読み通してよう（本章も、これらの文献を参考にしている）。
1）伊藤正次・出雲明子・手塚洋輔『はじめての行政学』有斐閣、2016年。
2）曽我謙悟『行政学』有斐閣、2013年。
3）西尾勝『行政学[新版]』有斐閣、2001年。
4）真渕勝『行政学』有斐閣、2009年。
5）村松岐夫『行政学教科書：現代行政の政治分析（第2版）』有斐閣、2001年。
6）森田朗『新版・現代の行政』第一法規、2017年。

第7章
現代行政と政府体系

現代日本の行政、特にこの章では自治体行政をより包括的に理解するために必要な3つの着眼点について学ぶ。第1の着眼点は、「公共と民間の関係（公民関係）」あるいは行政と民間との関係という見方である。第2は、自治体における「政治と行政の関係」という着眼点である。そして第3は、国と自治体の関係あるいは自治体間の関係を意味する「政府間関係」という見方である。そして、これらの3つの着眼点を組み合わせ総合化した「政府体系」の概念によって、現代行政の全体像がより複眼的に理解できるようになる。

1 「行政」の定義と地域経営

「行政（public administration）」という用語は多義的に使われる。一般的には、次の3類型に区分できる。①三権分立における立法・司法との対比でみた「行政」（立法・司法・行政の概念）、②内閣や地方公共団体の長などの**執政機関**による政治とは区別された意味での「行政」の概念（政治・行政の概念）、③組織の経営管理活動としての「行政」（経営管理としての行政の概念）、の3つである。この章で用いる「行政」は、主に②の意味である。より具体的にいえば、「行政」とは、公務員集団（あるいは行政官僚制）による組織活動を指す。

公務員集団の組織活動を「行政」と定義するとしても、その活動の主体や範

囲は国際機関から国（中央政府）、自治体（地方政府）までかなり広い。そこで、この章では最も身近な「自治体」に焦点を当て、自治体における行政、すなわち自治体職員（地方公務員集団）の組織活動について学ぶことにする。

自治体職員の組織活動である自治体行政は、その地域社会において発生する様々な**公共問題**を定義し、その問題を解決するための政策を立案し実施することを主な目的としている。こうした地域的公共問題の解決行動のことを「**地域経営**（local governance）」とよぶことにしよう。

ところが、この地域経営のための様々な活動は、自治体行政だけで取り組み完結できるものではそもそもない。地域経営には、個人をはじめ地域団体、**ボランティア・NPO**、民間事業者などの参加と協働が不可欠である。また、自治体が取り組むべき地域経営の基本方針を決定する政治（住民の選挙により選出される地方議会と首長）のあり様も地域経営に大きな影響を及ぼす。さらに、国と地方の関係を規定する制度のあり方や自治体間の協力関係のあり方も地域経営に少なくない影響を及ぼす。

したがって、現代の自治体行政について学ぶということは、単に自治体職員の組織行動だけを理解すればすむというものではなく、地域経営の全体に視野を広げて学ぶことを求められる。

2 「公民関係」と行政の役割の再考

地域経営において自治体行政は特別に重要な役割を担っている。たとえば、水道の供給や下水の処理、道路・橋梁、保育所や学校、市民会館やコミュニティセンターなどの社会基盤や公共施設の整備・維持管理、消防・警察・保健所などの活動、介護保険や生活保護などの社会保障制度の維持、住民の転入転出を記録する住民基本台帳や婚姻・出生・死亡等の管理を行う戸籍事務など、私たちの日常生活を支える様々な行政サービスの提供活動を数え上げれば枚挙にいとまがない。

しかし、私たちの生活基盤を共通に支えているのは、こうした行政サービスだけではない。たとえば、電気・ガスなどのエネルギー供給や通勤通学に使う電車・バスは、多くの場合、民間事業者が提供しているが、私たちの生活に必要不可欠な基盤的共通サービスであるという意味で、行政サービスになんら劣らない。

また、1995年の**阪神・淡路大震災**の際には、町内会自治会や消防団などの**地域コミュニティ組織**の活動の重要性が再確認されただけでなく、新たにボランティアや**民間非営利組織（NPO）**の活動の重要性にも注目が集まった。それをきっかけとして、1998（平成10）年12月に**特定非営利活動促進法（NPO法）**が制定された。また、2011（平成23）年3月11日の**東日本大震災**を教訓として、2012（平成24）年4月に改正NPO法が施行され、NPO法人の認証事務の分権化、特定活動分野の拡大、寄付に伴う税制優遇措置を定める認定NPO法人制度などの整備が行われた。保健福祉医療、社会教育やスポーツ・文化・芸術、子どもの健全育成、まちづくり、地域振興、環境保全、防災や地域安全、職業能力開発、国際協力など様々な分野や形態で、広く公共サービスの担い手でもある。こうして、ボランティアやNPOの活動は、現代日本社会にとって当たり前でなくてはならない社会活動となっている[12]。

私たちの生活に必要不可欠な基盤的共通サービスという性格を有する社会サービスを「**公共サービス**」とよぶことにすれば、公共サービスの担い手は、

12　厚生労働省（http://www.mhlw.go.jp/stf/seisakunitsuite/bunya/hukushi_kaigo/seikatsuhogo/volunteer/index.html）が、都道府県・指定都市及び市区町村社会福祉協議会ボランティアセンターで把握している人数及びグループ数を取りまとめたものによれば、2009（平成21）年4月現在のボランティア活動状況は、次の通りである。ボランティア活動者数が全国延べ730万人（1980（昭和55）年160万人の約4.6倍）、ボランティアグループ数が全国17万グループ（1980年1.6万の10.6倍）。また、内閣府NPOホームページ（https://www.npo-homepage.go.jp/about/toukei-info/ninshou-seni）によれば、NPO法人の認証数は、制度ができた翌年の1999（平成11）年度の1,724団体から、2015（平成27）年度末現在の50,868団体へ、約30倍に増加している。

いまや、行政だけでなく、地域コミュニティ、ボランティア・NPO、民間事業者など、社会全体に広がりつつある。これは公共サービスの「**供給主体の多様化**」という現象である。公共サービスの担い手が、行政だけでなく社会全体に広がる供給主体の多様化は、現代行政の役割に再考を求めるようになっている。

こうした公共サービスの民間化の流れは、この数10年の間に、大きく進展してきた。1970年代半ばにブームになった「官民共同出資」による**第3セクター**方式、80年代後半以降には民間資金を活用してごみの焼却施設などの公共施設の建設や運営を行う **PFI**（Private Finance Initiative）方式、2003年9月に施行された「公の施設」の管理運営を民間に代行させる指定管理者制度、2006年に施行された公共サービス改革法による**市場化テスト**（行政サービスの民間化を促すための官民競争入札などの仕組み）などである。

特に、自治体行政のあり方に大きな影響を及ぼしているのが、社会福祉行政などの分野での規制緩和や指定管理者制度などによる行政サービスへの民間参入である。

社会福祉分野では、サービスの対象者を所得や必要度に応じて行政が決定（行政処分）する従来の「**措置制度**」に代わって、「契約方式」による社会化・民間化が導入されるようになった。たとえば、平成12（2000）年4月から導入された、介護を必要とする高齢者等の誰にでも介護サービス等を提供する仕組みである介護保険制度がそうである。この制度を管理する保険者は市町村であるが、個別の対象者ごとにケアプラン（介護サービス計画）を作り、ホームヘルプサービス、デイサービス、特別養護老人ホームへの入所サービスなどの介護サービスを実際に提供する活動は、公的な認定を受けた民間事業者が担っている。

また、道路や公立学校のように法律で管理者が特定されている場合を除いて、自治体の設置管理する「**公の施設**」（美術館や博物館、図書館、社会体育施設や公園、駐車場、市民会館やコミュニティセンター、生涯学習センター、公立病院、保育所や児童館などの公共施設）の管理運営を民間事業者（法人その他の団体）に代行させる**指定管理者制度**は、利用者サービスの向上と経費節減を図ること

を目的として制定された。これにより、全国の都道府県、市区町村は、「公の施設」の管理運営を直営で行うか、指定管理者制度に移行するか、の選択を地方自治法により義務づけられることとなった。

このように、公共サービスの供給主体の多様化により、行政サービスの役割は次第に先細りし、民間企業やNPOなども含めて民間化あるいは＜協働＞化（混合化）されていく傾向にあることは否めない。公共サービスにかかわる政策の実施過程における民間主体の役割の大きさがうかがわれる。

こうして、公共サービスの供給主体の多様化は公的領域と私的領域との関係のあり方を示す「**公民関係**（public-private relationship）」に大きな変動をもたらし、その結果、行政の存在意義とは何かが改めて問われるようになった。

自治体行政の役割は、行政サービスを提供することだけでなく、多様な供給主体が提供する多様な公共サービスの間の社会調整へとシフトするようになる。社会全体の効率を考えた場合、多様な主体が共存しつつ相互に協力するための役割分担や社会的仕組みづくりが必要となるからである。

そこで現代行政のキーワードとなるのが＜**協働**＞である。英語ではcollaborationまたはco-productionと表すが、いずれも「一緒に」とか「共同で」事に当たることを意味するco-の接頭辞がつく。現代行政は、多様な供給主体との協働なくして存在しえなくなりつつある。そのため、自治体の最大の今日的課題の一つは、この＜協働＞の制度的仕組みづくりにあるといっても過言ではない。協働を進めるための基本的な考え方や規準を示し、実際に協働を行うための手法や手続きを定め、協働を推進・管理したり、その成果や結果を共有し評価したりするための一連の制度編制が必要となる。自治体行政に課せられた現代的な役割は、地域社会に生じる様々な公共問題を多様な主体が共存しつつ相互に協力して解決する地域経営のための社会的な調整の制度や仕組みをつくり運用することにあるといえよう。いわば「**協働型行政**」へのパラダイム転換である。

もちろん、こうした社会調整の制度や仕組みの構築や運用は、行政だけが独

占できるものではない。現に、阪神・淡路大震災や**東日本大震災**の時には、被災者や被災地域の支援ボランティアの受け入れや配置などの社会調整は、中間支援型NPOや社会福祉協議会などが中心となった。しかし、多様で独自の問題や課題を抱える地域社会全般に目配りしながら、多様な主体が取り組む地域経営の舵取りに専念できる組織は、自治体のほかにない。

そこで現代行政のもう一つのキーワードとなるのが、地域経営における＜**舵取り**＞である。英語ではsteeringと表記し、操縦とかハンドルさばきを意味する。

では、自治体は、どのような方法で地域経営の舵取りができるだろうか。地域社会において自治体だけが独占的に保有している方法が、地方税の**課税権**と**条例・規則の制定権**である。これらは公権力による強制の契機を含む点で、他の地域経営主体にはみられない自治体だけの特徴といえる。そのほかにも、総合計画や予算など、地域経営の舵取り役として特有の制度・方法を備えている。そして、これらの制度・方法を具体的に駆使して、地域経営とその調整に専属してあたる自治体職員とその行政組織の働きいかんが、自治体の舵取りの実を左右することになる。その意味で、この舵取り役においてこそ自治体職員の真価が問われ、その成否によって自治体行政の存在意義が左右されるといっても過言ではないだろう。

3　政治と行政の関係──二元代表制における行政の位置づけ

地域経営における自治体の＜舵取り＞は、地域経営を促進する制度の設計とそれを推進する公共政策の決定によってはじめて可能になる。たとえば、多様な主体の参加する地域経営の仕組みを**自治基本条例**のような方法で制度設計することが考えられる。こうした制度設計の中で、住民の権利と義務、地域経営にかかわる多様な主体の位置づけと役割、情報の共有や参加・協働のルール、首長・議会・職員の責任と役割など地域経営の基本的な仕組みや取り決めが定められることになる。

また、地域の実情にあった効果的な政策（施策や事業）を打ち出し、地域課題の具体的な解決に向けた取り組みを率先して行うことも重要である。その際、自治体が繰り出す公共政策は、行政自らが解決主体となって課題に中心的に取り組む場合ももちろんあるが、多くの場合、多様な主体による地域経営への取り組みを誘導・促進・支援する性質のものか、もしくは、そうした取り組みを阻害しその障害となっている要因を取り除いたり規制したりする性質のものである。そのため、**公共政策**による社会調整が効果的に機能するためには、その大前提として採択される公共政策についての「公の意思」の形成、すなわち住民の幅広い理解と支持、参加による合意の調達が不可欠となる。

　ところが、こうした舵取りに欠かせない制度設計や公共政策をめぐる決定は、公務員集団である自治体行政の内部だけでは到底完結しえない。たとえそれが住民福祉の向上にかなうものだとしても、行政による決定それ自体は何ら民主的正統性をもたない。

　そこで第２に、「政治と行政の関係」への着眼が必須となる。一般に広義の＜政治＞の役割は**「社会的諸価値の権威的配分」**と定義できる[13]。「権威的（authoritative）」の意味は、公権力行使による強制可能性を背景にもつということだが、合わせて、そのことについて多くの人々が「受容」することも含んでいる。行政の活動もこの広義の＜政治＞の不可欠の一環を構成するものであるから、その意味で行政は＜政治＞の一部であり相互に切り離せない関係にある。

　しかし、政治の本質部分が配分を「権威的」とすること（ここでは政治の「権威性」とよぶことにする。）にあるとすれば、現代民主制を前提とした場合、政

13　イーストンは、政治機能に必須の要素として、「社会に対して諸価値を実際に配分する機能」と「政治体系の大部分の成員をして、その価値の配分作用を、少なくともそのほとんどの場合に、拘束力のあるものとして受け入れさせ」ることの２つをあげている。D. イーストン著（片岡寛光監訳、薄井秀二・依田博訳）、2002、『政治生活の体系分析（上）』早稲田大学出版部、33頁。

第7章　現代行政と政府体系

治の「権威性」は、国民または住民による公正な選挙を通じて選出された政治主体の存在が由緒正しいこと、すなわち**民主的正統性**（legitimacy）について、国民や住民から広く受容され承認されているかどうか、に依存する。日本の自治体の場合、政治の「権威性」を担保する制度が**二元代表制**である。住民の政治代表として、18歳以上の有権者による選挙を通じて、**首長**（**地方公共団体の長**）と**議会**の議員が選出される。首長と議会は、いずれも住民の政治代表機関として、住民の負託を受けて自治体の運営に最終責任を負う。この政治代表機関としての役割機能を狭義の政治とよぶことにすれば、この意味での政治と行政とは制度的に明確に区分すべき間柄（これを行政学では「**政治行政二分論**」とよぶ。）ということになる。つまり、自治体行政は、制度上、**議事機関**である議会の決定と監視の下で、首長およびそれ以外の**執行機関**の命令と監督を受けながら、その所掌事務の補助にあたる「**補助機関**」にすぎない。こうした制度的建前は、政治代表機関を通じて、**究極の本人**（author）である住民が行政を間接的に統制し、起こりうる行政の独善や暴走を防止するという**民主主義**の原理[14]を反映したものである。先に、「行政による決定それ自体は何ら民主的正統性をもたない」と述べたのは以上のような理由からである。

したがって、自治体の運営について、政治代表機関（議事機関と執行機関）と自治体行政の関係を正しく理解しておくことが大切となる。「自治体」という用語法は、その主役である住民はもちろん、議事機関である議会と、首長その他の執行機関およびその補助機関である行政を含む政治行政機構の全体を含意していることに留意しなければならない。

こうした制度的建前を十分に理解したうえで、本筋の地域経営における自治体の＜舵取り＞について改めて考えてみよう。

まず、地域経営について政治代表機関である首長や議会（それを構成する個々の議員や会派）がどのような政権公約（マニフェスト）や政治哲学を持ってい

14　もちろん、地方自治法では、それに加えて各種の住民直接請求制度にみられる直接民主制的な仕組みもある。

るかが重要である。それによって地域経営の大枠となる制度設計のあり方や政策の優先順位が変わる可能性がある。特に、首長の場合、選挙による首長の交代が、前首長の政策を引き継ぐ「継承型」か、それと対立する「非継承型」かによって、その後の自治体運営の基本方針が大きく変わりうる。また、首長と議会の関係についても、選挙によって選ばれた議員や会派の多数派が首長と友好的な関係か、それとも敵対的な関係か、によって自治体運営のあり方に大きな影響がある。行政は、政治的な「真空状態」にいるわけではなく、実際には、こうした政治代表機関の政治的現実のもとで活動する。要するに、地域経営における自治体の舵取りのいかんは、住民の意向を反映した狭義の政治機能によって左右される。これは一般的には「**政官（政行）関係**」とか**政治的リーダーシップ**として議論されることの多い論点である。

このように論じると、逆に、次のような疑問が生まれるかもしれない。狭義の政治による決定と監視、命令と監督の下でしか活動できないならば、行政の自律性や能動性は大きく殺がれるのではないのか。この疑問にはどのように答えるべきだろうか。

現代政治社会においては、政治による決定と監視、命令と監督といえども、そのすべてを政治の内部だけで自己完結的に実行することは困難である。先に、自治体の舵取りとして掲げた制度設計や公共政策をめぐる一連の決定について考えてみよう。たとえば、条例を制定する過程をイメージしてみる。条例制定の法制度上の決定手続きは、条例案を首長（または議員）が議会に提案し、議会で審議したのちに賛成多数で議決されることが必須となる。この決定手続きは政治の専権事項である。しかし、この決定過程の局面は最終決定の手続きではあっても、広い意味での決定過程の一部分にしかすぎない。

そもそも条例の必要性の発案は、制度上の発案者である住民、議員、首長だけでなく、職員や多様な行政外部主体（国や県も含めて）の場合もある。また、誰が発案者であれ、実際に条例案を策定するまでには、住民アンケートや市民討議、審議会などの住民等の意見聴取を実施したり、他の先行自治体の類似条

例を参照したり、条例案の具体的な規定条項を詳細に検討したり、他の関連条例等との整合性や合法性をチェックしたり、幅広い住民の理解を得るための条例の詳細な解説文書を作成したり、それをもとに住民への条例案の周知活動をしたり、等々の広義の決定過程を構成する一連の意思決定とそれに基づく諸活動が伴う。さらに、条例は、それを実効可能な規定とするためには、施行規則をはじめ実施の細則、要綱、要領、事務処理手順等の一連の**行政規則**体系を整備し運用する必要がある[15]。これらの一連の活動は行政の存在を抜きには考えにくい。法制度上規定されている所掌事務の「補助」という仕事の実際は、必ずしもコインベンダーのような自動機械的なルーチン業務ではない。むしろ、行政は、その有する専門性や豊富な情報力と組織力を生かして、発案者のアイディアをさらに発展させ、より堅実で実行可能な制度づくりや**政策形成**に能動的、自律的に取り組む側面が少なくない。その意味において、政治と行政とは、どちらか一方だけでは十分な力を発揮することのできない相補う関係（これを行政学では「**政治行政融合論**」とよぶ。）にあると考えるべきであろう。

　政治と行政の関係は、政治行政二分論という制度的建前を当然の前提としながら、実際には政治行政融合論にみられる不即不離ないし表裏一体の関係を織りなす、複合的な関係にあることに着目する必要がある。

4　「政府間関係」──相互依存システムとしての地方自治

　自治体行政を包括的に理解するためには、「**政府間関係**（intergovernmental relations）」という見方も重要である。

15　こうした行政規則体系の複雑さは、行政手続の煩雑さや形式主義を産み、しばしば「レッド・テープ」として非難の対象にもなる。H. カウフマン著（今村都南雄訳）、2015、『官僚はなぜ規制したがるのか──レッド・テープの理由と実態』勁草書房を参照。また、日高昭夫による「書評」（山梨学院大学大学院研究年報社会科学研究 2017 年 No.37）も参照されたい。

自治体は法的には独立した一個の公法人であるが、そのことは、特定の自治体の内部だけで諸活動が完結することを意味するわけではない。自治体は、国（中央政府）および他の自治体と情報や資源のやり取りをする相互依存システムを構成している。

ある自治体が採用した制度や政策が他の自治体に「移転」されたり、それらが全国の自治体に「波及」したりする水平的な政府間関係のダイナミズムについては、第11章「政策過程と政策手法」を参照してもらいたい。

ここでは、**国と地方の関係**を取り上げる。国と地方の関係を考える場合、「**集権―分権**」の軸と「**分離―融合**」の軸という二つの軸（次元）を組み合わせる見方がある。自治体の**意思決定**に対する国のコントロールの程度が大きいほど「集権的」であり、自治体の自律度が大きいほど「分権的」と考えられる。他方、国と自治体との行政機能（事務）の分担関係に着目して、その区域内の国の行政機能を地方出先機関など設置して国が直轄する場合を「分離」、国の機能であっても自治体の区域内のことであれば当該自治体がその固有の行政機能とあわせてそれらを分担する場合を「融合」という。

国と地方の関係は、伝統的に「集権‐融合」型であったが、2000（平成12）年4月の**地方分権一括法**の施行以後、「集権」から「分権」へのシフトが再開された。その象徴が**機関委任事務制度**の全廃である。しかし、それによって国の事務の自治体への委任が全廃されたわけではなく、一部は**法定受託事務**制度へ受け継がれた。また、**自治事務**とされたものの中にも、学校教育法や介護保険法などの個別の法律により自治体に義務づけられた事務が少なくない。さらに、分権改革により通達などを通じた行政関与に対して法的制約が課せられたものの、依然として自治体の税財政の自律性は制約されている。そのため、**補助金**や**地方交付税**交付金などの地方への財政移転を利用して、国の政策の実施を自治体に「代行」させる財政誘導が行われている。

こうした国と地方の関係の背後には、**市町村合併**による「大市町村主義」化を介して基礎的自治体である市町村に国家的事務もしくは全国共通の行政サー

ビスの多くを分担させることを大前提とした、少なくとも明治以来連綿として続いてきた「融合」型の事務配分関係が存在している。この「融合」関係は、行政の標準化や質保証の機能を有している一方で、分権化の妨げにもなりうる。しかし同時に、政策の実施過程における国に対する自治体の影響力を高めうる要因にもなる。その意味で、国と対等に渡り合う「地方政府」の担い手としての自覚と能力を向上させる自治体職員の不断の自己研鑽が重要であろう。

5　行政学と「政府体系」の概念

この章では、本来は複雑で多義的な概念である「行政」を、公務員集団（あるいは官僚制）による組織活動を指すものとすることからスタートした。そのうえで、現代行政の特徴を、自治体に焦点を当てて、次の3つの着眼点から描いた。すなわち、行政と民間の関係、政治と行政の関係、そして国と地方の関係、である。これを図示すると図7-1のようになる。

最後に、行政学の特徴に関連づけて、「**政府体系**」の概念の有効性について考えてみよう。その提唱者である今村都南雄によれば、「政府体系」とは「公的（政府）部門と私的（民間）部門の関係、政府部門内部における中央政府と地方政府の関係、中央・地方政府における政治と行政の関係を包括的に捉えるための概念化」である。

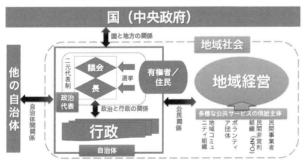

図7-1　自治体に焦点をあてた「政府体系」のイメージ

その起点は公的部門と私的部門との関係であるが、その関係構

第二部　行政学

造が歴史的に変容するにつれて、国と地方、政治と行政の関係にも重大な変化がうまれた。特に、公的部門の周辺部分において公共サービスを供給する制度編制に著しい変革が生じ、それに伴って公的・私的両部門の関係が判然としなくなり、広く公共サービス供給の制度編制が大きく様変わりしている。わが国の政府体系再編は、同時に国と地方の関係、政治と行政の関係の見直しを迫ることとなる。それゆえ、これら三者の複合体系としての政府体系の概念化が要請される。このように述べている。

　行政学の特徴は、公務員集団（官僚制）の組織活動を研究の焦点（あるいは基軸）としていることにある。その活動は、国際レベルから国・地方レベルにまで及び、しかも相互に影響し合う場合が少なくない。また、公務員集団の活動は、市民を含む民間の活動と密接な関係にあり、いまや民間を含む公共サービスの制度編制全般を視野に入れた**社会制御**が行政の役割となりつつある。したがって、行政学において、国・地方関係を含む重層的な政府間関係と公民関係（行政と民間の関係）との複合的な交錯状況に目配りが必要となることはいうまでもないだろう。

　そのうえで、「政府体系」の概念化には、さらに政治と行政の関係、言い換えれば、政治との関係でみた行政の相対的な自律性に焦点をあてる観点が欠かせないものとなる。この行政の相対的な自律性に独自の意義を見出す観点こそ行政学の特性といえよう。統治であれ自治であれ、権力の正統性が担保されなければその維持は困難である。権力の維持は、一方において人々の承認と支持が欠かせないが、他方においてそれを裏づける技術がなければ存立できない。こうした権力と技術の交差する領域こそ行政固有の領域であり、行政学が解明すべき関心領域といえる。

　こうした問題関心から行政学が独自に切り開いてきた研究領域の一つが政策の**実施過程研究**である。実施過程は、政策決定後のルーチン的な事務処理過程などではなく、一定の自律性を備えた一連の意思決定過程である。政策の実施過程における自治体と民間（私的部門）の役割機能が伝統的に大きい日本にお

いては、とりわけこの実施過程研究の重要性は高いといえる。こうした領域の研究に重きを置く自治体行政学においても、行政と民間、国と地方、政治と行政の「融合」する諸関係の全体を俯瞰するための概念枠組として「政府体系」は有効で欠かせないものである。

（日高昭夫）

〈考えてみよう〉
課題１　行政サービスと公共サービスという用語の違いを考えてみよう。
課題２　「政治行政二分論」の意義と限界を考えてみよう。
課題３　国と地方の関係を表す概念のうち「融合」関係とはどのような事柄をさすのか、具体例を調べてみよう。

【発展的な学習のための参考文献】
今村都南雄編著、2002、『日本の政府体系——改革の過程と方向』成文堂
西尾勝、1990、『行政学の基礎概念』東京大学出版会
日高昭夫、2004、『地域のメタ・ガバナンスと基礎自治体の使命——自治基本条例・まちづくり基本条例の読み方』イマジン出版

第8章
二元的代表制と住民自治

　地方自治は、今日大きく変化している。従来の中央集権制の下では、決めたことを実施する地方行政が重視されてきた。今日、さまざまな利害を調整して統合し方向付ける、つまり合意形成を図りながら地域政策を決定する政治が今まで以上に重要となっている。その際、首長等だけではなく、議会の役割の重要性が高まる。同時に、住民が政治にかかわることが不可欠である。それを推進する制度化も進んでいる。その時代背景、今後の方向について確認する。

　そして、日本の地方自治の特徴を確認する。日本の地方自治には、2つの特徴がある。1つは、自治体の二元制（本章では二元的代表制＝機関競争主義を強調）である。憲法が、議会の設置とともに、議員と首長（および法律で規定する吏員）の公選を規定している。もう1つの地方自治体の特徴は、自治体の二層制（市町村と都道府県）である。これらは実際に全国画一的に制度化されている。このうち前者について住民自治の視点から確認する。

　その上で、今日の住民自治を進める自治・議会基本条例と総合計画を自治体の標準装備として位置づける。

1　日本の地方自治制度

（1）日本の地方自治制度──地方政治の磁場──

　日本国憲法には「地方自治」の章が挿入されている。世界的に見て、今日では当たり前のものになっているが、1946年制定当時は珍しかった。日本では、国民主権、基本的人権の尊重、平和主義という三大原理を保障するために、議会制民主主義と地方自治が組み込まれた。ちなみに、権力集中は独裁や腐敗を招きやすいことから権力分立が主張されるが、三権分立（立法、行政、司法）だけではなく、政党政治とともに地方自治が必要である。

　憲法上の地方自治に関する規定は、たった4条ではあるが、原理、地方政府形態（自治体の基本構造：住民自治）、自治体の権限（団体自治）、国政との関係（地方自治の保障）について規定されている。

　①地方自治の原理は、**地方自治の本旨**と規定される。その内容は、憲法上規定はないが、一般には、住民自治と団体自治と理解される。前者は、当該地域の決定が住民自身によること、後者は、国とは別の団体としての権限が保障されていること（一般に説明される「国から独立して」は言い過ぎ）、である。なお、地方公共団体の組織や運営は地方自治の本旨に即して法律（地方自治法等）で定める（その本旨に反する法律等は制定できない）。

　②**地方政府形態**（自治体の基本構造）は、議会（**議事機関**）とともに首長（**執行機関**）を住民（有権者）が直接選挙する二元制である。地方自治の本旨の文脈でいえば、住民自治の規定である。二元制は二元代表制といわれるが、議院内閣制の要素（議会による首長の不信任決議、首長による議会解散権）が加味されていることからこの用語は正確ではない。本章では、そのこととともに、議会と首長の政策競争、住民参加・協働の推進をも含み込んだ二元的代表制＝機関競争主義として理解する。

　③自治体の権限として、**自主立法権**（条例制定権）、**自主行政権**、**自主財政権**

を有している。地方自治の本旨の文脈でいえば、それらは住民自治を担う制度であるが、中央政府とは異なる独自の権限を自治体が有するという意味で、団体自治の文脈である。なお、憲法65条では、「行政権は、内閣に属する。」となっているが、例外規定の1つである。

④そして国政との関係では、自治体にかかわる法律を制定する場合、国会を通過させるだけではなく、その自治体の有権者による住民投票で過半数を得なければならない（**特別法の住民投票**）。重要な決定は、当該自治体の議会でも首長でもなく、住民自身がかかわる必要があることに注意していただきたい。なお、憲法41条では、「国会は、国権の最高機関であつて、唯一の立法機関である。」となっているが、例外規定の1つである（「法律案は、この憲法に特別の定のある場合を除いては、両議院で可決したとき法律となる」（憲法59①）がある）。

【日本国憲法】（1946年公布、1947年施行）
第8章　地方自治（LOCAL SELF-GOVERNMENT）
第92条　地方公共団体の組織及び運営に関する事項は、地方自治の本旨に基いて、法律でこれを定める。
第93条　地方公共団体には、法律の定めるところにより、その議事機関として議会を設置する。
2　地方公共団体の長、その議会の議員及び法律の定めるその他の吏員は、その地方公共団体の住民が、直接これを選挙する。
第94条　地方公共団体は、その財産を管理し、事務を処理し、及び行政を執行する権能を有し、法律の範囲内で条例を制定することができる。
第95条　一の地方公共団体のみに適用される特別法は、法律の定めるところにより、その地方公共団体の住民の投票においてその過半数の同意を得なければ、国会は、これを制定することができない。

憲法に基づき地方自治法で規定されている議会と首長の関係は、図8-1の通

第8章　二元的代表制と住民自治

図8-1　議会と首長の関係

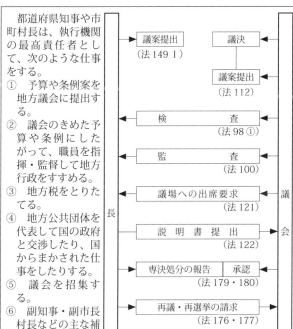

1. 首長の再議請求権・拒否権　首長は、議会が決めた条例や予算に反対のときは、10日以内に、その理由をつけて審議のやりなおしを求めることができる。
2. 首長の専決処分　(a) 議会が必要な議決をなかなか行わないときや、議会を招集する時間の余裕のないときは、首長は自分の判断だけで問題を処理することができる。(b) この場合、首長は次の議会でそのことを報告し、議会の承認を得なければならない。
3. 議会の首長不信任議決　(a) 議会は、首長の方針や政治のすすめ方に反対であれば、首長に対して不信任の議決をすることができる。(b) この場合、首長は、10日以内に議会を解散することができる。(c) しかし、10日以内に議会を解散しないとき、または、解散後はじめての議会でふたたび不信任の議決を受けたときは、首長は辞職しなければならない。

注：鈴木正明・中川浩明・橋本昌『図解　地方自治法（第9版）』（良書普及会、1994）などを参照し作成。

第二部　行政学

りである。地方政府は、財政を運用する予算を議決し執行し、条例を制定している。それ以外にも地方政府はさまざまな役割を担っている。議会と首長は相互に協力あるいはチェックしながら、これらを行うこととなっている。

　まず、立法権である条例制定、運営に必要な予算議決、さらには市町村合併は議会に属している。ようやく広がってきたことだが、議員・委員会が条例案を提出することもできる。首長は、予算案や条例案の提出を行っている。このように、議会と首長はそれぞれ重要な役割を担っている。なお、議会の招集権は議会の議長ではなく、いまだ首長が持っている。

　首長は、議会との関係で予算編成・提出権、再議請求権を持ち、専決処分ができる。これにより日本の二元制（一般には二元代表制）では首長は強力である（強首長主義）。他方、議会は予算や条例の議決権を有し、さらには首長の不信任議決もできる。つまり、議会は首長とは異なる意味で重要な権限を有している。

（2）地方政治の台頭

　歴史を語る場合、その転換点として画期となる出来事がある。それを起点として新たな時代の時期区分とすることはよくある。戦争の終結や革命といった大きな出来事とともに、日常生活している者にはなかなか実感できないが長期的に見れば大きな変動を呼び起こす出来事もある。国会による「**地方分権の推進に関する決議**」（1993年）、そして「**地方分権推進法**」の制定（1995年）は、新たな時代の画期をなす出来事とはすぐにいえないまでも、新たな状況・局面・構造を創り出す出来事といえる。

　これらは、住民自治にも大きな影響を与えている。それは、地域の政策過程の開放性にかかわる。つまり、閉鎖的な地域経営ではなく、住民が積極的にかかわる住民自治を目指す。その意味で、住民自治はいわば地域民主主義と同義である。

　今日流布している住民参加（参画）や協働は、政策過程をより住民の側に近

づけること、開放度を増大させることである。その特徴を表す協働をキーワードに、新聞検索をすれば、1993年2件、94年から急増して99年には100件を超え、03年281件、04年506件となり、その後今日まで500件、あるいは600件で推移している（「聞蔵Ⅱビジュアル」（朝日新聞）、「ヨミダス歴史館」（読売新聞）でも同様）。

　少し難しい言葉を使えば、権力を住民の側にシフトさせる傾向が読み取れる。住民自治にはつねに2つの要素が絡み合っている。

　要素の1つは、政治的アクター（行為者：個人、団体）とそれらの関係である。住民・住民団体、NPO、企業、議会・議員、首長等（行政委員会・委員、職員）、といった住民自治のアクターが政策過程においてどのようにかかわっているか。住民代表機関である議会や首長だけではなく、住民がさまざまな利害を追求するために、その住民自身が連携しあるいは対抗する。議会や首長は、それに応えたり抵抗するとともに、みずからも利害を追求するために住民と連合しあるいは対立する。

　もう1つは、政治的アクターという要素の結晶であるともに、それらのアクターを方向づける制度である。自治・議会基本条例や住民投票条例を想定するとよい。たとえば、住民投票を目指す運動によって住民投票条例が制定され、住民投票が行われる場合がある。そして、それを起点としてバージョンアップされた住民参加制度を構想することになる。

　これら2つの要素から言えることは、住民を鍵概念とした方向に政策過程が変化していることである。しかし日本の場合、事態はそれほど単純ではない。そもそも、住民だけではなく住民代表機関としての議会や首長が地域経営において重要な主体としては登場していなかったからである。中央集権制の存在である。

　地方分権決議によって幕を開けた（とはいっても序幕であるが）地方分権の動向は、まずもって**地方分権一括法**の施行（2000年）によって第1幕が開かれることになる。従来、首長は、住民代表機関とともに、機関委任事務等による国の機関というヤヌス的な性格を有していた。しかし、その一括法の施行に

よって「住民自治の根幹」としての議会を作動させるとともに、首長をしっかりと住民代表機関に位置づける方向に舵は切られた。

　非常に単純化すれば、中央集権時代には地域経営にあたって、執行を担う地方行政手法が重視されていた。地方分権によって、地域経営の自由度は高まり、地方行政を超えてさまざまな利害を調整し統合する地域経営手法、まさに合意形成と決定を担う地方政治の重要性が意識された。また、今日財政危機が進行しているが、そこでの「あれかこれか」という集中と選択の必要性は、この傾向をさらに推し進めた。議会と首長のパワーアップとともに、住民のパワーアップが求められている。

　従来住民自治といえば、選挙（国政および地方選挙）や住民運動（および地方自治制度改革）が主なテーマだった。また、国政を活用する政治（地域振興策等）、国政に対抗する政治（革新自治体の動向）の政治もあった。しかし、今日まさに権限財源を有した地方自治体＝「地方政府」の新たな政策や制度をめぐる議論や運動が行われている。

（3）政治の重要性

　制度（課題）の推移とアクター（主体）の変化を確認すれば、地方政治の変容の一端が理解できる（図8-2参照）。1960年代の職員参加、シビル・ミニマム、1970年代の自治体計画、要綱行政、1980年代の行政の文化化、政策法務、オンブズパーソン条例、これらは行政にかかわる自治の進化である。住民、議会、首長等を考慮すれば、首長サイドの自己革新、行政改革といえる。その後も、政策財務、政策評価条例、財務規律条例などと発展する。ようやく1990年代に住民投票条例、2000年代に自治基本条例や議会基本条例が制定される。住民や議会が地域経営の舞台に登場する。

　住民が地方政治の主体に登場するには、やはり住民投票条例をその指標の1つとして考えることができる。住民運動（抵抗）から多様な住民・市民参加（参画）の模索を経て、住民投票条例制定に至るのは1990年代後半である。地方

第8章　二元的代表制と住民自治

図8-2　自治の制度とアクター（主体）の推移

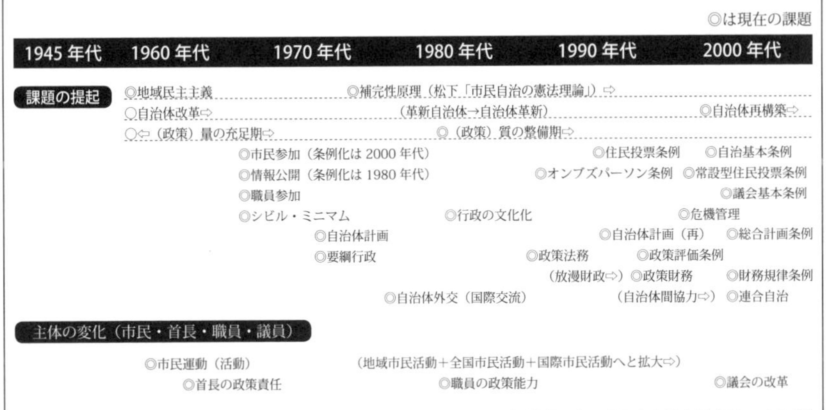

```
                                                                    ◎は現在の課題
1945年代  1960年代    1970年代      1980年代      1990年代      2000年代
課題の提起 ◎地域民主主義    ◎補完性原理（松下「市民自治の憲法理論」）⇨
      ◎自治体改革        （革新自治体→自治体革新）              ◎自治体再構築⇨
      ◎⇨（政策）量の充足期     ⇨（政策）質の整備期⇨
              ◎市民参加（条例化は2000年代）      ◎住民投票条例   ◎自治基本条例
              ◎情報公開（条例化は1980年代）     ◎オンブズパーソン条例  ◎常設型住民投票条例
              ◎職員参加                              ◎議会基本条例
              ◎シビル・ミニマム    ◎行政の文化化         ◎危機管理
                     ◎自治体計画            ◎自治体計画（再） ◎総合計画条例
                     ◎要綱行政        ◎政策法務    ◎政策評価条例
                                   （放漫財政） ◎政策財務  ◎財務規律条例
                     ◎自治体外交（国際交流）   （自治体間協力⇨）◎連合自治
主体の変化（市民・首長・職員・議員）
              ◎市民運動（活動）  （地域市民活動＋全国市民活動＋国際市民活動へと拡大⇨）
              ◎首長の政策責任          ◎職員の政策能力         ◎議会の改革
```

注：『議会・立法能力・住民投票』（「都市問題」公開講座ブックレット25）後藤・安田記念東京都市研究所、5頁（神原勝による基調講演）の図（市民自治の課題と論点の推移）の一部（「課題」と「主体の変化」）を抜粋するとともに、加筆している（常設型住民投票条例）。なお、神原は自らの著書とともに松下圭一、鳴海成泰、西尾勝、西寺雅也のものも参照している。

分権改革の波と軌を一にしている。

議会は「2000年半ばに議会基本条例が登場して議会改革が始まるまでは、正直いってみるべき成果に乏しかった」（神原勝）。第一次分権改革に残された大きな改革課題の1つが「住民自治の拡充であるが、そのまた核心をなすところの自治体議会の改革」であった（西尾勝）。それが今日、「住民自治の根幹をなす地方議会」として登場するようになっている。

住民、議会の地域経営へのかかわりの増大は、地域経営の軸となる総合計画条例や、議会に関する条文も含めた自治基本条例も制定されるようになる。

2　国政と異なる自治体政治──機関競争主義を作動させる──

（1）自治体政治と国政との相違

まず、国政とは異なる自治体政治について確認しておこう（図8-3参照）。地

方議会と国会とは、議会という用語が同様であるにもかかわらず、期待されている役割は異なっている。しかし、マスコミなどからの情報のほとんどは、国会を雛形にした地方議会をイメージしている。議場の多くが国会の議場の縮小コピーであること、議会がその運営にあたって準拠しているのは国会の規則を踏まえてつくられた標準議会規則（全国の三議長会が策定）であることは、この誤解を促進させている。そもそも、住民自治では住民が自治体の政策決定に中央政府以上に積極的にかかわることが想定されている。こうした原理によって、議会での討議の様相も異なっている。

図 8-3　国政と地方自治の相違

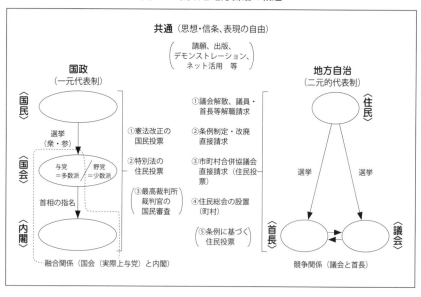

①中央政府の議院内閣制とは異なった自治体の二元制の採用

国政の議院内閣制の場合、首相を選出する与党とそれに対抗する野党といった政党政治が存在している。しかし、自治体の首長は議会の多数派が選出するわけではない。議会とともに、首長も住民が選出するという二元制に基づいて

いる。議会と首長等が協力しつつも緊張関係を保ちながら政策を決定し実施することである。地方政治において、議会・議員の首長を支援する与党的立場、逆に反対する野党的立場は存在する。しかし、全体としての議会は、首長をはじめ執行機関と政策競争をする別の機関であることを再確認することが必要である。地方分権改革により首長の役割は、大きく変化すると同様に、議会の役割も大きく変わる。

②**国会の二院制に対する地方議会の一院制の採用：直接民主制の採用**

国会は、衆議院と参議院によるチェック・アンド・バランスを想定している。世界の国会では、一院制の方が多いが、連邦制を導入している国や、民主主義制度を早めに導入したいわゆる先進諸国（北欧などを除いて）は、二院制を採用している国が多い。二院制なのは、それぞれの院が異なった利害を代表し、それぞれが他の院を牽制することが期待されているからである。それに対して、地方議会は一院制である。日本などのように二元制を採用しているところで、議会と首長のチェック・アンド・バランスが可能であることが考えられる。より重要なことは、自治体が住民に身近であり、住民がその活動をチェックできるからである。

それだからこそ、直接民主制の系列のさまざまな制度が自治体に導入されている。もちろん、国政でも直接民主制の系列の制度はある。国会が発議する憲法改正の国民投票である。

自治体レベルでは、多様でしかも立法（条例制定）にかかわったり（**条例制定改廃の直接請求**）、議員・首長の解職、議会の解散など（**リコール**）の多様な直接請求が制度化されている。それは、議会内部ではなく、首長とともに住民が議会をチェックすべきだと考えているための表れであろう。なお、今日脚光を浴びている住民投票も条例に基づいて行うことができる。

そもそも、日本国憲法第95条（**特別法の住民投票**）は、地域の重要事項の決定を議会に委ねてはいない。首長にはなおさらである。1つの自治体に関する法律を国会が制定したければ、両院を通過させるだけではできない。当該地域

の住民による投票で過半数を獲得しなければならない。1949年から1951年までの15本の法律が制定された（18都市）。広島平和記念都市建設法、長崎平和記念都市建設法などがあるが、その中には反対が約4割という住民投票結果だったものもある（首都建設法、1950年）。今日では死文化されているこの条文は、国政とは異なり地方自治は直接民主主義を重視していることを示している。

③議員間討議、および住民・議員・首長間討議を重視する地方議会

第1の原理から、議会が首長とは異なるもう1つの機関として登場しなければならない。そのためには議員間の討議空間が必要になる。国会のような内閣に対して与党からの賛同、与党からの批判に終始する場ではまったくない。地方議会は、質問・質疑の場だけから、議員間討議の重要が指摘されるのはこの文脈で理解できる。同時に、第2の原理、および第3の原理からその討議空間は、議会だけではなく、住民の提言を踏まえたもの、さらには住民、議員、首長等との討議空間となることも想定される。議員だけの討議空間から、首長等・住民も討議に参加する**フォーラムとしての議会**の登場である。一方での首長等への反問権付与、他方での請願・陳情の代表者の意見陳述や、委員会でも傍聴者に発言の機会の提供は、このフォーラムとしての議会の原型の1つである。

（2）二元的代表制の進展

地方自治の3つの原理を考慮すれば、地方自治の運営も大きく変わる必要がある。住民参加・協働が重視され、住民と議員や首長等との討議空間、議員間の討議空間が創出され、それを踏まえて、議会と首長との政策競争が行われる。つまり、議会は追認機関から脱し首長とも切磋琢磨する議会に（与党野党関係は存在せず、監視と政策立案の役割を発揮しつつ、議員の質問に対する執行機関からの反問権も認める！）、また、閉鎖的ではなく住民に開かれ住民参加を促進する議会に（議会報告会や参考人・公聴会の充実）、そして、質問・質疑の場だけではなく、議会の存在意義である議員同士の討議と議決を重視する議会に（機関としての作動するための）、大きく転換する。

第8章　二元的代表制と住民自治

　現行制度では、議員とともに首長も直接住民が選挙する。この制度では、一方の極に議会と首長が癒着することで議会が追認機関化し議会の役割を果たせない経営がある。他方の極に、議会と首長とが不毛な激しい対立を繰り返す経営がある。前者は監視が効かず、後者は不毛な対立が日常化し、どちらも住民福祉に逆行する。そこで、この両極とは異なるもう1つの方向が本章で強調する**二元的代表制＝機関競争主義**である。それは、広がっている議会基本条例の中に刻み込まれている（図8-4参照）。

図8-4　二元制の揺れ

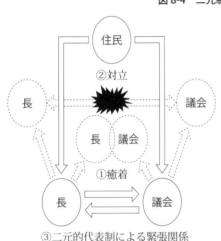

　つまり、現行制度は議会と首長の癒着と日常的な激しい対立という両極で揺れる。これを回避する機関競争主義を意識的に選択する必要がある。機関競争主義の要素は次のものである。

　①第一要素　議会も首長も住民から直接選挙されるという意味で、正統性は対等であり、議会＝合議制、首長＝独任制といった特性をいかして切磋琢磨する（正統性の対等性、両者の特性の相違を踏まえた競争）。

　②第二要素　政策過程において、議会や首長は権限が分有されていることにより、一方的な優位はありえず、相互作用によって地域経営は行われる（政策

過程全体にわたって、両者の競争)。

　③第三要素　住民は行政の客体以前に「自治の主体」であることを考慮すれば、住民は議会と首長の「統制」を行わなければならない。政策過程全体での住民による統制、いわば住民参加・市民参加を行う。

　これら地方自治の３つの原理に基づく住民自治（機関競争主義の３つの要素）は、中央集権制の下では開花しなかった。地方政治の台頭にともなって、これに向けたさまざまな実践によって徐々に作動するようになった。

3　住民自治の展開とそのための標準装備

（1）住民自治の展開

　住民自治の進展を確認しよう。（表8-1参照）。代表制（二元制）の改革、代表制と住民とを結ぶチャンネルの改革（地方選挙改革、自治体内分権）、住民参加の新たな手法（多様な住民参加、常設型住民投票）といった新たな状況が生まれている。これらを制度的に保障する自治・議会基本条例や地域経営の軸となる実効性ある総合計画が制定・策定されている。

表１　住民自治の新展開

＜代表制の改革：地方議会改革と二元的代表制の運営＞
住民とともに歩む議会、議員同士が討議する議会、そしてそれらを踏まえて首長等と政策競争をする議会、これらが登場している。二元的代表制という用語が定着してきたことはこの表れの１つである。
＜代表制と住民を結ぶⅠ：地方選挙改革＞
政策型選挙としてのマニフェスト選挙（2003年統一地方選挙（国政選挙よりも早い）、マニフェスト配布は地方選挙では首長のみ可能（07年）だったが、町村議会を除く地方議会も可能となった（19年）。

<代表制と住民を結ぶⅡ：自治体内分権の制度化>
地域をいくつかに区分し、そこに住民参加の拠点を置くことである。平成の市町村合併の嵐が吹き荒れるなかで、旧市町村の自治や文化を守り育てるために、地域審議会、地域自治区・地域協議会が制度化され、大都市だけではなく狭域自治の必要性が認知され自治体内分権と呼ばれるようになっている。自治法等に基づくもの（上越市、飯田市等）のほか、独自条例に基づくもの（名張市、伊賀市等）も活発に活動している。第30次地方制度調査会答申では、括弧が付されているとはいえ、都市内分権の重要性が指摘された。

<住民参加の手法Ⅰ：多様な住民参加>
充て職から、公募制、そして抽選制（市民討議会など）といった参加する住民も多様となっている。また、行政が用意した文書に意見を言うことから、白紙から議論することに、住民からの提言は、聞き置くから尊重するに変わった。そして、これらの行政への住民参加とともに、議会への住民参加も試みられるようになっている（議会報告会、住民との意見交換会、公聴会・参考人制度の活用等）。

<住民参加の手法Ⅱ：常設型住民投票の登場>
住民投票は定着してきた。個別のテーマをめぐる住民投票条例（原子力発電所建設をめぐる住民投票条例など）とともに常設型住民投票条例（実効性ある自治・議会基本条例を含む）も制定されるようになっている。テーマが多様化している。いわゆる迷惑施設、市町村合併だけではなく、大規模公共施設（佐久市）や市庁舎建設（鳥取市）、いわば市町村財政をめぐるテーマ、および議員定数削減（山陽小野田市）といった直接に住民自治をめぐるテーマも登場している。自治体の重要政策や組織という自治を問うテーマが浮上している。

＊2012年自治法改正の議論では、拘束型住民投票を条例で可能とすることも模索されていた。最終的には改正されていないが、総務省からこうした案が提出されたことは注目しておきたい。

<自治のルールと方向：自治・議会基本条例および総合計画条例>
自治のルールとして自治・議会基本条例が制定されている。また、総合計画は、たんなる作文から実効性あるものにかわってきた（多治見市方式）。それを制度化する自治基本条例（多治見市）や独自の総合計画根拠条例（北海道栗山町）が制定されている。

(2) 住民自治の標準装備

①地域経営のルール：自治・議会基本条例

地方分権改革により地域経営の自由度は高まった。そこで不可欠なのは、そのルールと軸である。地域経営のルールは、自治・議会基本条例などであり、地域経営の軸は、総合計画などである。まさに、これらは新たな住民自治の標準装備である。

自治基本条例は、北海道ニセコ町「まちづくり基本条例」(2000年12月制定)を先駆とする条例を指している。まさに、地方分権の申し子といえる。とはいえ、自治基本条例は、「**自治体の憲法**」と呼ばれるが、組織・権限に関する事項があまりにも少ない。憲法・法律（地方自治法等）で規定されている事項が多く条例制定に意味がないという理由だけではなく、すでに条例で規定している事項が多いためである（議会の定例会回数条例、議会の委員会条例等）。

また、ニセコ町まちづくり基本条例には、当初議会条文が一条もなかった。「住民自治の根幹」としての議会についての規定がない。管見の限りでは、杉並区自治基本条例においてはじめて議会事項が規定されている。その後、自治基本条例の中に議会条文が挿入されているとはいえ、3条分程度である（例外として、飯田市自治基本条例、ニセコ町まちづくり基本条例（改正）、多治見市市政基本条例などである）。

これらを考慮すれば、自治基本条例制定の動向は歴史的に大きな意義がある。とはいえ、「自治体の憲法」とするには、さらなる一歩を踏み出さなければならない（図8-5参照）。

自治基本条例よりも制定は遅れたが、**議会基本条例**が制定され（北海道栗山町、2006年）、その制定は全国に広がっている。議会軽視の自治基本条例を補完する意義はある。もちろん、＜自治基本条例＝行政に関する条例＞、＜議会基本条例＝議会に関する条例＞ではない。議会基本条例は、議会が見えない中で、議会が住民に示したマニフェストとして、また、従来とはまったく異なる議会

第8章　二元的代表制と住民自治

運営を宣言したものとして、画期的な意義がある。

図8-5　自治・議会基本条例のバージョンアップ

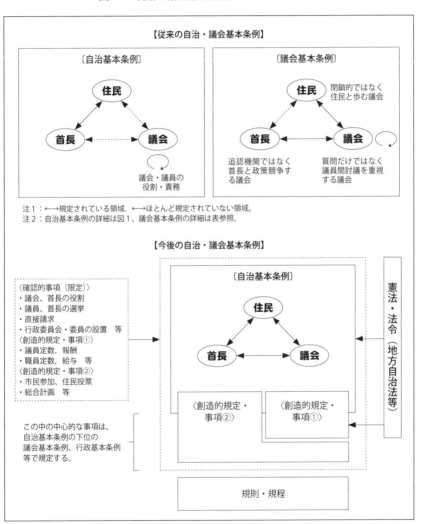

②地域経営の軸である総合計画

 基本構想の法定化は、高度経済成長による乱開発を防ぐために、「その地域における総合的かつ計画的な行政運営を図る」目的で、住民代表機関である「議会の議決を経て」策定されるものである（1969年に自治法に挿入（自治法2④））。前年には、都市計画法が制定されている。

 総合計画は、基本構想・基本計画・実施計画の三層構造によって構成されるのが一般的である。総合計画の構成は、自治法上規定されているわけではない。財団法人国土計画協会『市町村計画策定方法研究報告』（1966年、自治省による委託）により提起され、その後三層構造が一般的になっている（76.4%）[1]。このことで、体系性が形成されたものの、基本構想が抽象的になり、それのみが議会の議決の対象となった。

 総合計画をめぐって大きな転換が起きている。1つは、忘れ去られる作文計画としての総合計画から地域経営の根幹としての実効性ある総合計画への転換である。その実効性の保障として、①予算との連動、②分野別計画との連動（内容と期間）、③計画期間と首長の任期との合致（ただし、首長のマニフェストが総合計画ではない）、が必要である。もう1つは、住民だけではなく議会が総合計画策定の際に積極的にかかわるようになっていることである。

 基本構想の義務付けの廃止によって（2011年）、総合計画が無意味化するわけではない。予測可能な「小島」として、政策討議の起点として、名称はともかく策定されることが必要である。したがって、総合計画根拠条例の制定が急速に進むであろうし進めなければならない。

 この条例制定にあたって議会が首長による総合計画案を受動的に受け入れることは「住民自治の根幹」をなす議会にとって問題である。その条例案を議会から提出することも想定してよい。それ以前に、議会として地域経営にとっての総合計画の位置づけを確認しておくことが必要である。総合計画と他の計画

---

1 玉村雅敏監修・日本生産性本部編集『総合計画の新潮流』公人の友社、2014年。

との関係（必要によってはそのいくつかを議決事件の対象にする）、それらと予算の関係など、地域経営の軸を確認することである。

さらに、この条例を踏まえて、実際に総合計画が議会は策定される段階では、行政が充実した住民参加制度を実施しなければ、実施するように提案する。また、議会として住民参加を取り入れてもよい。住民の意向を踏まえた、総合計画を策定する必要がある。

自治・議会基本条例の制定や実効性ある総合計画の策定が広がっている。それらは、自治体の標準装備となっている。住民自治は新たな段階にあるといえよう。

（江藤俊昭）

〈考えてみよう〉
1 日本国憲法における地方自治とは。
2 国政と異なる地方自治の特徴は。
3 二元的代表制＝機関競争主義とは。
4 自治・議会基本条例と総合計画の意義とは。

【発展的学習のための参考図書】
今井照『地方自治講義』ちくま新書、2017年。
江藤俊昭『地方議会改革——自治を進化させる新たな動き』学陽書房、2011年。
神原勝『増補　自治・議会基本条例論』公人の友社、2009年。
神原勝・大矢野修編著『総合計画の理論と実践』公人の友社、2015年。
西尾勝『自治・分権再考―地方自治を志す人たちへ―』ぎょうせい、2013年

コラム
「PDCA サイクルに 2 つの D を付加する」

政策サイクルといえば、PDCA サイクルを思い浮かべる（P 計画、D 実践、C 評価・検証、A 改善）。それは、人間行動でも組織行動でも当然意識されるべき手法である。行政改革と同様に、議会改革でも活用できる。議会基本条例の条文を基準に毎年その改革を評価する発想はその 1 つである。議会という機関としてだけではなく、機関内、たとえば委員会、議会事務局等々での評価もできる。つまり、PDCA サイクルはさまざまな実践において活用できる手法である。

ただし、住民自治を進める上で、また地域経営を行う上で、議会からの政策サイクルという視点からその活用の範囲を確定しない安易な活用は中央集権時代の行政主導に引きずられる。PDCA サイクルは重要だとしても、地域経営全体にこの PDCA サイクルを位置づけ実践すると、議会が排除・軽視される可能性がある。PDCA サイクルには、地域経営にとって重要な討議と議決・決定が含まれていないからである。

地域経営においてはそのサイクルで軽視されていた討議（deliberation, debate, discussion）と議決（decision）という 2 つの D を組み込むことが必要だ。それを踏まえない PDCA サイクルの活用には、知らず知らずのうちに行政の論理が浸透する。多くの議会に留意していただきたい論点である。逆にいえば、新たに付け加えた 2 つの D（討議と議決）を担うのは議会であり、それを無視する発想は議会を行政改革に包含させる。そろそろ、従来の PDCA サイクルの発想と手法を超えた PDDDCA サイクルという地域経営における新たな発想と手法の開発が必要だ。

その上で、議会からの政策サイクルの独自性を確立したい。行政による政策サイクルと議会からの政策サイクルは同じことをやっては意味がない。

したがって、執行機関の論理と実践に絡めとられないために、また議会・議員が息切れしないために、常に考慮すべきことである。

まず、執行機関の執行重視に対する議会の住民目線重視。執行機関は数値目標や首長のマニフェストを優先する。それに対して、議会はそれらを無視するわけではないが住民の目線を重視する。次に、執行機関の縦割りの組織運営に対する議会の合議制（多様性）の組織運営。執行機関は、組織原則として官僚制を採用し縦割り行政となる。合議体である議会は、さまざまな角度から地域を観察し提言できる。そして、執行機関の補助機関（職員組織）の膨大さや財源の多さに対する議会の資源の少なさ。議会の資源は、執行機関のそれと比べた場合、大幅に劣っている。

こうした3つの特徴を考慮すれば、議会は「包括的ではなく総合的な視点」を有したその実践が必要となる。したがって、議会は行政がかかわれない隙間（ニッチ）な課題、および総合計画策定・評価を集中的に担う。すべてに関わることはできないし必要はない。

　議会からの政策サイクルは、PDCAサイクルを活用した三重県行政と政策競争するために、それとは異なる「新しい政策サイクル」を議会が創造したことに始まる。飯田市市議会や会津若松市議会は、これをさらに豊富化した。会津若松市議会は「議会からの政策形成サイクル」である。注意していただきたいのは、住民の意見を踏まえて議会として提案することに主眼があったために、「政策形成」が強調された。今日、これにとどまらない。政策過程全体にわたって議会がかかわることを重視して「政策サイクル」を議会から回す。決定はもとより、評価を踏まえた提言の重要性である。

（江藤俊昭）

第二部　行政学

第9章
国・地方関係と地方分権

　地方分権改革から20年余りが過ぎようとしているが、国と地方自治体はそれまでの上下関係から脱却し、対等な関係になることができたのであろうか。本章では、国と地方自治体がこの新たな関係の下に、どのような役割分担がなされ、そして、対立が生じた場合にはどのように権限調整を行うことができるのか等について考察する。

1　地方分権改革とは

　地方分権改革とは、1993年の衆参両院による「地方分権の推進に関する決議」をはじめとする、国と地方自治体を対等にするためにこれまでに実施してきたさまざまな施策を指す。現在においてもなお続いているこの改革は、第一次分権改革と第二次分権改革以降という2つの時代区分に整理することができるとされる。まず、第一次分権改革であるが、これは、国と地方自治体の役割分担を明確し、地方自治体の自主性・自立性を高め、個性豊かで活力に満ちた地域社会の実現を図ることをその目的として進められた改革である。同改革の中心となるのは、1995年5月に制定された**地方分権推進法**に基づき同年7月に発足した**地方分権推進委員会(2001年解散)の勧告**である。総理府内の諮問機関であるこの委員会は、7人の有識者で構成され、地方分権を推進するための勧告を5次にわたり行ってきた。勧告の主な内容は、国と地方自治体間の事務配

分の見直し、関与の抑制といった、国と地方の関係を抜本的に改める大胆なものであったが、国はこの勧告を受け入れ、国が推し進めるべき具体的な施策として**地方分権推進計画**に位置付けたのである。そして、同計画の実施のために、1999年7月に**地方分権一括法**と呼ばれる、「地方分権の推進を図るための関係法律の整備等に関する法律」が制定され、同法の下、地方自治法を主とした地方分権に関する法規が改正されたのであった。地方分権の基礎的制度を整えたこれら一連の動きを第一次分権改革という。これを基底として、第二次分権改革以降では、2006年に成立した**地方分権改革推進法**、すなわち、「地域の自主性及び自立性を高めるための改革の推進を図るための関係法律の整備に関する法律」の下、具体的な施策が展開されてゆくこととなる。そのメカニズムは、第一次分権改革と同様にして、諮問機関である**地方分権改革推進委員会**を発足し (2010年解散)、同委員会の勧告を基に策定された**地方分権改革推進計画**を実施することであった。以下の表は、現在まで第7次にわたり行われた法改正の大まかな内容を示したものであるが、国から地方公共団体又は都道府県から市町村への事務・権限の移譲や、地方公共団体への義務付け・枠付けの緩和等が無数の法改正によって実現されてきたことがわかる。

このように、第一次分権改革では地方分権の基礎的制度を整え、第二次分権改革以降では権限移譲や規制緩和等といった具体的な施策を展開したと整理できる。本稿では、第一次分権改革に着目し、その大きな成果である事務の再配分およびそれに伴う関与の抑制について考察する。

地方分権一括法の変遷

第1次地方分権一括法 (2011年4月成立。42法律を改正)	義務付け・枠付けの見直し
第2次地方分権一括法 (2011年8月成立。188法律を改正)	都道府県から市町村への事務・権限の移譲及び義務付け・枠付けの見直し
第3次地方分権一括法 (2013年6月成立。74法律を改正)	都道府県から市町村への事務・権限の移譲及び義務付け・枠付けの見直し

第4次地方分権一括法 (2014年5月成立。63法律を改正)	国から地方公共団体又は都道府県から指定都市への事務・権限の移譲
第5次地方分権一括法 (2015年6月成立。19法律を改正)	国から地方公共団体又は都道府県から指定都市等への事務・権限の移譲及び義務付け・枠付けの見直し
第6次地方分権一括法 (2016年5月成立。15法律を改正)	国から地方公共団体又は都道府県から市町村への事務・権限の移譲及び義務付け・枠付けの見直し
第7次地方分権一括法 (2017年4月成立。10法律を改正)	都道府県から指定都市等への事務・権限の移譲や地方公共団体に対する義務付け・枠付けの見直し

2　自治事務と法定受託事務

　地方分権改革のなかで、おそらく最も分権を推し進めた施策は、第一次地方分権改革において、1999年に地方自治法を改正し、国と地方自治体の事務を見直したことであろう。旧地方自治法の下に多数存在した**機関委任事務**と呼ばれる事務は廃止され、国と地方自治体間で事務の再配分（振り分け）が行われたのである。まずは、この機関委任事務が一体どのような事務であったのかを理解するところから始めよう。

　機関委任事務とは、国の事務のうち、国が地方自治体を自らの「機関」であるとみなして地方自治体の長に委任した事務を指す。この事務の性質から、地方自治体は、機関委任事務を執行する上で、委任者である国の強い指揮監督権に属するとされる。たとえば地方自治体の長が機関委任事務に関する処分を行った場合、国はその処分の取消や停止のみならず、ときには、その長を罷免することまでも認められていたのである。その一方で、旧地方自治法が定める国と地方自治体のこのような強い上下関係に対しては、地方自治の本旨から適当ではないという批判が各方面から発せられていたのであった。また、現実の問題として、地方自治体が日々処理する事務の大半が、この**機関委任事務**という国

から委任された事務であるということに対して、地方自治体はその負担の大きさに耐えかねていたのであった。国会はこうした要請に応えるため、地方自治法を改正して機関委任事務を廃止し、地方自治体が処理する事務はすべて地方自治体の事務であるとした。そして、地方自治体の事務として、「自治事務」と「法定受託事務」という区分を用意し、事務の性質、背景等を考慮して事務の再配分を行ったのであった。以下、この新しい事務区分である「自治事務」と「法定受託事務」について考察する。（以下本文においては、法定受託事務について、本稿のテーマとの関係から、国から地方自治体へ委任された事務である「第一号法定受託事務」に限定して述べることとしたい。）

　まず、その定義であるが、地方自治法は、自治事務および法定受託事務についてともに抽象的な文言でしか定めていない。自治事務に至っては、同法2条8項において、「地方公共団体が処理する事務のうち、法定受託事務以外のものをいう」とあるだけである。したがって、自治事務の意味内容を知るには、法定受託事務の定義を探ることからはじめなければならない。同法2条9項1号は、法定受託事務について、「法律又はこれに基づく政令により都道府県、市町村又は特別区が処理することとされる事務のうち、国が本来果たすべき役割に係るものであって、国においてその適正な処理を特に確保する必要があるものとして法律又はこれに基づく政令に特に定めるもの」をいうとする。しかしながら、何をもって「国が本来果たすべき役割」というのか、「適正な処理を特に確保する必要がある」とはどのような場合なのか、などとこれもまた非常に抽象的な文言となっている。そこで、結局のところ実務上どのように事務の性質を整理しているかというと、それは個別法における別表一覧に列挙されているか否かである。地方自治法298条、同法同表別表第一、地方自治法施行令223条、同施行令別表第一には、地方分権推進委員会が示した8項目のメルクマール（同委員会の勧告を基に閣議決定された。下記表を参照されたい）に基づき、法定受託事務が挙げられている。たとえば、戸籍に関する事務、選挙に関する事務、旅券の発行、生活保護の発行などがそうである。他方で、自治事務は法定受託

事務以外のすべてであるため、非常に多岐に及ぶが、代表的には、都市計画の決定、飲食店営業の許可、病院等の開設許可などが挙げられよう。

法定受託事務のメルクマール （1998年5月29日閣議決定）
（1）国家の統治の基本に密接な関連を有する事務
（2）根幹的部分を国が直接執行している事務で以下に掲げるもの
　①国が設置した公物の管理及び国立公園の管理並びに国定公園内における指定等に関する事務
　②広域にわたり重要な役割を果たす治山治水及び天然資源の適正管理に関する事務
　③環境保全のために国が設定した環境の基準及び規制の基準を補完する事務
　④信用秩序に重大な影響を及ぼす金融機関等の監督等に関する事務
　⑤医薬品等の製造の規制に関する事務
　⑥麻薬等の取締りに関する事務
（3）全国単一の制度又は全国一律の基準により行う給付金の支給等に関する事務で以下に掲げるもの
　①生存にかかわるナショナル・ミニマムを確保するため、全国一律に公平・平等に行う給付金の支給等に関する事務
　②全国単一の制度として、国が拠出を求め運営する保険及び給付金の支給等に関する事務
　③国が行う国家補償給付等に関する事務
（4）広域にわたり国民に健康被害が生じること等を防止するために行う伝染病のまん延防止や医薬品等の流通等の取締りに関する事務
　①法定の伝染病のまん延防止に関する事務
　②公衆衛生上、重大な影響を及ぼすおそれのある医薬品等の全国的な流通の取締りに関する事務
（5）精神障害者等に対する本人の同意によらない入院措置に関する事務
（6）国が行う災害救助に関する事務
（7）国が直接執行する事務の前提となる手続の一部のみを地方公共団体が処理することとされている事務で、当該事務のみでは行政目的を達成し得ないもの

第9章　国・地方関係と地方分権

　以上、法定受託事務と自治事務それぞれの定義および見分け方を検討してきたが、両者の決定的な違いは事務に対する国の「関与」の程度にある。次節にて詳しく検討する。

3　関与とは

（1）関与の種類

　関与とは、地方自治体が事務を処理する上で行うことができる「口出し」である。地方自治法245条は、関与について、「普通地方公共団体の事務処理に関する国の行政機関の行為」と定義し、具体的に、助言又は勧告（1号イ）、資料の提出の要求（1号ロ）、是正の要求（1号ハ）、同意（1号ニ）、許可、認可又は承認（1号ホ）、指示（1号ヘ）、代執行（1号ト）、および、協議（2号）を行為の基本類型として、また、その他行政目的を実現するために行う具体的かつ個別的に係る行為を挙げる。以下それぞれの類型を簡単にみていこう。

　まず、助言・勧告とは、客観的に適当と認められる行為を促すことや、その行為を行うに際して必要な事項を提示することを意味する。たとえば、地方教育行政法48条1項の下、文部科学大臣が地方自治体に対して、地域の学校がどのような組織を持ち、どのような学習指導を行うか等に関して行う指導助言は、その一つの例である。なお、これら助言・勧告は、地方自治体からの情報の提供がなければできないことから、地方自治法は、資料の提出要求も関与の一類型として定めている。続いて、是正の要求であるが、これは地方自治体の事務の処理についてそれが法令に違反しているとき、または著しく適正を欠きかつ明らかに公益を害していると認めるときに、国務大臣がその処理の是正を求めるというものである。次に、同意・許可・認可・承認というのは細かくいえばそれぞれに法的地位は異なるのであるが、ここでは、双方の意思が合致することと覚えておこう。続いて、指示であるが、これは是正の指示を意味するところ、先に述べた是正の要求と比較して理解するのが良いであろう。すなわ

ち、是正の指示と是正の要求は同じ要件の下に発せられるが、その後の地方自治体がとるべき具体的な措置内容について、是正の指示では国側が決定することができるのに対し、是正の要求では地方自治体の裁量に委ねられるという違いを有する。また、両措置に地方自治体が従わない場合についても、是正の指示では代執行という国が地方自治体に代わって処理を行うという関与が認められるのに対し、是正の要求ではそれは認められない。つまり、是正の指示の方が、是正の要求よりも、地方自治体の自治を侵害する可能性がより高く認められる、強い関与となる。最後に、協議であるが、これは話合いであり、国は協議を求められた場合、誠実に協議を行わなければならないだけでなく、相当の期間内に協議が整うように努めなければならないとされる。

　以上が、関与の基本類型であるが、自治事務と法定受託事務はその性質から、それぞれに予定されている関与が次のように異なる。すなわち、自治事務に関しては「助言・勧告」「資料提出要求」「協議」「是正の要求」という弱い関与に限定されるのに対して、法定受託事務に関しては「助言・勧告」「資料提出要求」「協議」に加え、「同意」「許可・認可・承認」「指示」「代執行」という強い関与も一定の条件の下に認められている。これは、自治事務に対してはできる限り国の関与を控えるべきであり、その一方で、法定受託事務については本来的に国の事務であることに着目し、必要な場合には強い関与も認めざるを得ないという考えに基づく。

事務の区分	関与の基本類型			
自治事務	・助言・勧告	・資料の提出の要求	・協議	・是正の要求
法定受託事務	・助言・勧告 ・同意	・資料の提出の要求 ・許可・認可・承認	・協議 ・指示	・代執行

（2）関与の3原則

　地方自治法は、関与に関して次の3つの原則（**関与の三原則**）を定め、関与が適切に行われることを保障している。

まず、第一に、**法定主義の原則**である。地方自治法245条の2は、「普通地方公共団体は、その事務の処理に関し、法律又はこれに基づく政令によらなければ、普通地方公共団体に対する国または都道府県の関与を受け、又は要することとされることはない」と規定している。これは、地方自治体の事務処理について関与が行われる場合、その関与には法律又はこれに基づく法令の根拠が必要であるということを意味する。先に述べた機関委任事務の時代において国は、一般的な指揮監督権を根拠として、ときに過剰・不透明な関与を行ってきたが、ここにはその反省が表れているとされる。

第二に、**一般法主義の原則**である。地方自治法245条の3は、「国は、法律又はこれに基づく政令により、地方公共団体に対する国又は都道府県の関与を受け、又は要することとする場合には、その目的を達成するために必要な最小限のものとするとともに、普通地方公共団体の自主性及び自立性に配慮しなければならない」と定める。そして、先に述べたように、自治事務に関しては「助言・勧告」「資料提出要求」「協議」「是正の要求」の4種類、そして、法定受託事務に関しては「助言・勧告」「資料提出要求」「協議」「同意」「許可・認可・承認」「指示」「代執行」の7種類、に限定し、その他の関与を禁じている（地自法245条～245条の9）。つまり、基本類型以外の関与は、自治事務についても法定受託事務についても、極力、設けることのないようにするということである。

第三に、**公正・透明の原則**である。地方自治法245条の6は、関与に関する手続きとして、書面の交付、許可、認可等の審査基準や標準処理期間の設定やその公表を定めている。この原則の下、国の行政機関は、地方自治体に対し、是正の要求、指示その他これに類する行為をするときは、関与の内容及び理由を具体的に記載した書面を交付しなければならないとされる。

以上に挙げた3つの原則を遵守したとしても、なお関与をめぐる紛争が生じた場合はどうすればよいであろうか。次節にて地方自治体が関与を争う方法について学ぶ。

4 関与を争う方法
－国・地方係争処理委員会という新たな選択肢－

　国の関与はさまざまな形で行われるが、そのうちの是正の要求、許可の拒否その他の処分その他公権力の行使に当たるものについては、それを争う方法が地方自治法上に定められている。なぜならば、上記関与は、地方自治に対する強力な侵害となり得るおそれが内在した「強い」関与にあたるからである。そこで、地方自治法は、地方自治体がこれらの関与について不満を抱く場面を想定し、そうした場合への対応として、**国・地方係争処理員会**という第三者裁定機関を総務省に設置し、関与の審査を担わせたのである（地方自治法250条の7）。不服のある地方自治体の長等からの審査の申出に基づき、同委員会は審査を行い、国の関与が違法等であると認めた場合には、国の行政庁に対して必要な措置を行う旨の勧告等を行うことができる。なお、同委員会の委員は、委員長を含めた5名で構成され、総務大臣が両議院の同意を得て任命する。以下、国・地方係争処理委員会による審査の仕組みについて考察する。

（1）審査の要件

　国・地方係争処理委員会に対して審査を申し出ることができるのは、地方自治体側のみであり、それは以下の要件を満たしている場合に限られる（250条の13）。
　（ア）国の関与のうち是正の要求、許可の拒否その他の処分その他の公権力の行使にあたるものに不服があるとき
　（イ）国の不作為に不服があるとき
　（ウ）法令に基づく協議の申出を行い、当該協議に係る地方自治体の義務を果たしたと認めるにもかかわらず当該協議が調わないとき
　また、上記要件を満たしている場合においても、関与があった日から30日以

内に提訴しなければならない。

（2）審査とその後のプロセス

申し出を受けた委員会は、90日以内に審査及び勧告を行わなければならないのであるが、問題となる事務が法定受託事務であるのか、それとも、自治事務であるのかによって、審査内容が異なることに注意されたい。すなわち、法定受託事務については、国の関与が違法であるか否かの審査に限定されるのに対し、自治事務については、国の関与の不当性についてまでも審査されるのである。つまり、自治事務に対する関与が違法でない場合においても、それが当時の社会的事情や政治的背景からも妥当であったか否かについての判断を求めることができるという意味である。これは、自治事務が地方自治体の固有の事務であり、最大限の自治が尊重されるべきであるという考えに基づく。

審査の後には、委員会は勧告を行うこともできる。勧告を受けた国は、勧告に沿って必要な措置を講ずる。その際、委員会は、上記の通知に係る事項を審査の申し出をした地方自治体に通知しなければならない。それでは、実際の審査事件を見てみよう。

（3）ケーススタディ

2000年に設置されて以来、国・地方係争処理員会に申し立てられた案件は3件しかない上に、審査を行ったのはそのうちの1件、横浜市勝馬投票券発売税事件のみである。

本事件は、「**法定外税**」という地方自治体が自由に税目を決定することができる税、が大きく関係している。地方自治体がこの法定外税を課すためには、地方税条例を議決した上で、総務大臣との事前の協議を経て、その同意を得なければならないところ（地方税法259条、669条、731条2項）、本事件はその同意が得られなかったことを端緒とする。以下、事件の概要及び審査について簡単にみてみよう。

第二部　行政学

　本件申請者である横浜市は、市内の勝馬投票券の発売者に対する法定外普通税「勝馬投票券発売税」を課すために、2000年12月に、同税の新設を内容とする横浜市市税条例の一部を改正する条例案を可決した。そして、総務大臣に対し協議の申出を行ったところ、総務大臣は、競馬事業に課税することは国の経済施策に照らして不適当であるという理由より、税の創出に不同意を示した。横浜市長はかかる判断を不服として、同年4月、国・地方係争処理委員会に対し、総務大臣は地方税法671条の規定に基づき同意をすべきである旨の勧告を求めて、審査の申出を行った。
　委員会は、①中央競馬のシステムがそもそも国の経済施策に該当するか、該当するとして②勝馬投票券発売税は国の経済施策に照らして適当でないといえるのか、の2点を主な争点として審査を行った。まず、①については、委員会は、国の畜産振興事業費全体の約30％が中央競馬から得られていることを指摘し、国の経済施策への該当を認めた。そして、②については、国の経済政策に照らして適当でないというのは、国の経済施策に負の影響を与える場合に限定して解釈すべきであるとした上で、本件では、横浜市だけでなく他の市町村が同様の課税を行った場合等についての検討がない点を指摘した。すなわち、②については、判断の考慮要素を示したのみで、委員会は総務大臣の判断の是非を問うことはしなかったのである。委員会が示した勧告も、再協議を国に求める、という消極的な内容に留まっている。これを受け、総務省は横浜市との協議を再開したが、横浜市は2004年2月に、独自課税を断念している。その理由は定かではないが、独自課税よりも財源移譲を進めていきたいという公式見解が発表されている。
　この横浜市勝馬投票券発売税事件以後、国・地方係争処理委員会には2件の申し出がなされたが、そのいずれについても委員会は審査の対象でないとして却下している。まず一つ目は、北陸新幹線の追加工事について国土交通大臣が認可を行ったことに対し、新潟県が地元負担が増えたことを理由としてこの認可を消すように委員会に求めた事件（2009年）である。これについて、委員

会は、当該認可の対象が鉄道建設・運輸施設整備支援機構であり、県に対するものではないため、国の関与に該当しないと判断し、審査の申し出を却下している。2つ目は、アメリカ軍普天間飛行場の沖縄県内への移設に関する政府対応について、沖縄県が是正を委員会に求めた事件（2015年）である。具体的には、前沖縄県知事の行った辺野古埋立承認について現知事が承認の取消を行ったところ、国土交通大臣がその取消の執行停止決定（取消処分の効力を停止させる決定）下したため、現知事は委員会に、執行停止決定が違法な関与であるとしてその取消を求めたのであった。これに対し、委員会は、一見明白に同審査請求が国固有の立場で行ったものでないとする国土交通省の判断が違法であると判断できず、審査の対象となる国の関与に該当しないとして申し出を却下した。

　以上のように、国・地方係争処理委員会による審査においては、審査の要件が厳格に解釈されるだけでなく、要件を満たし、それに続く審査が行われたとしても、委員会による勧告の内容が紛争を終結させたとは言い難いといえる。この状況をどのように評価するべきであろうか。学説のなかには、国・地方係争処理委員会は国と自治体間の係争を処理する機関として事実上機能していないという批判を展開するものもいる。こうした批判を免れるためにも、委員会は今後より多くの件数を審査し、地方分権に沿った実質的な解決に一役を挙げ得ることを実証していく必要があるであろう。

3　地方分権のこれから

　以上検討してきたとおり、地方自治体の事務は、それが自治事務であるか、それとも、法定受託事務であるかによって、関与の程度およびそれを争う方法に大きな違いが生じる。そのため、事務の区分は国と地方自治体の双方にとって常に大きな関心事となる。たとえば、社会情勢やそれを取り巻く環境の変化によって、地方自治法別表一覧等には挙げられていないが、取り組む必要があ

るべき事務が生じた場合を考えてみよう。このように立法者が想定していない事務が生じた場合、その事務は自治事務となるのであろうか、それとも法定受託事務となるのであろうか。

これについては、先に述べた事務区分の原則からすれば、列挙されていない事務は、原則として自治事務とみなすと考えるのが素直であろう。地方分権推進委員会における議論や国会の審議においても、法定受託事務は将来抑制されるべきことが指摘されてきた。そのひとつの成果として、地方分権一括法の附則250条には、「新地方自治法第二条第9項第1号に規定する第一号法定受託事務については、できる限り新たに設けることのないようにするとともに、新地方自治法別表第一に掲げるもの及び新地方自治法に基づく政令に示すものについては、地方分権を推進する観点から検討を加え、適宜、適切な見直しを行うものとする」という文言が置かれている。事務区分の見直しは第一次分権改革の目玉であったが、この条文が宣言したとおり、今日においても断続的に検討が行われているのである。自治事務が今後どのくらい増えていくのか、興味深いところである。

（清水知佳）

〈考えてみよう〉
1　自治事務と法定受託事務について、それぞれどのようなものがあるか調べてみよう。
2　地方自治法2条8項は、自治事務を「法定受託事務以外のもの」と規定するが、その意図はどこにあるのか考えてみよう。

【発展的学習のための参考図書】
松本英昭『地方自治法の概要（第6次改訂版）』（学陽書房、2014年）
宇賀克也『地方自治法概説（第7版）』（有斐閣、2017年）

第 10 章
官僚制組織の制度的特徴と職員の役割

　本章では、官僚制組織の持ついくつかの特徴とその中で活動する公務員集団（職員）の役割のうち、特に重要だと思われる政策立案について述べる。

　まず、官僚制組織内で活動する職員の任用制度について、アメリカと日本とを比較しながら述べる。両国とも、任用制度として資格任用制をとっているが、アメリカでは開放型任用制をとり、スペシャリストとしての職員を求めるのに対し、わが国では、入口での一括採用、終身雇用制、年功序列制などの労働慣行と結びつき、閉鎖型任用制をとり、結果的にジェネラリストとしての職員を求めることに繋がっていることを見ていく。

　次に、第二次大戦後、GHQ（連合国最高司令官総司令部）が導入しようとしていた職階制について、法制度の上では規定されたものの、結果的には占領下の琉球政府を除いて実施されず、ついには廃止されたことを簡単に見ておく。

　さらに、官僚制の組織編制の基本単位は、上司－中間者－部下の３人が１組となっているとする「３人１組論」やラインを支えるスタッフについて述べ、また、官僚制組織における主要な意思決定方式である稟議制について、これには二つの類型があることを見ていく。

　また、官僚制組織の中の職員の活動として最も重要と思われる政策立案活動について、政策の理論的構造に触れた上で述べ、こうした活動は理論どおりにいかず、「限界」があることを明らかにする。

　最後に、官僚制組織の外延部に位置し、政策執行を担うストリート・レベルの行政職員（官僚）の特徴と今後期待される役割について述べ、本章を閉じる。

第二部　行政学

1　官僚制組織内の職員の採用と執務形態－アメリカと日本

　第6章で述べたように、わが国の中央政府も地方自治体（地方政府）も基本的に官僚制組織で構成されている。もう一度確認しておくと、**官僚制**とは、独任制の長のもとに、組織の構成員がその職位に応じて上下関係からなる複数の階層（ヒエラルヒー）によって編制され、上位の階層に属する者の指揮命令によって、下位の階層に属する者の行動が規律される組織のことであった。公務員集団（職員）は、こうした官僚制組織の中で活動しているのである。

　現代では、官僚制組織の中で活動する職員は原則として**資格任用制**（**メリット・システム**）によって採用される。資格任用制とは、競争試験等に基づき、その成績や公務員としての能力を実証することによって採用される制度である。これに対して、第7代の**ジャクソン大統領**の時代にアメリカ合衆国で横行していた、選挙の勝利者がその支援者に官職を分け与える慣行は、**猟官制**（**スポイルズ・システム**）と呼ばれる情実任用の一種であった（イギリスの**パトロネージ**も情実任用の一種である）。スポイル(spoil)とは戦利品を意味し、選挙の勝利者にとって官職の付与権限はいわば戦利品だったのである（To the victor belongs the spoil＝「戦利品は勝者の物」という言葉がある）。アメリカにおいても、19世紀後半の**ペンドルトン法**の成立と合衆国人事委員会の設置によって、現在では資格任用制に基づく公務員の採用が行われているが、政治的任命職もかなりの数を占めているといわれている。

　しかし、同じ資格任用制を採用しているとはいえ、アメリカとわが国では任用の基本形態は異なっている。アメリカでは、官職が空席となるたびに、広く一般に公募して、当該官職を補充する**開放型任用制**をとっている。この場合、任用される者は、その官職を遂行する能力と専門性を有していることが条件となる。要するに、スペシャリストが求められているのである。これに対し、わが国では、新規学卒者などを入口において一括採用することを基本とし、ある

官職が空席となった場合には、一般的に官僚制組織内の人事異動等で補充する仕組みになっており、アメリカのように公募を行うことはない。これを**閉鎖型任用制**と呼んでいる。この閉鎖型任用制は、わが国の労働慣行である**新規学卒者の一括採用**だけでなく、**終身雇用制**、**年功序列制**と深く結びついているのである。また、職員の採用に当って要求されるのは、学歴、職種（行政職、技術職など）と関係する知識や協調性、ストレスに打ち克つ忍耐力など、将来の一般的公務遂行可能性であって、一部の専門職を除いて専門性はさほど要求されない。そうであるからこそ、職員はジェネラリストとして養成され、そのことが組織内人事異動による官職の補充を可能にするのである。

　上で、わが国の官僚制組織の職員には協調性が要求されると述べた。その理由は何であろうか。それは、わが国の官僚制組織では組織単位の職務分掌は明確であるのに対して、個々の職員の職務分掌は極めて曖昧となっており、少なからず相互の協力が要請されるからである。これは、執務形態にも表れており、わが国の官僚制組織では、課長から課長補佐、係長、末端職員などの階層を異にする職員が、同室で意思疎通を行いながら執務を行っているのである。こうした執務形態を、大森彌は、個々の職員が個室で執務する欧米の**個室主義**に対して、**大部屋主義**と名付けた。こうした大部屋主義をとるのは、わが国官僚制が、人員・予算・権限などの限られた資源を総動員して目標の実現を図る**最大動員型システム**であることにも影響を受けているとされる（村松岐夫）。ともあれ、大部屋主義においては、上司による濃密な指揮監督が行いやすいことに加え、職務に関する職員間の指導・助言が行いやすいという利点もある。この執務を通して行われる指導・助言は、OJT(on the job training) と呼ばれている（一方、職務を離れて研修所などで行われる研修は、Off JT(off the job training) ということがある）。なお、わが国の官僚制組織においても個室で執務を行う者もいるが、それは一部の高い階層（中央府省では大臣、次官、局長等、自治体では首長、部局長等）に限定されているのである。

2　職階制の形式的導入と挫折

　前節では執務の形態について見たので、次にこれと職員の職位とを関連付ける議論へと進むこととしたい。第二次大戦後、GHQは、わが国を訪れたフーバー顧問団の要請に基づいて、わが国の官僚制組織にアメリカで採用されている**職階制**（position classification system）を取り入れようとした。職階制とは、組織内のそれぞれの職務の種類、その内容、職責などを明確化し、それに基づいて職務を体系的に分類する制度である。そして、紆余曲折を経ながらも、法律上は国家公務員法の中に職階制が規定され、それに基づいて職階法（国家公務員の職階制に関する法律）まで制定されたのである。その後、職階制は地方公務員法にも規定されたが、（アメリカ占領下の琉球政府を除いて）実際には実施されることなく、2007年には国家公務員法の職階制の規定の削除と職階法の廃止がなされ、その後、すべての法律上の規定が削除され形式的な制度としても消滅した。職階制が実現しなかったのは、それが①入口での職員の一括採用、年功序列制、終身雇用制を基本とするわが国の労働慣行に適合しなかったこと、また、②わが国の大部屋主義の執務形態と職務分掌では導入が難しかったこと、③非定型的業務には適用しにくいものであったことなどがその原因といえよう。

　ただし、わが国では、給与法（国では一般職の職員の給与に関する法律、自治体では職員給与条例等）で、職員の給与をその職種と階層によって等級と号俸に区分し、職員の「格付け」を行っている。たとえば、行政職給料表において、部長及び部長相当職は11級、次長及び次長相当職は10級、課長及び課長相当職は8級などと区分し、それに対応する給料表に記載された給与を支給するのである。当然、昇格によって階層が上がれば、等級もスライドして給与も上がることになる。また、昇格せず階層が変わらない場合も、在職年数によって同一等級のより高い号俸の給与が支給される。こうした制度は職階制とはその本質において異なるが、職員のモチベーションを保持するために重要な「仕組み」

となっている。また、人事管理においては、在職年数とともに重要な役割を果たしている。つまり、人事部門は、昇格や人事異動を行う際、等級と在職年数の組み合わせ（マトリックス）を重要な要素としているのである。

3　ダンサイアーの「3人1組論」及びラインとスタッフ

　官僚制組織の構造に関して、イギリスの行政学者**アンドルー・ダンサイアー**は、「**3人1組論**」を主張している。「3人1組論」とは、官僚制構造は、上下の3階層のそれぞれに属する3人の職員の組み合わせを基本単位として、それを何重にも連結したもので、職員の行動様式は、上司・中間者・部下のうち中間者の役割に「集約」されるというものである。例として、最も分かりやすい局長・課長・係長をこの理論で説明してみよう。上の階層に属する局長は、一般的に与党の政治家や所管分野の企業の取締役などと日常的に接触する機会を多く持つ。こうした接触によって、局長は多様で広汎な情報を入手することになる。したがって、意思決定においては、これらの情報によって所掌分野に関する大局的な判断ができる立場にいる。しかし、自身の局内の課が所掌する個々の事務については、その具体的状況はおおよそのことは分かっていても詳細なところまでは分からない。それに対し、一番下位の階層に属する係長の場合、当然のことながらその所掌事務について詳細な知識や情報を持っている。この場合、中間階層に位置する課長には、必要な時には局長と面会し、情報の伝達・助言・提案などを行い、局長の指示・命令を係長に伝達する責務がある。また、係長からの提案を受けそれが適切でない場合には、課長自らが判断を示して係長に再検討を命じ、適切な場合には課長自ら決裁するか、決裁権がない場合には、局長に上申しその決裁を求める責務がある。要するに、中間者は、上からの情報を選別・分解・翻訳して下に伝達するという**トップダウン**の責務と、下からの情報を選別・集約・翻訳し上に伝達する**ボトムアップ**の責務を併せ有しているとするのである。コミュニケーション能力とは、上からの情報の選別・分解・

翻訳能力と下からの情報の選別・集約・翻訳能力の合成といえよう。

さて、今まで、命令系統一元化の原理に基づいて構成された組織形態、すなわち**ライン**を中心に述べてきた。しかし、組織規模が大きくなり職務が多様化すると、ライン型の組織編制だけでは諸課題に対応できなくなり、ラインの職務を補佐する職務が必要となる。この職務を担うのが**スタッフ**である。スタッフの起源はプロイセン軍隊の参謀本部だといわれている。辻清明によると、スタッフには、上級職を補佐する**一般的スタッフ**、調査研究などによってラインに対して勧告等を行う**技術的スタッフ**、庶務・会計・物資調達などによってラインを補助する**補助的スタッフ**があるという。村松岐夫は、ラインに対して助言を行うスタッフを**参謀的スタッフ**（いわばシンクタンク的機能）、何らかのサービスを行うスタッフを**オーグジリア的（補助的）スタッフ**と定義している。官僚制組織は、ややもすればライン系だけから成り立っていると思い込みがちであるが、規模が大きくなるに従い、必然的にラインを補佐するスタッフを必要とするのである。近年では、ラインに対してスタッフの比重・役割が高まっていると同時に、スタッフの地位も向上しているといわれている。

4　官僚制組織における意思決定方式－二種類の稟議制

ところで、官僚制組織においては、どのように意思決定が行われているのであろうか。それは、事案によって異なるが、その基本をなすのは**稟議制**である。稟議制とは、「ある事案を担当している末端職員がまずその事案の処理方針を記載した文書を起案すると、その後はこの起案文書がしだいに上位の席次の者へと順次に回覧されその審議修正を受け、これら中間者すべての承認が得られたときに、この成案をその事案の専決権者（最終意思決定権者）にまで上申してその決裁を仰ぎ、かくして専決権者の決裁が得られたときに、この事案は確定したことになるという文書処理方式」である（西尾勝）。軽易な事案は口頭（出張命令）や別の軽易な方法（たとえば、物品の購入は物品購入書、予算の支出

第 10 章　官僚制組織の制度的特徴と職員の役割

は支出命令書など）で済まされ、予算の概算要求や国会の答弁書など特定の事案については、特定の処理方式が用いられるが、官僚制組織における意思決定方式は原則として稟議制であるといってよい。

　稟議制には、**順次回覧決裁型**と**持ち回り決裁型**の二つの方法がある。法令等によって詳細な事項まで定められており、職員の裁量の余地が極めて少ない事案は順次回覧決裁型がとられる。それに対し、ある事業・施策の企画立案や新たな法令案等の策定などについては、裁量の余地が大きいことから、待ち回り決裁型が用いられる。前者の場合、上で掲げた稟議制の定義のように、末端（必ずしも末端とは限らない）の職員が起案した稟議書は、上位の席次の者の机上に置かれ、それらの者は稟議書の内容を逐次修正することによって、承認の印判を押す。最後に、当該事案の最終決定権を持つ専決権者（大臣や知事・市町村長が一般的であるが、彼らから事務決裁規則等によって委任されている職員（局長、課長等）の場合も多い。）が押印することによって当該事案が確定するのである。稟議書が集中する専決権者の机上には「未決」（未決裁）、「既決」（決裁済み）の木製の箱が置かれている場合も多い。順次回覧決裁型の場合、当該事案に関係する部署は稟議書を作成した部署に限られることが多いが、事案によっては所属部局の筆頭課（幹事課、主管課ともいう。）などにも合議（あいぎ）することがある。

　複雑なのは持ち回り決裁型である。たとえば、重要な事業や施策の企画立案は、そもそも一人の職員が行うことは極めて稀である。通常は、複数の職員が関わり、大部屋全体の職員が関与することも少なくない。中には、部課を超えて、あるいは府省を超えて調整が図られることも多い。こうした事案の場合、まずは係単位で会議を行い、係としての暫定案をもって課長との会議を行い、課長が修正を加えた上で部長・局長等との会議を行い、その会議による部長・局長等の意見を反映した修正案をもって関係他部局や関係府省等との会議を行い調整を図ることになる。こうして、すべての関係部局や関係府省等との調整が整った後、執政を担う大臣、知事、市町村長等への説明（レクチャーなどと呼ばれる。）

第二部　行政学

を行い、承認が得られると、末端職員（これも末端職員でない場合もある。）はその承認内容と一切違わぬように稟議書を作成するのである。この稟議書を作成した職員は、今度は当該事案に関係した部署のすべての関係者の印判を求め、当該稟議書を持参して持ち回るのである。そして、最終決裁権者の押印がなされると、当該稟議書の内容が確定することになる。稟議書の内容は、会議によって既に調整済みであることから、決裁までの時間は比較的短いといわれている。

　以上から分かるように、稟議制は、基本的に官僚制組織の階層（ヒエラルヒー）構造に忠実な意思決定方式である。

　近年では、属する階層が異なる複数の職員によって**プロジェクト・チーム** (PT) が設置されることもある。このチームの中では、職位を超えて意見が交わされることが通常である。こうしたプロジェクト・チームは、縦割り組織の思考・行動様式を離れ、衆知を結集しようという意図や縦割りの組織編制では不足しがちな「横のコミュニケーション」を補う意図があるが、ギューリックらが主張した**命令系統一元化の原理**を放棄しているだけでなく、官僚制組織のヒエラルヒー構造も放棄しているといわれることもある。こうした論者に対して、プロジェクト・チームの結論は、ほとんどの場合、官僚制組織のヒエラルヒー構造によって変容を余儀なくされるので、あくまでもそれを補完するに過ぎないと指摘する者もある。

5　官僚制組織における職員の政策立案活動とその「限界」

　官僚制組織の中で、職員（公務員集団）は具体的にどのような役割を果たしているのであろうか。職員の活動については、様々なものが考えられるが、とりわけ重要なのは、各府省の大臣や地方自治体の首長の補助機構として**政策立案（政策形成）**を担うことや具体的な政策を執行することだといってよい。そこで、次に、職員の政策立案にかかる活動について見ておくことにするが、その前に、ここでいう**政策**とは何かについて若干述べておきたい。

第 10 章　官僚制組織の制度的特徴と職員の役割

　政策とは「一般に個人ないし集団が特定の価値（欲求の対象とするモノや状態）を獲得・維持し、増大させるために意図する行動の案・方針・計画」（大森彌）のことである。あるいは、「あるべき状態」と「現実の状態」との乖離を解消・縮小するための方針・手段と定義することもできる。こうした政策のうち、特に政府が意図する行動の方針は**政府政策** (government policy) といい、ガバナンスの時代にあっては**公共政策** (public policy) の一部を占めるに過ぎないことへの留意が必要である。

　ともあれ、こうした政策を立案する段階で、職員は、狭義の政策－施策－事務事業という階層から構成される**政策体系**（これが**広義の政策**となる。）を意識するとともに、階層間の**目的・手段の連鎖構造**に留意しなければならない。ここでいう政策体系とは、その全体をピラミッド型の階層構造と捉え、最上位の階層には、特定の行政課題に対応するための基本的な方針である**狭義の政策**が位置し、次の階層には狭義の政策を実現するための具体的方策である**施策**が位置する。そして、最下層には、施策の具体的方策を具現化するための個々の行政手段である**事務事業**が位置することを意味する（図参照）。また、階層間の目的・手段の連鎖構造とは、今の階層の説明から分かるように、最上位に位置する狭義の政策の目的を達成するための手段として施策があり、その施策自体の目的を達成するための手段として事務事業が存在するといったように、各階層間の関係が目的と手段の連鎖になっていることを意味する。一例を挙げると、商業振興関係の政策体系（広義の政策）は、その一つに「中心市街地の活性化」という狭義の政策が位置し、この狭義の政策の目的を達成する手段として複数の施策が必要とされ、その一つとして「中心市街地への公共交通の利便性の向上」が考案され、次に、この施策の目的を具現化する複数の手段が考案され、その一つとして「公

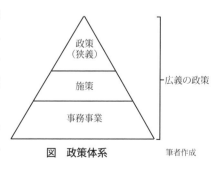

図　政策体系　　　　　　　　筆者作成

共交通機関の運営に対する補助金の交付」や「NPOによる市街地でのイベントの実施」等の事務事業がなされるということである。なお、実際には、この政策体系は三層に截然と区分されているというわけではないし、目的・手段の連鎖構造も漠然としていることが多いが、理論的には、こうした連鎖構造が成立していない限り、問題の解決は望むべくもないのである。

　さて、こうした政策立案にかかる活動は、法案（自治体では条例案）の作成か予算案の作成という形式を伴うことが多い。したがって、先に見た稟議制も政策立案の一過程と見ることができる。この稟議制においては、担当者が問題解決のために最適な手段を案出し、それがそのまま実際の政策に結実するといったケースは極めて例外的である。換言すると、「政策はつねに、力のベクトルの合成のように、関係者間の妥協の産物として形成されたものにすぎない」（西尾勝）のである。これには、上司による部下の政策立案の修正という要素も当然あるが、それ以上に重要な要素は、**セクショナリズム（割拠性）** の存在である。

　今村都南雄は、セクショナリズムを「権限や管轄をめぐる省庁間の対立・競争」と定義しているが、ここでの文脈でいえば、「省庁間」だけでなく、「官僚制組織内の部署間」の対立・競争も含める必要があるだろう。たとえば、前者（省庁間）でいえば、真淵勝が例示しているように、幼保一元化をめぐる文部科学省と厚生労働省の対立がある。都市部においては、文部科学省が所管する幼稚園は定員割れを起こしているところがある一方、厚生労働省が所管する保育所では待機児童が出ていることから、幼稚園と保育所を統合して幼保一元化を図ろうとしても、両省とも各施設の役割の違い（幼稚園は教育施設、保育所は福祉施設）を主張して進まないという問題は、まさにセクショナリズムの好例である。後者（官僚制組織内の部署間）でいえば、たとえば、地域におけるエネルギーの自給自足を目指して太陽光発電を促進するため、ソーラーパネルの設置経費の補助を拡大しようとするエネルギー関係の部署と、ソーラーパネルの乱立によって景観が損なわれることを防ぐため、景観条例を今まで以上に厳しくしようとする景観行政関係の部署とが対立し、景観条例の改正がなかなか進まないこと

などが挙げられよう。

　セクショナリズム以外にも、官僚制組織における職員は、選挙によって国民（住民）から選ばれたという意味で正統性を持つ政治家の補助機構に過ぎないことから、その意向を無視した政策立案は難しいということもある。特に首長や与党の選挙公約については、その実現が極めて難しい場合であっても、公約の少なくとも一部は実現したという形の政策立案をしなくてはならないであろう。そして、この場合、政治家の意向の反映や選挙公約との関係などは、官僚制組織内の上位の階層によって判断されるケースが多いのである。したがって、下位の階層の職員が作成した政策案は上位階層の段階で修正が加えられることになる。

　このほか、予算の制約との関係で、職員は、自らの意に沿わない政策を立案しなければならないこともある。これは、事業担当部署と予算担当部署との対立である。また、自治体の場合、中央政府からの有形・無形の「圧力」・「関与」によって、行わなくても良い政策の立案を「強要」されることもある。これは、政府間関係（中央・地方関係）の歪みが原因である。

　政府のみで政策を立案する場合でさえ、このような問題を抱えているのであるから、政府、NPO、ボランティア、民間企業、市民等による協働、つまりガバナンスという形での政策立案においては、立場や作動条件が根本的に異なるアクター（主体）ないしステイクホルダー（利害関係者）が関係してくるため、関係者間の調整は容易ではなく、政策の立案に向けた政府の舵取りはこれ以上に難しくなるといえよう。

　さて、政策立案にしても予算作成にしても、職員は全てを一から積み上げていくのであろうか。それでは、時間がかかり非効率である。そこで、官僚制組織の中で既に合意を見ている部分については議論を行わず、新たに変える部分についてのみ議論を戦わすことが多い。こうした手法を**インクリメンタリズム**あるいは**漸変主義**、**漸進主義**という。それに対して一から積み上げていく手法は**ゼロベース**から見直す手法である（**ゼロベース予算**など）。新たな制度の導入

や根本的な改革が必要とされる場合には、この手法が採られるが、実際には、こうしたケースは極めて少ないといえよう。

6　ストリート・レベルの行政職員とその重要性

本章の最後に、**ストリート・レベルの行政職員（官僚）**(street-level bureaucrats) について述べておくことにしよう。本省・本庁において勤務する形態を内勤という。**内勤職員（デスクワークの職員**という場合もある。）は上で述べたような政策立案に関与することもあるが、それ以上に多いのが日常的業務（ルーティンワーク）である。ルーティンワークは、標準作業手続き (SOP) が定められていることが多く、また職員が行使できる裁量の余地は限られており、法令を逸脱することは当然に許されない。とはいえ、法令によって物事を事細かに定めることは不可能であることから、これらの職員も案件に応じて許容される範囲の裁量を持ち合わせている。こうした裁量を**法適用の裁量**という。内勤職員は、大部屋において上司と対面しながら濃密な指揮監督を受けているので、自らが行った裁量行為も上司によって直接に評価されることになる。これに対し、本省・本庁とは離れた場所で、「外回り」を行いながら国民や住民（対象者）と直接に接し勤務する形態を外勤という。こうした**外勤職員**のことを行政学者の**マイケル・リプスキー**は、ストリート・レベルの行政職員と呼んでいる。その代表例は、交番勤務の警察官や福祉のケースワーカー、公立学校の教員、公立病院の医師・看護師などである。彼らの上司は本省・本庁・本部といわれるところにいるため、ストリート・レベルの行政職員と上司との接触は希薄であり、直接の指揮命令を受けることは極めて稀である。それだけでなく、ストリート・レベルの行政職員の業務には内勤職員の通常業務であるルーティンワークとは異なり、手順に拘束されない業務・突発的な業務が極めて多いこと、またその業務は専門性が高いことなどから、彼らは内勤職員が持つ法適用の裁量に加えて、**エネルギー振り分けの裁量**をも有するのである。エネルギー振り分け

の裁量とは、極めて多くの業務の中で、自らのエネルギーをどの業務にどれくらい配分するかについての裁量のことである。リプスキーは、ストリート・レベルの行政職員については、その行動を規律し統制することが極めて困難であると指摘したのである。

　しかし、ストリート・レベルの行政職員だけでなく、一般的に、職員は人事異動で国民・住民と直接に接する業務を担うことも多く、そうした現場での経験が、後の人事異動で企画立案を担当する部署に異動した際に、国民・住民が真に望む行政サービスの提供に結びつく政策立案に寄与することになる。また、ガバナンスの時代にあっては、現場を担当する職員が、国民・住民と協働して政策を実施することになることから、ストリート・レベルの行政職員の役割はますます重要になる。これらの職員の規律・統制が難しいことはそのとおりであるが、関係する分野の政策立案への参加やガバナンスにおけるファシリテーター（促進者）として責任ある仕事を任せることなどによって、インセンティブやモチベーションを付与すれば、組織の中での自らの位置づけも高まり、それに応じた働きをすることにつながると考える。

（外川伸一）

〈考えてみよう〉

1　わが国では、なぜ職階制が取り入れられなかったと思うか。わが国の公務員の労働慣行と結びつけて答えなさい。

2　官僚制組織における意思決定の方式について、具体例を挙げて答えなさい。

3　ダンサイアーの「3人1組論」を、上司を課長、中間者を係長、部下を係員として、具体的な事例で説明しなさい。

4　官僚制組織の中でストリート・レベルの行政職員のモチベーションを向上させ、濃密な統制がなくても組織に大きな貢献ができるようにするためには、具体的にどのようなことが考えられるか答えなさい。

第二部　行政学

【発展的学習のための参考図書】
本章の内容をもっと詳しく知りたい学生は、以下の文献のいずれかを読み通してみよう（本章も、これらの文献を参考にしている）。

1．伊藤正次・出雲明子・手塚洋輔『はじめての行政学』有斐閣、2016年。
2．曽我謙悟『行政学』有斐閣、2013年。
3．辻清明『行政学概論（上巻）』東京大学出版会、1966年。
4．西尾隆『現代の行政と公共政策』放送大学教育振興会、2016年。
5．西尾勝『行政学[新版]』有斐閣、2001年。
6．原田久『行政学』法律文化社、2016年。
7．真淵勝『現代行政分析（改訂版）』放送大学教育振興会、2008年。
8．真淵勝『行政学』有斐閣、２００９年。
9．真淵勝『行政学案内（第2版）』慈学社出版、2009年。
10．村松岐夫『行政学教科書－現代行政の政治分析[第2版]』2001年。
11．森田朗『新版・現代の行政』第一法規、2017年。

第 11 章
政策過程と政策手法

> 現代民主制においては、政治行政（あるいは統治）の正当性や有効性は「政策」によって左右される部分が大きい。選挙において政策が重視されるのはそのためである。政策の実態を把握するためには、第三部で取り上げるような政策の「内容」について知ることに加えて、政策の「過程」や「手法」についても理解しておくとよい。この章では「政策過程」と「政策手法」という考え方について、具体的な事例を交えながら学ぶことにする。

1 政策とは何か

公共政策（public policy, 以下「政策」という。）は、多義的な概念であるが、ここでは「**公共問題を定義づけて、その解決をめざす方策**」としておく。「公共問題を定義づける」とは、政策によって解決をめざすべき「公共問題」とは何かを特定し、政策課題を定義づけること、を意味する。政策の「目的」設定にかかわる側面である。「その解決をめざす方策」とは、特定された政策課題を解決するためにどのような方法手段を用いるかを特定することを意味する。政策の「手段」設定にかかわる側面である。

2 政策過程の2つの見方

政策過程の動態（ダイナミズム）を理解するためには、次の2つの観点が有効である。第1は、「政策の移転」という見方である。第2は、「政策のサイクル」という見方である。

まず、**政策移転**（policy transfer）とは、政策（制度、アイディア、手法）などが国や自治体の境界をこえて「移転」あるいは「波及」することに注目した見方である。政策はたびたび「国境」や「県境」をこえて広がる。この中には、国（中央政府）の政策に自治体が「横並び」で従う場合や、逆に自治体の政策が国に採用される場合、あるいは自治体間で相互学習しながら政策の革新が波及する場合などが含まれる。政策の「相互依存」ともいえよう。

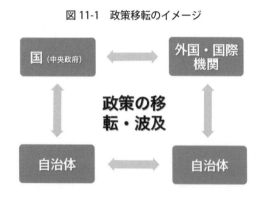

図11-1 政策移転のイメージ

たとえば、国の政策に自治体が「横並び」で従うようなケースとしては、人口減少対策として打ち出された政府の「まち・ひと・しごと創生（地方創生）総合戦略」の事例などがある。逆に、公害防止条例や情報公開条例、景観条例などは自治体が先導して、国の法律制定に影響を及ぼした事例の典型である。また、行政評価制度や自治基本条例の制定などは、自治体間で相互学習しながら広く自治体に波及した政策の事例といえる。

次に、**政策サイクル**（policy cycle）とは、政策が1回限りの事象ではなく、ライフサイクルのように誕生→成長→成熟→衰退といった一連のステージからなるサイクルであることを強調する見方である。一般的には、**課題設定→政策**

立案→政策決定→政策実施→政策評価→（課題再設定または政策終結）・・・といったサイクルが想定される。

図 11-2　政策サイクルのイメージ

このうち、課題設定〜政策決定に至るまでのプロセスを、特に「**前決定過程**」とよぶ場合がある。この前決定過程は、冒頭で述べたような「公共問題を定義づける」過程として重要である。また、「政策実施過程」は、一見すると機械的な実施手続きだと思われやすいが、実際には、どのような具体的な方策を選択し、それをどのように現実社会に適用していくかを事実上決定する、重要な意思決定（裁量）を含んだダイナミックなプロセスであることが研究によって明らかにされている。さらに、「政策評価」は、比較的最近になって注目され制度化されるようになった見方で、これは主に政策を実施した後の「**政策結果**（policy outcome）」に着目して、政策結果の**経済性**（economy）・**効率性**（efficiency）・**有効性**（effectiveness）を測定し検証する3Eの観点を強調する考え方である。政策サイクルは、これらのステップを経て、政策の見直しや変更を行うことで、次のサイクルに移ることを想定している。なお、政策の見直しや変更のうち、政策自体の中止や廃止を含む抜本的な変更の場合を「**政策終結**」とよぶこともある。

3　政策手法の3類型

実際の政策は、多様な手法を用いて具現化される。政策を具現化する手法を「**政策手法**（policy instruments）」とよぶ。政策手法という観点からみて、政策に期待されている社会的機能とは、その道具を用いて、公共空間における人々

の意識や行動が「政策的に望ましい」と想定された状態に近づくように働きかけることである。

　こうした働きかけを行う方法には、大別して3つの類型が考えられる。第1の類型は、一定の順守すべき規準を示して、特定の行動の禁止や抑止を求める方法である。これを「**規制手法**」とよぶ。第2の類型は、特定の行動を誘導する物的、経済的な誘因（incentive）を提供する方法である。マイナスの誘因（disincentive）を設定することで、特定の行動を回避するように誘導する場合もこれに含まれる。この方法を「**経済手法**」とよぶ。第3の類型は、情報の提供や学習の機会を提供することによって人々の公共意識を変え、それを通じて望ましい安定した公共行動を誘発しようとする方法である。これを「**情報手法**」とよぶ。

　規制手法は、ルールを守らない人々に罰則を科したり一定の社会的制裁（名前の公表など）を加えたりするなど、人々の自由や権利を制約する側面を伴うために、法律または条例を制定して法的根拠づけを明確化することが必要となる。たとえば、ごみの不法投棄を処罰する廃棄物処理法（5年以下の懲役または1000万円以下の罰金が科せられる）とか、歩きたばこや路上へのたばこのポイ捨てを禁止する路上喫煙禁止条例（2002年全国で最初に歩きたばこ条例を制定した東京都千代田区では違反者に対して行政罰である2000円の過料が科される）、広告塔や広告板などの屋外広告物の設置について、その表示・掲出を原則として認めない禁止規定や一定の条件を課す制限規定などを定める屋外広告物条例など、様々な政策分野で規制手法は応用されている。

　経済手法は、財・サービスを提供する手法と金銭的誘因を提供する手法とからなる。財・サービスの提供とは、保健・福祉・教育などの行政サービスや道路・公園・学校などの公共施設の建設運営による現物サービスの提供をさしている。これに対して、金銭的誘因を提供する手法とは、補助金の交付、税制の優遇措置、貸付金や利子補給、保険など財政、税制、金融、社会保険などの手法を用いるものである。また、マイナスの誘因（コスト）を設定することで、コストの負

担を回避しようとする行動を誘発する手法として、ごみの排出抑制をめざす一般ごみの有料化（有料の指定ごみ袋での収集）や、**市場原理**を用いて二酸化炭素の排出量の抑制をめざす**環境税**の議論などがある。

情報手法とは、知識の移転、情報の提供、コミュニケーション、説得などを通じて人々の認識や信念、価値観に働きかけ、その変容の可能性を広げて長期的に安定した公共行動を誘発しようとする手法である。行政広報誌やホームページなどのメディアによる情報の伝達から、調査、表示、セミナー、体験学習、ワークショップ、相談などの対人的伝達まで、多様な手法がある。

図 11-3　政策手法の 3 類型と政策パッケージ

これらの 3 類型の政策手法の関係は、その政策の対象となる人々の選択の余地が大きいかどうかを物差しとした「強制力の程度」で比較すると、一般論として、規制手法が一番強制力が強く、経済手法が中間的、情報手法が最も弱いということなる。また、これらの政策手法は、規制手法をコア（中核）としつつ、経済手法および情報手法と組み合わさり、「**政策パッケージ**」として相互補完的に機能することで政策効果をあげることが可能となる。

4　山梨県の森林環境税の事例

上に述べたような政策過程と政策手法の考え方を、具体的な事例に当てはめて学ぶことにしよう。以下では、山梨県**森林環境税**の事例を取り上げる。

（1）森林環境税導入の背景

山梨県は、県土の約 78％を森林が占める全国有数の森林県である。森林は、

洪水や土砂災害から人々の生命や財産を守るだけでなく、二酸化炭素を吸収して地球温暖化を防止するなど、重要な**公益的機能**を担っている。また、林業の振興や豊富で良質な地下水資源の涵養など私たちの生活や産業に直結する機能を有している。そのため、適正な管理を通じて、森林を将来にわたり良好な状態に保つことが重要な政策となる。

　山梨県の森林の所有形態をみると、全森林面積 347,564ha のうち、国有林 1％（4,645ha）、県有林 46％（158,243ha）、民有林 53％（184,676ha）となる[16]。森林面積に占める県有林の割合が全国 1 位ということが山梨県の特徴となっている。そのため、森林環境部県有林課を中心とした県有林の適正な管理を通じて、他県にくらべて県全体の森林管理を適正に実行できる好条件が備わっているといえる。

　しかしその一方で、53％を占める民有林については、他県と同様、十分に適切な森林管理が行えているわけではない。民有林のうち、特に個人等の所有にかかる「私有林等」124,679ha、全森林面積の 36％については、林業の不振、林業従事者の高齢化と後継者不足などにより、手入れが行き届かず、間伐[17]等が行われずに放置され、荒廃が進んでいる森林も少なくない。これまで、民有林の管理は所有者の自己責任による原則に立ち、その上で国や県の補助金を利用して民有林の間伐等を促進する政策も併用されてきたものの、補助金を受けても間伐をするとなお赤字になるなど、必ずしも有効な対策とはならなかった。その結果、民有林の荒廃がますます進行し、森林全体のもつ公益的な機能をも損ないかねない事態が憂慮されるようになってきた。

16　山梨県林業統計書平成 27 年 3 月 31 日現在による。
17　間伐とは、成長に伴って混みすぎた立木を一部抜き伐りすること。間伐未実施で放置されている森林は、林内が暗く、下層植生が消失し、表土の流出が著しく、森林の水源かん養機能が低くなる。幹が細長い、いわゆる「もやし状」の森林となり、風雪に弱くなる。林野庁 HP　http://www.rinya.maff.go.jp/j/kanbatu/suisin/kanbatu.html

（2）前決定過程における政策課題の設定

こうした状況に対して、山梨県の政策対応には、試行錯誤がみられた。

最初の**課題設定**は、地方分権一括法が施行された平成 12（2000）年に天野建元知事が提案した「ミネラルウォーター税」構想である。これを受けて、平成 12 年 7 月には県職員による山梨県地方税制研究会が設置され、天野知事の後継者である山本栄彦元知事に対して平成 17（2005）年 3 月に報告書[18]を提出している。その中で、水源の涵養機能を有する森林の整備保全や地下水資源の保全を目的として、全国 1 位のシェア（2005 年 41％）を誇る県内のミネラルウォーター製造事業者に対して 1ℓ につき 0.5 円（税収見込み 25 千億円余）を課税するという、ミネラルウォーター税を環境目的税（法定外目的税）として新設することを提案した。この報告書は、地方分権改革を受けて「環境日本一」の山梨をめざすという気概に満ち溢れていた。

このミネラルウォーター税構想は、水源涵養税の一種である。そのため、地下水を大量に汲み上げている IT 事業者などは対象外で、なぜミネラルウォーター製造事業者だけが課税されるのか、といった猛反発が日本ミネラルウォーター協会をはじめ関係業界からあがった。こうした税の公平性をめぐる論点は、法定外目的税の新設についての国（総務省）との事前協議でも難航の原因となった。

そこで県は、租税法等の学識経験者や産業界・消費者の代表者など 11 人で構成する「ミネラルウォーターに関する税」検討会を平成 17 年 6 月に設置し、5 回の会議を重ねて再検討することとした。そして、平成 18（2006）年 7 月に提出された『「ミネラルウォーターに関する税」検討会報告書』では、課税の必要性やその背景について理解を示しつつも、「納税義務者が特定かつ少数の者に限定され過ぎていること、ミネラルウォーター業界の受益が、他の業界の地下水利用からの受益よりも、特別に大きいとする根拠を客観的に示すことが困

---

18 山梨県地方税制研究会,2005 年 3 月,『「ミネラルウォーターに関する税」についての報告書——山梨県の特性を活かした環境目的税を目指して』http://www.pref.yamanashi.jp/zeimu/documents/05170394955.pdf

難であること、から、積極的に評価することは難しく、慎重に対応していくことが望まれる」[19]、とする検討結果をとりまとめた。また、平成 19（2007）年の知事選で、激戦の末に山本知事が破れ、横内正明知事が誕生したことで、ミネラルウォーター税構想は、その政治的推進力も失った。これにより、ミネラルウォーター税構想はとん挫することとなった。

その後しばらくの間、この問題は山梨県の政策課題の表舞台から消えることとなる。

（3）森林環境税をめぐる政策の移転・波及の進展

一方、同様の政策課題を抱える府県では、荒廃する森林の保全・管理について山梨とは異なる新たな方式による費用負担の議論が進んでいた。その代表例は、「水道使用料金への課税方式」と「県民税への上乗せ方式」の2つの可能性である。地下水の特別受益に課税しようとしたミネラルウォーター税構想は、「水道使用料金への課税方式」の変形ともいえる。

その中で先陣を切ったのは、高知県である。高知県は、平成 15（2003）年4月に森林環境税を導入した。その課税方式は、「県民税均等割超過課税」で個人および法人に対して県民税に一律年間 500 円を上乗せするものである。ほぼ同時期に水道事業者への課税の可能性を検討していた岡山県も、結局それを断念して、翌平成 16（2004）年4月に高知県方式とほぼ同様の「おかやま森づくり県民税」を導入した。これによって、森林環境税の大勢はほぼ決した形となり、平成 21（2009）年までに高知県を含む 30 県に「森林環境税」方式が移転・波及することとなった。そして、平成 28 年6月末時点で林野庁が取りまとめた資料によれば、37 府県で「森林環境税」が導入済みである[20]。

なお、こうした府県への**政策波及**をふまえて、2017 年現在、国においても

19　同上報告書6頁。
20　山梨県,2016 年 10 月,『森林環境保全基金事業第 2 期計画』による。

森林環境税の創設が検討されるようになっている。国の税制のあり方によっては、税負担をめぐる国・地方関係に少なくない影響を及ぼす可能性がある。

（4）山梨県における森林環境税の導入——政策の立案から決定へ

山梨県では、ミネラルウォーター税構想失敗の経験と、いまや全国の大勢となった森林環境税方式を踏まえて、平成21（2009）年、学識経験者等で構成する「環境と森づくりを考える税制懇話会」を設置し、荒廃が進んでいる民有林の整備に関して新たな費用負担原則のもとでの公的関与や県民等の参加のあり方について検討することとなった。**政策立案**の再開である。その報告書では、森林の公益的機能を保全維持するためには「森林所有者や林業関係者など一部の人の自助努力のみに委ねるのではなく、これからは、県民全体で取り組んでいくことが重要」として、森林環境税の導入を提言した。これと並行して、県民アンケート調査や県内各地で住民との意見交換会などが行われ、概ねその趣旨に賛成との意見が得られた。

また、県議会でも、一部の議員から増税反対の立場から反対意見があったものの、森林の公益的機能の維持や民有林の荒廃対策の必要性について大きな異論はなく、平成23（2011）年9月定例会において「森林及び環境の保全に係る県民税の特例に関する条例」が可決成立した。**政策決定**である。これにもとづき、平成24（2012）年4月から森林環境税が施行された。

（5）森林環境税等にもとづく森林環境保全基金事業の実施——政策の実施

山梨県の森林環境税も、高知県をはじめ他府県と同様、県民税均等割の超過課税方式を採用し、個人年額500円、法人年額均等割額の5％を課すこととし、年間約27千万円前後の超過課税額が想定された。その税収（超過課税分）を「基金」に組み入れ、それを活用して荒廃林再生事業、里山再生事業、広葉樹の森づくり事業などを実施するものとした。**政策実施**のスタートである。こうした諸事業を計画的に実施するために策定されたのが「森林環境保全基金事業計画」

第二部　行政学

（平成 24 年度～平成 28 年度までの 5 か年計画）である。この超過課税分の 5 か年の合計は約 13 億円である。「基金」は、関連する国庫補助金と併用してこの事業計画に充当される。

この計画に位置づけられる最大の事業が、「荒廃林再生事業（針広混交林化）」である。荒廃した人工林を間伐して針葉樹と広葉樹が混じり合った森林に誘導したり、間伐に必要な森林作業道を開設したり、獣害からの保護対策を行うといった事業に対して、10 分の 10 の補助を行う補助事業である。平成 24 年から 28 年までの 5 年間に行われたこの事業の成果は、3,871ha に対して 19 億 7850 万円余がつぎ込まれた。ちなみに、民有林全体 184,676ha に対する実施率は 2％、私有林等の全体 124,679ha に対する実施率は 3％に相当する。

（6）事業実施後の検証・評価と計画の見直し──政策の評価と課題の再設定

平成 28 年度をもって第 1 期の森林環境保全基金事業計画が終了したが、それに先立って「森林環境保全基金運営委員会」による計画の成果の検証と計画の見直しについての検討や現場でのモニタリング調査が行われた。また、県政モニターや企業を対象とした森林環境税に関するアンケート調査が実施された。**政策評価**とその結果に基づく課題の再設定の段階である。その結果をふまえて、制度の継続を前提とした、平成 29 年度～33 年度までの第 2 期 5 か年計画が決定された。それによれば、第 1 期に約 3,900ha の荒廃森林の整備などを実施し一定の成果があったが、依然荒廃した民有林が存在する。そこで、荒廃森林の再生事業の目標を、5 年間で 3,850ha、総事業費約 20 億 8,800 万（うち森林環境税充当分約 11 億 3,200 万円）と定めることを決定している。その他、里山林の再生、県産材の利用促進、森づくりに対する理解と参加の促進等の施策を計画に位置づけ、計画全体の総事業費を 24 億 9 千万円（うち森林環境税充当分 13 億 5,400 万円）とした。

こうのようにして、森林環境税とそれにもとづく森林環境保全基金事業は、次の**政策サイクル**へと再スタートすることとなった。

第11章　政策過程と政策手法

（7）基金事業における政策手法の実際

最後に、この森林環境保全基金事業（以下「基金事業」という。）の実施に採用されている具体的な**政策手法**をおさらいしておこう。

「基金事業」全体の仕組みは、図11-4に示すとおりである。

図11-4　山梨県の森林環境保全基金事業の仕組み

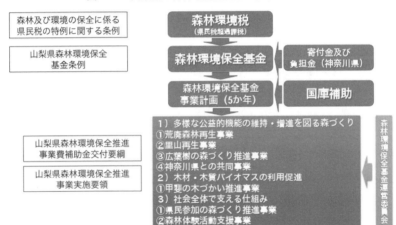

まず、この事業の中核となっているのは、「森林環境税」の賦課を可能にしている**条例**の存在である。この条例は、高知県を嚆矢として全国の府県に移転・波及し、結局、山梨県でも採用されることとなったものである。その内容は、各府県で微妙に異なるものの、地方税法に定められた普通税である住民税（府県民税）の均等割に対して、個人については年額最低300円（大阪府）から最高1200円（宮城県）を、また法人については均等割額の5～10％増を、それぞれ一律に上乗せして賦課する「超過課税」方式を採用するものである[21]。こ

21　ただし、個人について神奈川県は均等割300円と所得割0.025％増、また法人について神奈川県、京都府、大阪府は超過課税なし、高知県は年500円、となっている（平成28年6月末現在）。

のように、寄付や募金と違い、いわば強制的に費用負担を住民に求める税の賦課の場合には、たとえそれが納税者の多くの賛同を得るものであるとしても必ず法律や条例の根拠が必要となる。これも**規制手法**の一つが応用されている。

しかし、この住民税の「超過課税」方式は、税の区分からみると**普通税**に分類されるものであるため、ミネラルウォーター税構想がめざしたような特定の目的にしか使えない**目的税**と異なり、理論的には使途を特定しないで自由に使うことができる。このことは、森林保全事業に使途を限定することを条件として住民が同意した税収が、まったく別の行政目的に転用されたとしても法的には問題がないことを意味する。この矛盾を解消し、その転用を監視するための手法が、「森林環境保全基金」という仕組みである。「基金」とは、特定の目的のために設ける財産で、地方自治法（第241条）によって基金の設置を行う場合、必ず条例を制定しなければならない。山梨県の場合も「森林環境保全基金条例」が制定され、森林環境保全の施策の実施のためという設置の目的、森林環境税による収入相当額を積立てなければならないなどの積立ての内容などが規制されている。この条例によって、「基金」の運用を監視することが可能となっている。

具体的な施策や事業は、この「基金条例」を根拠として行われる。

どのような施策や事業を、いつからいつまで、どの程度の経費をかけて実施し、どのような効果をどの程度あげるかについて、あらかじめ予測し見積もったものが、「森林環境保全基金事業計画」である。一定期間継続的に事業を実施していくために採用される手法が「**計画**」である。この計画を詳細に検討することによって、どのような政策手法が採用されているのかが理解できる。どのような政策手法が採用されているのかを理解することによって、その施策や事業の目的や本質（あるいはその限界や課題）も見えるようになる。

第2期計画において総事業費の83％を占める最大の事業は、いうまでもなく図11-4に示した多様な公益的機能の維持・増進を図る森づくりの中の①「荒廃森林再生事業」である。そこで単純化のために、この事業に焦点をあて、その事業実施に採用される政策手法を検討してみよう。

この事業の主な内容は、民有林のうち、荒廃した人工林を間伐し、針葉樹と広葉樹が混じり合った森林に「誘導」することである。そのための誘導手段として活用されるのが、**補助金**である。具体的には、「山梨県森林環境保全推進事業費補助金交付要綱」という行政文書の中に、補助の目的、対象の要件、交付の条件、補助対象経費、補助率、その他の手続などの基準の大枠が示される。さらに、その「要綱」の具体的な実施の内容と方法を詳細に示した文書が「山梨県森林環境保全推進事業実施要領」である。

　これらの**要綱・要領**には、補助を受けられる「間伐」の対象森林（すなわち「荒廃」の程度）の技術的定義や「間伐」の技術的作業内容などが定義されると同時に、補助金の支給率（間伐の補助率は、造林補助事業標準経費から造林補助金を控除した経費の 10 分の 10 以内）などが定められている。このことから、この基金事業の主たる目的が、間伐等に対する従来の国庫補助事業等を補完し、それに補助率を最大 10 分の 10 まで上乗せすることによって、これまでより強い経済的誘因を提供するものであることがわかる。従来の補助率では民有林の荒廃を食い止めることができないので、さらに補助率を上乗せして間伐等の推進を誘導しようとする典型的な**経済手法**の活用である。

　しかし、そうなると、次のような懸念が生まれる。有利な補助金を利用して山林の整備をした所有者が、その山林の樹木を皆伐して売り払ったり、あるいは、その山林をゴルフ場などの別の用途に転売したりした場合、そもそも森林の公益的機能を維持保全するための政策として実施した荒廃森林の再生とはまったく相いれない結果を招きかねないのではないか。公費（税金）に「**ただ乗り**」して私腹を肥やす結果にならないだろうか。

　そこで、こうした懸念を払しょくするために採用されている手法が、「森林所有者の行為の制限等」を定める規定の整備である。具体的には、荒廃森林再生事業を行う場合、20 年間の皆伐及び下層木の伐採等表土を流出させるおそれのある行為の禁止、30 年間の林地の転用の禁止、が要綱・要領に定められている。そのため、森林所有者や森林組合等と県が「協定」を締結し、その中でこうし

た禁止事項を定めると同時に、それに違反した場合、補助金相当額の返還を義務づけることとなっている。これは、一種の規制手法でもあるので、この補助事業は、経済手法と規制手法の混成であるといえよう。ただ、協定違反の制裁が「補助金相当額」の返還だけというのは、違反行為による経済的メリットがその制裁のコストを上回る場合には、規制が十分に機能しないおそれもある。

　いずれにしても、この政策が採択されるに至った元々の原因は、安価な輸入材市場に太刀打ちできない国内の林業経営の不振にあり、木材の伐り出しや間伐などの維持管理のコストさえ回収できずに赤字になることにあった。市場原理が働かなくなっているのである。そこで、民有林の私的所有者が本来であれば自己責任で行うべき山林の管理について、税金を投入し公的な介入によってそれを補完することが、新たな政策課題とされた。そのためには「公的介入」を正当化する「理念」が不可欠である。それが森林の「公益的機能」である。荒廃森林の増加は森林の公益的機能を阻害しかねない、だから税金を投入してそれを守る必要がある。しかし、その「公的介入」は、あくまで私的所有を前提として、公益的機能を回復できるよう「誘導」するにすぎない。そのため、私的所有者が、この補助事業によって得た森林の新たな付加価値を「私的利益」のために転用しようとすれば、それを法的に規制することは困難となる。ここに**要綱行政**の限界もみることができる。それ以上に踏み込んだ法的規制が可能なのかどうかは、森林や地下水の「**公共性**」をめぐる議論ともからんで、今後の大きなテーマの一つである。

　おわりに、再び基金事業の全体構成（図 11-4）に目を向けてみよう。甲斐の木づかい推進事業は、学校の机などの備品に県産材を活用する取り組みに助成する経済手法だが、実質的には児童生徒等に県産材の良さを実感してもらうための一種のデモンストレーション事業（情報手法の一つ）である。また、「社会全体で支える仕組み」として掲げられている「県民参加の森づくり推進事業」や「森林体験活動支援事業」も、森林環境税が広く薄く県民全体によって支えられていることを受けて、その周知・PRを兼ね、森林の公益的機能や荒廃林の

再生の現場を見学・学習することを目的として実施される体験学習（**情報手法**の一つ）である。そして、学識経験者等の外部委員からなる森林環境保全基金運営委員会が基金事業全体の運用状況を定期的にモニタリングすることにより、基金の目的をチェックできる仕組みになっている。

このように、基金事業の全体をみると、上で述べたような規制手法と経済手法を中核としながら、それを取り巻くように様々な情報手法を組み合わせた「**政策パッケージ**」として構成され運用されていることがわかる。

（日高昭夫）

〈考えてみよう〉

課題1　家庭ごみの分別化や減量化の対策（ごみ減量化政策）について2つ以上の市町村間で比較して、それぞれの類似点や特徴を考えてみよう。

課題2　地方税における普通税と目的税の具体例を調べて、その違いを考えてみよう。

課題3　政策手法の3類型の考え方を利用して、自動車交通事故を減らす対策を考えてみよう。

【発展的な学習のための参考文献】

秋吉貴雄＝伊藤修一郎＝北山俊哉、2010、『公共政策学の基礎』有斐閣ブックス

伊藤修一郎、2006、『自治体発の政策革新』木鐸社

武智秀之、2017、『政策学講義　決定の合理性（第2版）』中央大学出版部

日高昭夫、2002、「政策手法の再編」今村都南雄編著『日本の政府体系』成文堂第6章所収

第12章
行政責任と公私協働

> 今日、行政には広範な裁量が認められているが、その一方で、行政はその行為および不作為について国民に対して責任を負う。これを行政責任といい、その責任の具体的な内容および範囲をめぐってこれまでに活発な議論がなされてきた。現代に至っては、社会問題の多様化、国民のニーズの変化、および、民間が行政活動に参入する公私協働の展開、により行政責任は拡大し続けているとされる。そこで本章では、行政責任の基礎知識を基にして、現代における行政責任の課題を検討する。

1 行政責任とは

行政責任とは何を意味するのであろうか。これについては、明確なひとつの定義があるわけではなく、以下に述べるように、それは非常に多義的な言葉であることがわかる。ここでは、行政学上の「行政責任」と行政法学上の「行政責任」という2つの学問上の整理に基いて説明していきたい。

（1）行政学上の行政責任

行政学においては、行政責任は、「政治機関の委任を受けた行政機関ないし行政官が国民に対して行う負う責任」であると捉えられている。第二次大戦後において、行政機関の権限が肥大化ないし強大化しつつあるなかで、この定義は

第12章　行政責任と公私協働

それに対する市民の懸念を背景として形成されてきた。すなわち、行政国家の下に、行政機関ないし行政機関がいかなる責任を負い、それをどのような方法で確保するかが活発に議論されてきたのである。イギリスの行政学者ハーベスト・ファイナーと、アメリカの政治学者カール・フリードリッヒの論争を起点とし、現代では、行政責任は、制度的な責任と非制度的な責任、そして、それぞれについて内在的な責任と外在的な責任という基準を基に分類し、計4種の区分に分類されて説明される。なお、アメリカの行政学者チャールズ・ギルバートが整理したこの分類は、彼の名をとって、ギルバート・マトリックスと称される。（行政責任について、フリードリッヒが「機能的（客観的）責任」、「政治的（主観的）責任」という見解を示したのに対し、ファイナーは民主的統制の観点から「外在的責任」「内在的責任」という見解を示した）それぞれを簡単にみてみよう。

　まず、制度的な責任であるが、これは、伝統的な憲法原理「統制の規範」に基づく。すなわち、憲法は、国民を直接に代表する議会による統制、国民を直接または間接に代表する執行機関による統制、そして、裁判所による統制を基本として用意するがこの原理に忠実に従えば、議会による行政府の行政活動に対する統制の重要性、すなわち、議会の側からみれば、議会に対する行政府の制度上の答責性（アカウンタビリティ）を確保することを意味する。簡単に言うと、行政が立法意思に忠実に従っていくことが、この制度的な責任であるということである。これら議会、執行機関、裁判所はすべて行政機関の外部の機関による統制であるため、外在的統制と分類される。他方で、これとは別に、行政機関はいわば垂直のベクトルにおいて、執行機関の指揮監督のもとに日々業務を行っている。このような行政機関の内部における上級機関による下級機関による統制のことを、内部的統制という。

　以上が制度的責任の説明であるが、制度的責任を基本としつつも、市民に対して自発的に答える（答責性）ことを求めるのが、非制度的な責任である。制度的責任が求める「制度上の答責性」では不十分であるとするこの考えによれば、

第二部　行政学

行政はそのときどきの行動において、市民の感情に直接に対応する責任（応答性）を自覚することと、それとともに、客観的に確立された科学的な基準に対応する責任（ファンクショナル・リスポンサビリティ）をも果たさなければならないとされる。たとえば、行政が何か新しい政策を実施する場合、その政策にはさまざまな利害関係者が予想されるため、通常、住民に参加を呼び掛けたり、専門の諮問委員会を設置したりして、行政は彼らの意見を聞く機会を設けている。行政がこれらの意見に拘束されることはないが、上記意見を完全に無視して行政活動を行うことは難しく、そういう意味で、これら事実上の統制は行政の非制度的責任とみなされるのである。なお、制度的責任と同様に、非制度的責任も外部的統制と内部的統制を内包する。

行政責任の構図（ギルバート・マトリックス）

	制度的責任	非制度的責任
外在的統制	議会による統制 執政機関による統制 裁判所による統制	諮問機関における要望・期待・批判 聴聞手続きにおける要望・期待・批判 情報開示請求による統制 その他対象集団・利害関係人の事実上の圧力・抵抗行動 専門家集団の評価・批判 職員組合との交渉 マスメディアによる報道
内在的統制	会計検査院・人事院その他の官房系統組織による管理統制 各省大臣による執行管理 上司による職務命令	職員組合の要望・期待・批判 同僚職員の評価・批判

出所：西尾勝『行政学（新版）』（有斐閣、2001年）参照

（2）行政法上の行政責任

　行政法上の行政責任は、行政学上の行政責任よりも狭いと理解されている。

第12章　行政責任と公私協働

　行政法上、行政責任という用語は、行政が違法・不当な行為を行った場合に、市民はどのように責任を追及できるのかという意味で用いられることが多い。これは、違反時の制裁や責任追及が制度上明確に定められている法的な責任（民事的責任・刑事的責任）であり、先に述べた行政学上の行政責任の分類のうち、制度的かつ外在的な責任の一部に該当する。

　行政法の分野において、行政責任が論じられるのは、国家賠償責任（民事的責任の一種）に関係する論点がほとんどである。行政処分による市民の権利あるいは利益の侵害を是正する方法は、裁判所が審査する行政訴訟（行政事件訴訟法）や行政自身が審査する行政不服申し立て（行政不服審査法）が用意されているが、現実には、これらの手段よりも国家賠償責任を問うほうが一般的となる。なぜならば、違法な行為によって損害が生じた場合、その最終的・究極的な責任の取り方というのは、通常、金銭による解決（賠償責任）となるからである。以下、国または公共団体の損害賠償責任に関するルールの総体である国家賠償法をみてみよう。

　国家賠償法は全部で6条しか定めていない非常に短い法律であるが、あらゆる分野における国または公共団体の違法な行政活動に適用される通則法である。本章との関係では、損害賠償が生じる要件について定めた、1条が重要となる（2条も損害賠償の要件を定めるが、営造物管理に係る責任なので割愛する）。同法1条は、「国又は公共団体の公権力の行使に当る公務員が、その職務を行うについて、故意又は過失によって違法に他人に損害を加えたときは、国又は公共団体が、これを賠償する責めに任ずる」と規定し、公務員が公権力の行使にあたる行為を行い、他人に損害を与えたときは、国・公共団体が賠償することを明らかにする。同条文は、公務員の「個人責任」を国又は公共団体が肩代わりするという特殊な構造をとっているが、これは公務員が現場において国又は公共団体に代位して行政実務を遂行しているという考えに基づくとされる（**代位責任説**）。たとえば、警察官がパトカーで逃走車を追跡する際に第三者に怪我を負わせてしまった場合や、税務署長が課税額を誤って算出してしまった場合など、

第二部　行政学

国家賠償法の下、公務員の責任を国、公共団体が負ってきたのである。
　以上が行政責任に関する基礎的な理解となるが、次節ではそれを基に、現代における行政責任の特徴を検討してみることとする。なお、以下本文では、行政法上の責任に限定して論じてゆく。

2　行政責任と公私協働

(1) 公私協働の課題
　現代における行政責任を考えると、その拡大が特徴であるといえよう。拡大された理由はさまざまであるが、まず考えられるのは行政の役割の変化である。というのも、元来、19世紀の夜警国家に代表されるように、行政の関与は必要最小限度であるべきと考えられてきたが、現代においては、科学技術の進歩や医学の進歩、都市化、社会構造の変化、高齢化・少子化などさまざまな社会問題が生じたことに伴い、より積極的な関与が求められるようになってきた。これらの新しい行政の役割を果たすべく、行政責任も拡大したのであった。
　上記理由の他には、「**行政主体の多元化**」という現象が挙げられる（本稿では同現象を中心として論じていく）。行政主体の多元化というのは、行政活動が国や地方公共団体のみならず、他の団体を通じて、もしくは、協働して行われる現象を指す（行政の多元化の一つの現象である）。行政活動への民間の参入などのいわゆる**公私協働**がこれにあたる。その目的は、民間事業者の有する経営力、資金力、技術力などのノウハウの利用により、財政支出の負担を軽減しながら市民に対してより質の高いサービスを提供することにある。同目的が達成されたか否かは別にするとして、行政責任との関係で重要となるのは、行政主体の多元化には、責任の帰属が不明瞭となるおそれが内在するという点である。行政と民間が協働して行政活動を行ったところ、第三者に損害が発生したとして、一体だれに対して法的責任を追及するのが適当なのであろうか。国家賠償法は公私協働における公と私人の責任分担に関する規定を定めていないため、司法

および実務上の解決に委ねられているのである。

　以下に挙げる2つの判例は、公私協働の責任分担に関する司法の見解を示している。一つ目は、指定確認検査機関による建築確認の過誤を問うものである（最決平成17・6・24裁判集民217号277頁）。指定検査機関というのは、建築物を建てる際に必要な建築確認を、地方公共団体の建築主事に代わって行うことが認められた私人である。建築基準法の1998年改正が設けた公私協働の新制度である。本件は、指定検査機関が行った建築確認の過誤について原告が指定検査機関に賠償責任を追及した事件であるが、最高裁は、指定確認検査機関ではなく、地方公共団体を被告として損害賠償を提起することを認めている。最高裁は、建築基準法上には県（正確には県の建築主事）が指定確認検査機関の確認を是正する各種法的手段が留保されていることを指摘し、そこから指定確認機関の建築確認は地方公共団体の事務であると結論付けたのである。2つ目は、児童養護施設を運営する社会福祉法人の責任をめぐる裁判である（最判平成19・1・25民集61巻1号1頁）。当該施設に入所していた児童が他の入所児童から暴行を受けたため、社会福祉法人に対しては、職員の注意義務に違反した使用者責任を理由として、施設の運営を委託した県に対しては、国家賠償法違反を理由として、それぞれに損害賠償を求めたのである。審理の結果、最高裁は、児童施設の養育看護は県の本来的事務であるため、法人の行為は公権力の行使に当ると判断し、県に国家賠償責任を認め、さらに社会福祉法人の責任を否定した。以上2つの判例に共通するのは、国家賠償法の枠組みの下、民間の被用者を公務員とみなし、その加害行為の責任をすべて行政が全面的に負担すべきであるという裁判所の解釈である。他方で、こうした解釈については、加害者である民間を手厚く保護しすぎているのではないか、また、そうした保護はかえって民間の不正な運用を招くのではないかという批判がある。その考えによれば、公私協働によって互いに利益を得ている限りでは、その法的責任も共同で負担すべきとなる。今後の法改正により上記枠組みが実現されるか否かはわからないが、それまでは公私協働においては、行政の関与が明確に認め

られていることを条件に、行政が全面的に責任を負うというのが判例理論であると整理するのがよいであろう。次節では、同論点に対する実務上の解決について公の施設の管理を例に考えてみたい。

（2）指定管理者制度にみる公私協働の課題

まず、公の施設とは、住民の福祉を増進する目的をもって、その利用に供するための施設であると定義される（地方自治法244条1項）。具体的には、道路、公園、運動場、学校、図書館、美術館、博物館、体育館、病院、公営住宅などを指すが、私たちには、「公共施設」という用語のほうがなじみがあると思われる。これら公の施設を設置し、管理、及び、廃止することは、地方公共団体の長の権限に属する（地方自治法149条7号）。住民は施設を基本的に自由に利用することが認められており、正当な理由がない限りその利用が拒否されることはない。さらに、設置・管理については、法律又はこれに基づく政令に特別の定めがあるものを除くほか、条例で定めることとされ、たとえば、施設が老朽化した場合の修繕や、コンサートを開く場合などの施設の許可条件、使用料をとる場合はその付与額等、が具体的に示されなければならない。このように、公の施設は市民の利害に直接影響する重要な財産であるため、長が設置管理を担うことを原則とし、また、施設の具体的な運用条件を条例規定事項とすることで、施設の適正かつ公平な運用を担保しているのである。以上の原則に対し、次に述べる指定管理者制度はその大きな例外となる。

指定管理者制度は、公共サービスの質の向上とコスト削減を目的として、公の施設の管理を民間に認める制度であり、平成15年に導入された（地方自治法244条の2第3項）。地方公共団体は、公の施設の設置の目的を効果的に達成するため必要があるとみとめるときは、条例の定めるところにより、法人その他の団体であって当該地方公共団体が指定する者（指定管理者という）に、当該公の施設の管理を行わせることができる。本来ならば地方公共団体が管理すべきであるが、同制度は、経済性や専門性の面にて管理を外部の機関に委ね

るほうが効率的である一定の場合を想定する。指定管理者側からすれば、同制度の下、施設の利用料金を自身の収入として収受することができるばかりではなく、地方公共団体からの安定的な委託費の収受によって、リスクの少ない確実なビジネスを展開できることになる。こうした行政と私人間のウィンウィンの関係を講じることを目標として、これまでに同制度の下に、全国津々浦々の保育所、公営住宅、体育館などが民間事業者によって管理されてきたのである。

行政責任の視点からすれば、指定管理者制度は次の2つの論点を有する。一つ目が、指定管理者による恣意的な運用の可能性である。すなわち、収益を追求するあまり、公平平等性を無視した運用が行われるのではないか、という懸念である。公共サービスは本来、行政が提供すべきものであることからすれば、同制度の下に当該管理業務を民間に委託するとしても、行政はその適切な管理を住民に保障しなければならない。そこで、恣意的な運用のおそれについては、草案時からその予防および監督手段が検討されており、指定管理者の指定手続き、管理の基準および業務の範囲等が条例規定事項とされることで一応の解決が図られたのである（地方自治法244条の2第4項）。各事項の具体的な内容は地方公共団体に任されているが、「地方自治法の一部を改正する法律の公布について」という通知（2003年7月17日）が以下のとおり参考モデルを示している。

1）指定管理者の指定手続

公の施設の適正かつ効率的な管理ができる指定管理者を指定するため、同通知は、ア）住民の平等利用が確保されること、イ）事業計画書の内容が公の施設の効用を最大限に発揮するとともに管理経費の縮減が図られるものであること、ウ）事業計画に沿った管理を安定して行う物的能力、人的能力を有していること、を条例で定めることを推奨している。地方公共団体は選定基準を条例に定め、それを基に公募および選定を行い、その選定結果はまた議会での承認を経ることが望ましいとされる。

2）指定管理者が行う管理の基準

管理の基準とは、住民が公の施設を利用するにあたっての基本的な条件（休刊日、開館時間、利用許可の基準、使用制限の要件等）を指す。同通知はこれらの基準に加え、管理を通じて取得した個人情報の取り扱い等も定めることが望ましい、とする。

3）業務の範囲

業務の範囲とは、指定管理者が行う業務の具体的な範囲を指す。施設の維持管理方法が各施設の目的や態様等に応じて設定される。この業務内容に、行政処分である「利用許可」も認めたことが、指定管理者制度の大きな目玉であるが、市民が不当に利用を制限されることのないよう、利用許可基準等を細かく条例で設定することが求められている。なお、使用料の強制徴収、不服申し立てに対する決定、行政財産の目的外使用許可については、指定管理者は行うことはできないとされる。

上記事項を条例上に定めることで、地方公共団体は指定管理者の恣意的な運用をある程度予防することができるであろう。また、委託後においても、指定管理者が業務を適切に遂行するか否か注視していくことが効果を発するとされる。たとえば、地方公共団体は、指定管理者に対してその業務・経理の状況に関し報告を求め、実地調査や必要な指示を行うことができる。さらに、指示に従わない場合には指定の取り消しも可能となる。これらの措置を通じた制度の効果把握も含めて行政責任と理解するのが妥当であろう。

続いて、2つめの論点であるが、公私協働の責任分担が挙げられる。たとえば、指定管理者の管理する体育館で、指定管理者が管理を怠ったことにより運動器具が不適切な状態にあり、利用者が怪我を負った場合を想定してみよう。こうした第三者への損害が発生する事態は容易に想像できるが、そうした場合、損害賠償責任は、指定管理者のみが負うのであろうか、行政が業務の委託者として責任を負うのか、それとも、指定管理者と行政がともに責任を負うのであろうか。先に検討したとおり、国家賠償法は公私協働における公と私人の責任分担について規定を定めておらず、これについて判例上は、行政のみ責任を負う

という説明がなされている。こうしたなかで、実務上は、指定管理者と行政が責任分担に関する協定を締結するという手段が採用されている。そうした協定の多くは、指定管理者の責めに帰すべき事由により事故等が生じた場合、第三者に対する損害賠償責任は、指定管理者が負うこととしている。それによれば、被害者は地方公共団体に対して損害賠償を請求することができるが、指定管理者に帰責事由がある場合は、地方公共団体は賠償額を指定管理者に求償できる。このことから、多くの協定は、損害賠償責任保険への加入も義務付けている（総務省の通知も協定において責任の帰属および損害賠償責任の加入を明記することを推奨している）。横浜市を例にみると、「横浜市指定管理者運用ガイドライン」（2009年10月発行）において、同市は、① 指定管理者が、損害賠償請求に対応する支払能力を有しないケースが多く想定されること、② 被害者に対して、迅速な対応を可能とすること、③ 過失責任の割合等に関する、市と指定管理者の間での無用な争訟等の発生を避けること、を保険加入の理由として説明している。そして、同市は、第三者への損害賠償の他にも、以下の表のようにさまざまなリスクを想定し、その責任分担モデルを示す。ここには、責任の帰属を明らかにすることで、公私協働を市民にとって有益かつ安心であるものにしたいという市の姿勢が表れている。

　以上、実務上協定では、責任分担の構造がとられているが、先述のとおり判例は行政の責任のみを肯定する姿勢を提示しているため、実際の裁判では協定の法的効力が最大の争点となろう。

横浜市指定管理者運用ガイドラインが示す責任分担モデル

リスクの種類	リスクの内容	負担者		
		市	指定管理者	分担
物価変動	収支計画に多大な影響を与えるもの	○		
	それ以外のもの		○	
資金調達	資金調達不能による管理運営の中断等		○	
	金利上昇等による資金調達費用の増加		○	
法令等変更	管理運営に直接影響する法令等の変更			○

分類	内容			
税制変更	消費税率等の変更			○
	法人税・法人住民税率等の変更		○	
	事業所税率等の変更			○
	それ以外で管理運営に影響するもの			○
許認可等	市が取得すべき許認可が取得・更新されないことによるもの	○		
	指定管理者が取得すべき許認可等が取得・更新されないことによるもの		○	
管理運営内容の変更	市の政策による期間中の変更	○		
	指定管理者の発案による期間中の変更			○
市会議決	指定の議決が得られないことによる管理運営開始の延期		○	
需要変動	大規模な外的要因による需要変更			○
	それ以外のもの		○	
管理運営の中断・中止	市に帰責事由があるもの	○		
	指定管理者に帰責事由があるもの		○	
	それ以外のもの			○
施設等の損傷	指定管理者に帰責事由があるもの		○	
	指定管理者が設置した設備・備品		○	
利用者等への損害賠償	市に帰責事由があるもの	○		
	指定管理者に帰責事由があるもの		○	
	市と指定管理者の両者、または被害者・他の第三者等に帰責事由があるもの			○
公募要項等	公募要項等の瑕疵・不備に基づくもの	○		
不可抗力	不可抗力による施設・設備の復旧費用	○		
	不可抗力による管理運営の中断			○

横浜市のガイドラインに筆者加筆

3　おわりに

　公私協働に伴う行政責任の拡大の流れは今後も続くことが予想される。その拡大が、財源の節減のみに終わらず、民間事業者の利益、如いては住民の利益を増進もたらすためには、それぞれが行政責任の内容および範囲を把握しておくことが重要となるのである。以下、各ステークホルダーへの簡単な示唆を提

示し、本稿のむすびに代えることとしたい。

　まず、行政は、行政責任の拡大の流れに対して今一度立ち止まり、地域住民の福祉増進のため負担すべき行政責任の内容を、行政能力と照らして慎重に確定していくことが求められる。すなわち、民間事業者に任せられる事務と行政が遂行すべき事務を適宜見直し、再整理するのがよい。そして、民間事業者に任せるのが適当である事務については、責任を曖昧にしたままで業務を委託するのは避けるべきあり、そのためには、行政と民間事業者がともに、リスクを予想し、細かな責任分担を確定するための協議を十分に行う必要があるであろう。民間事業者は、協議の結果を尊重した業務の遂行を行うことを望まれるが、公私協働の業務の特殊性を認識し、収益拡大よりも「公共サービスの向上」を重んじ、行政とともに行政責任を果たしていくという姿勢を忘れてはならない。最後に、住民について述べるとすれば、彼らは行政責任を追及する側であることが多いが、行政責任拡大の流れを奇貨として、行政能力を超えた不当に大きな行政責任を求めることは避けなければならない。行政責任によって享受し得る行政サービスの内容をよく理解し、民主的な監視役として、その逸脱や怠慢等について責任を問うことが如いては行政の健全化につながることを意識されたい。立法的な解決を含め、今後、行政責任の拡大にどのように対処していくべきかが注目されるところである。

（清水知佳）

〈考えてみよう〉
1　国家賠償法1条1項の下、公務員が他人に損害を与えた場合、国や公共団体は、公務員が他人に与えた損害を賠償する必要があるとされる。その理由を考えてみよう。
2　指定管理者制度が用いられている施設を調べ、その成果を検証してみよう。

第二部　行政学

【発展的学習のための参考図書】
西尾勝『行政学（新版）』（有斐閣、2001年）
現代行政法講座編集委員会『現代行政法の基礎理論（現代行政法講座1）』（日本評論社、2016年）
磯部力、小早川光郎、芝池義一他『行政法の新構想Ⅲ行政救済法』（有斐閣、2009年）
三菱総合研究所地域経営研究センター『指定管理者実務運営マニュアル』（学陽書房、2006年）

第三部　政策研究

第13章
日本の安全保障政策

> 第二次大戦後の日本は、自国が攻撃された場合を例外として、防衛力を一切活用しないことを国是としていた。この国是は、米国が巨大な力を持ち、ソ連と世界的な抗争を展開していた時代に、不思議なほど適合していた。しかし時代が大きく転換するとともに、日本の安全保障政策も変化している。いまや日本も国際社会の一員として、地域や世界の平和と安定のために、何ができるのかを模索している。そこで重視されているのは、同盟国や友好国を中心とする国際社会との連携である。

1 安全保障政策の視点

　国家が遭遇するかもしれない危機にはさまざまなものがある。外国が宣戦布告をして、総攻撃を仕掛けてくるといった事態は、今日では考えにくいかもしれない。しかし、弾道ミサイルが飛来するとか、海上航路を封鎖されるとかの事態は、想定しておく必要があるだろう。正体不明の集団が離島を不法占拠し、警察や海上保安庁だけでは対処しきれないといった事態も発生しうる。

　こうした危機を未然に防止するとともに、防止できなかった場合に排除する努力をするのは、すべて安全保障政策である。安全保障の手段は二つに大別される。**外交**と**防衛**である。外交と防衛は「車の両輪」のような関係にあり、いずれを欠いても安全保障を達成できない。たとえば、外交が機能せず、周囲が

敵国だらけになってしまえば、どれほど軍事力を強大にしても逆効果となるだけである。その反対に、力の裏付けをまったく持たず、相手の自制と良心だけに頼るような外交は、誰からも信用を得られない。

　安全保障は一国単位の努力のみでなく、複数国の集団的な努力によっても追求される。たとえていえば、自宅を火災から守るためには、自宅の防火に努めるだけでなく、近隣の防火を助けることも有益であろう。前者に相当するのが**個別自衛**であり、後者に相当するのが**集団自衛**である。さらに、町内会で連携をとり、町全体の防火に努めることも有益であろう。**国際連合**や有志の諸国がおこなう**国際平和協力**のための諸活動がそれに相当するものである[1]。

　今日の世界において、集団的な努力が重要性を増しているのは、国際的な相互依存の増大の結果、国際環境と無関係に一国のみで安全を確保するのが難しくなっているからである。地域や世界の平和と安定のための努力を受動的にではなく能動的に、しかも同盟国や友好国を中心とする国際社会と協調しながら展開できる国家こそが、安全を享受できるといっても過言ではない。

　本章は、第二次大戦後の日本の安全保障政策を、以上の視点を踏まえながら振り返り、読者が今後の課題を考えるための素材を提供しようとするものである。

2　第二次大戦から日米安全保障条約へ

　第二次大戦終結後、連合国軍最高司令官として日本を占領したマッカーサーは、日本の陸海軍を解体するとともに、憲法改正によって再軍備に制限をかけようとした。当時の米国の考え方によれば、世界には平和愛好国と侵略国の二

1　安全保障（security）が国際政治用語として登場したのは第一次大戦後であり、国際連盟に代表される集団安全保障がきっかけであった。その点について、さしあたり、小笠原高雪「国家・地域・国際社会——安全保障論の射程」、広瀬佳一・湯浅剛編『平和構築へのアプローチ』（吉田書店、2013年）、22-23頁。

第三部　政策研究

種類が存在し、アジアにおける侵略国は日本であった。日本以外は平和愛好国なのであるから、日本を非武装化すればアジアは平和になるはずであった。そして、それでも戦争が起きた場合は、国際連合が問題を解決し、平和を回復するはずであった。

したがって、連合国が結束したまま日本と講和する場合には、日本の無防備状態は永続化される可能性が大きかった。その場合、吉田茂首相をはじめとする日本の指導者たちは、日本の中立化を宣言するとともに、それを連合国に保障してもらうしかないと考えていた。もちろん、そのような取り決めをしたからといって、実際に機能するかは疑わしい。たとえば、ソ連は大戦末期に、日本との中立協定を破って日本に宣戦布告をした「実績」をもつ。同様のことが再び発生したとき、他の連合国は日本のために動いてくれるだろうか。

しかし、大戦終結から数年もたたないうちに、連合国の結束は崩れていった。**米ソ冷戦**はアジアにも拡大し、朝鮮半島を南北に引き裂いた。中国大陸では共産党が国民党に勝利し、**中ソ同盟**を発足させた。1950年には、ソ連に支援された北朝鮮軍が南下を開始し、まもなく**朝鮮半島**を舞台に米中が戦いはじめた。こうしたなかで、米国からみた日本の立場は、「昨日の敵」から「明日の友」へと変わっていった。日本をソ連に奪取させてはならない。日本を米国の味方とするべきだ。米国がそのように考えはじめたことを、日本の指導者たちは敏感に察知していた。

吉田首相は大戦が終わってまもない時期に、「戦争に負けて外交で勝った歴史がある」と述べたといわれる。そうした決意を秘めた元外交官の眼には、連合国が仲間割れをはじめたことは、日本が再起を図る好機と映った。米国及び米国に同調する国々と優先的に講和し、安全保障についても協力しあうことを、吉田首相は当然と考えた。これに対して日本のなかには、吉田首相の方針は日本を冷戦に巻き込み、危険にさらすものであるとの批判もあった。しかし吉田首相はみずからの信念を貫いた。

1951年9月、**サンフランシスコ平和条約**と同時に、**日米安全保障条約**が締

結された。その要点はつぎのとおりであった。第一に、日本は武装を解除されているが、世界には無責任な軍国主義が残っているため、独立後の日本は危険な状態となる。第二に、そうした危険を回避し、日本を防衛するため、日本は日本及びその附近に米軍の駐留を希望する。第三に、米国は日本に駐留する軍隊を、「極東における国際の平和と安全」及び「日本国の安全」のために使用できる[2]。

吉田首相は安保条約に署名したが、内容に十分に満足したわけではない。そもそも日本側が望んでいたのは、「日米が共通の目的のために相互に協力しあう」形式の条約であった。日本を含む極東の平和と安全は米国にとっても利益のはずだし、その目的のために日本も基地提供で貢献するのだから、というのが日本側の論理であった。しかし米国側はそれを認めず、「日本の希望にもとづき米軍を駐留させる」という形式にした。これは「対等の同盟国」の関係ではなく、「保護者と被保護者」の関係であった[3]。

しかし米国側にも不満はあった。それは日本が防衛力の整備に熱心でなく、軍隊の提供が米国のみの責任とされたことであった。米国上院は1948年に、米国が外国と集団自衛の関係を結ぶ条件として、「継続的かつ効果的な自助と相互扶助」を議決していた。日本は基地提供をするといっても、肝心の防衛では「自助」をせず、米国の一方的な「扶助」を求めているではないか。そのような国がどうして「対等の同盟国」といえるのか。米国側の主張にも、それなりの根拠はあったのである。

日本の防衛力をめぐり、日米間ではどのような協議があったのだろうか。**朝**

2　安保条約にいう「極東」に明確な地理的定義はないが、韓国、台湾を含み、フィリピン以北というのが、日本における了解である。これは明治以来、日本政府が本土の安全保障に直結すると認識してきた地域とおおよそ重なる。「太平洋」や「アジア太平洋」も同様であるが、それらの場合は米領島嶼、オーストラリア、東南アジアも視野に入る。

3　ほかにも、米国の日本防衛義務が明確でない、日本からの米軍の行動について協議する仕組がない、日本国内の内乱に米軍が出動しうる規定がある、条約の期限の定めがない、などの問題点が指摘された。

鮮戦争開始直後の 1950 年 8 月、マッカーサー司令官は日本政府に対し、**警察予備隊**の創設と海上保安庁の拡充を命令していた。これによって日本は、ソ連の支援する内乱（**間接侵略**）を防ぐために、警察力を強化できることとなった[4]。さらに講和交渉のため、1951 年 4 月に来日したダレス特使は、吉田首相に防衛力の整備を要求していた。そこで想定されていたのは、ソ連軍の侵攻（**直接侵略**）に対応することができ、さらには極東の平和と安全にも貢献しうるような防衛力の整備であった。

しかし吉田首相は、日本が本格的な再軍備を行なうことは、時期尚早であると考えていた。再三にわたる交渉の結果、日本はダレス特使の要求よりも小規模な防衛力を、日本への侵攻の防止のみを目的として整備してゆくこととなった。安保条約の前文には、米国は日本が「直接及び間接の侵略に対する自国の防衛のため漸増的に自ら責任を負うことを期待する」との文言があるが、それには以上の経緯があったのである。

3　防衛力整備と安保改定

吉田首相は、日本も独立を回復する以上、防衛力は必要であると考えていた。ただし吉田首相は、自由主義と国際主義が軍国主義によって蹂躙された 1930 年代の歴史を、繰り返さない決意であった。日本が持つべきなのは民主国家にふさわしい、文民統制の効いた新しい軍隊である。だから再軍備は時間をかけて、ていねいに進めたい、というのが吉田首相の真意であった。

1952 年 4 月に安保条約が発効するとまもなく、警察予備隊が**保安隊**に改組され、海上保安庁から**警備隊**が分離した。これらは 1954 年 7 月にそれぞれ、**陸上自衛隊**と**海上自衛隊**になった。同時に新組織として、**航空自衛隊**も創設さ

---

[4]　占領下では内務省も廃止され、警察は極度に分権化された。これは日本の民主化・非軍事化の一環だったが、日本の治安を悪化させることにもつながっていた。

れた。自衛隊の発足は、事実上の再軍備であったといえる。自衛隊法は、自衛隊の「主たる任務」として**防衛出動**を規定するとともに、防衛出動する自衛隊に**武力行使**を認めていたからである[5]。

ただし、自衛隊の防衛出動が可能となるのは、「日本に対する外部からの武力攻撃」のみであった。すなわち、当時の自衛隊法が定めていたのは、**個別的自衛権**の一部としての武力行使のみであり、この制約は 2015 年の**平和安全法制**の成立までは変わらなかった。また、参議院は自衛隊の発足に際し、**海外派兵**の禁止を全会一致で決議した。自衛隊を外国の領土・領海・領空へ、武力行使を目的として出動させてはならないとされたのであり、この制約は現在でも変わっていない。

1957 年に就任した岸信介首相は、防衛力の整備を軌道にのせるとともに、その実績を背景として、安保条約を改定する意向であった。5 月には国防会議と閣議において、「**国防の基本方針**」が決定された。これは第二次大戦後の日本政府が、初めてまとまった形で安全保障政策を表明した文書であった。「国力国情に応じ自衛のため必要な限度において、効率的な防衛力を漸進的に整備する」こと、「外部からの侵略に対しては、将来国際連合が有効にこれを阻止する機能を果し得るに至るまでは、米国との安全保障体制を基調としてこれに対処する」ことなどが定められた。

岸首相は 1960 年 1 月に訪米し、アイゼンハワー大統領とともに、新しい安保条約に署名した。その要点はつぎのとおりであった。第一に、日本と米国は、両国間の伝統的な平和友好関係を強化するとともに、民主主義、個人の自由、法の支配を擁護する。第二に、両国は、極東における国際の平和及び安全の維持に共通の関心を有する。第三に、日本国への武力攻撃に対しては、日米ともに共通の危険として対処する。第四に、日本国の安全と極東における国際の平

---

[5] 武力行使とは、国際的な武力闘争の一環としての戦闘行為を自衛隊がおこなうことであり、国際法の順守が前提となる。注 8 に述べる警察作用としての武器使用と区別される。

和及び安全に寄与するため、米国は日本の基地の使用を許される。

　以上のように新条約では、極東の平和と安全は日米の共通利益であり、そのための相互協力であることが明記された[6]。もちろん、日本が武力攻撃された場合をべつにすれば、相互協力の中身は対称的とはいえなかった。両国の「共通の関心」とされた極東において、危機に対処するのは米国の役割であり、日本は基地を提供するのみだったからである。しかし、当時は冷戦の最盛期であり、米国にとって極東の平和と安全の維持は、ソ連との世界的抗争の一環であった。そのため相互協力の非対称性を問題にするよりも、日本側の不満を解消し、同盟の基礎を固めることのほうが、はるかに重要だったのである。

4　総合安全保障の模索

　1960年代から1970年代にかけての日本は、相対的に安定した国際環境の下で、急速な経済成長を遂げた。しかし通商国家としての繁栄は、国際環境の変動によって影響を受けやすく、その意味で多くのリスクを抱えるものでもあった。こうした状況を背景として、日本においては安全保障に対する独自の考え方も育っていった。それは1978年に就任した大平正芳首相によって、**総合安全保障**として整理されたが、さきがけとなる取り組みは1960年代後半からはじまっていたのである。

　総合安全保障の内容は多岐にわたるが、大きな柱は二つあった。第一は、安全保障における経済的手段の活用である。東京五輪を前年に終えた1965年、日本は韓国と国交を結ぶとともに、**日韓経済協力**を開始した。当時の韓国は北朝鮮より弱体だったが、まもなく近代化が軌道に乗り、国力が強化された。日本はまた、1967年に発足した**東南アジア諸国連合（ASEAN）**を中心として、**政府開発援助（ODA）**を本格化した。東南アジアは太平洋とインド洋の海上航

---

[6] そのほか注3に挙げた問題点も解消された。

路にあたり、安全保障上も重要であるが、当時は貧困と混乱の代名詞のような地域であった。**ベトナム戦争**において米国が苦戦していたことも注視された。

　日米安全保障条約の下で、日本は極東の平和と安全を米国に委ねるとともに、米軍の活動を基地提供によって支えてきた。そこへ日本の経済協力が導入されて、地域の不安要因が軽減されたことは、安全保障上も大きな意味を持っていた。1970年代に入り、日本が「経済大国」と呼ばれるほどの存在になると、米国世論の一部に、「安保タダ乗り論」と呼ばれる対日批判が台頭してきた。そうしたときに、軍事費と経済協力費の合計を「総合安全保障費」とみなす総合安全保障の視点は、ひとつの反論手段となったのである。

　総合安全保障の第二の柱は、安全保障の目標を軍事的なものだけでなく、経済的なものも含めて広く捉えなおすことである。決定的な転機は1973年の**第一次石油危機**であった。中東問題の解決をめざし、アラブ諸国が発動した石油戦略は、石油価格の急激な高騰により、世界経済を根底から揺さぶった。それは日本の経済を直撃しただけでなく、トイレットペーパーの買い占め騒動に示されるような社会不安をももたらした。そうしたなかで、日本の宿命的ともいえる脆弱性をいかに克服するかが、経済界をふくむ国民の大きな関心事となり、セキュリティとか安全保障とかの言葉が広がる契機となったのである。

　1980年に作成された「総合安全保障戦略」と題する報告書には、日本の脆弱性を克服するための、さまざまな施策が挙げられている。それらのなかには、自由で開かれた国際秩序の維持、海上航路の安全確保、資源保有国との関係の緊密化、エネルギー備蓄の増大、エネルギー関連技術の開発支援、食糧生産増大のための国際協力などが含まれている。これらは今日でもなお、ひきつづき追求するべき重要な施策であるといえるだろう。

5　国際平和協力への参加

　1989年の米ソ冷戦終焉は、日本の安全保障政策にも大きな影響を及ぼした。

第三部　政策研究

　ソ連という強敵の退場を受けて、米国世論においては「平和の配当」を求める声が強まり、米国政府は安全保障政策を再検討した。再検討から出てきたのは、米国は国際秩序の維持にひきつづき主要な責任を負うが、国連を中心とする国際社会、とりわけ同盟国・友好国と一緒に行動してゆくという方針であった。このことは、自衛隊の役割を、日本への侵攻の防止のみに限定しつづけることを、もはや不適当にしたのである。

　日本にとっての転機は早くも 1991 年に訪れた。イラクがクウェイトに侵攻すると、国連の**安全保障理事会**は加盟国に、イラクへの武力制裁を授権した。この授権にもとづき、米軍を中心とする**多国籍軍**はイラク軍と戦闘し、クウェイトの独立を回復させた。この**湾岸戦争**に際し、日本は多国籍軍への自衛隊派遣を求められたが、実際におこなったのは多国籍軍への資金提供であった。こうした日本の対応は、「日本はカネさえ出せばよい」という姿勢のように受け取られ、国際社会の嘲笑と反発を招いた。衝撃を受けた政府は、湾岸戦争後のペルシャ湾に海上自衛隊の掃海部隊を派遣し、機雷除去にあたらせた。

　湾岸戦争のような事態が将来ふたたび発生したとき、日本はどのように対応するかをめぐり、活発な論争が展開された。自衛隊の派遣に賛成の人々は、武力行使には三つある。自衛のための武力行使、国際紛争解決のための武力行使、国際機関の集団制裁としての武力行使、の三つである。日本が第二の武力行使をしないことは当然であるとしても、第三の武力行使に参加するのは問題なく、むしろ参加するべきだと主張した[7]。反対の人々は、国際機関による武力制裁も、武力行使であることに変わりはない。いかなる名目であれ、いったん海外派兵を認めてしまえば、どこまで拡大するかわからないと主張した。

　この論争は今日でも決着がついていないが、武力行使を目的としない自衛隊の派遣、すなわち海外派兵と区別された**海外派遣**については、いくつかの進展があった。1992 年 6 月の**国際平和協力法**の成立により、停戦後の地域におい

7　一例として、小沢一郎『日本改造計画』(講談社、1993 年)、112-126 頁。

て国連部隊が停戦監視や再建支援などをおこなう**国連平和維持活動**（PKO）に、自衛隊を派遣できることとなった。さっそくカンボジアでの国連平和維持活動に自衛隊が派遣され、全体として成功の評価を受けたことは、自衛隊の海外派遣に対する世論の理解を促進したと思われる。国連平和維持活動への派遣は実績を積み、今日では世論の多くがそれを支持するようになっている。

もっとも、国連平和維持活動は停戦後の地域でおこなうものであるといっても、活動の中心が国連部隊であるということは、そこに潜在的な危険が残存しているからにほかならない。現地で活動する国連部隊には、兵員や市民の安全確保を含む治安維持や、活動の妨害を狙う現地勢力の排除などが要求される場面も当然ありうる。そうした場面に自衛隊が遭遇したとき、何をどこまでしてよいのか、いわゆる**武器使用**の範囲をどうするのかは、未解決の問題として残された[8]。

その後、自衛隊の海外派遣は国連平和維持活動の枠外にも広がった。2001年の**アフガン紛争**に際しては、自衛隊はインド洋で海上阻止行動に従事する各国軍に洋上補給を実施した。2003年の**イラク戦争**に際しても、自衛隊は現地で治安回復活動に従事する多国籍軍に輸送支援を実施した。

これらの後方支援活動は、国際社会で高い評価を得たが、いずれも国連平和維持活動の枠外であったことから、そのたびごとに特別措置法が制定された。これに対し、国際社会の要請があれば迅速に、かつ継続的に協力できるように法整備をすべきかどうかも、今後の検討課題とされたのである。

6　日米安保の再定義

日本にとっての転機は湾岸戦争だけではなかった。1991年のソ連崩壊によっ

8　武器使用とは、自己や他人の防御や公務執行への抵抗の排除のために自衛官が武器を用いることであり、警察官職務執行法が準用される。注5に述べた軍事作用としての武力行使と区別される。

第三部　政策研究

てアジアは泰平とならず、かえって不安定となっていた。たとえば北朝鮮は、1993年に日本海へ向けた**弾道ミサイル**の発射をおこない、翌年には国際原子力機関（IAEA）からの脱退宣言によって**核開発疑惑**が高まった。北朝鮮はかなり前から核・ミサイルに関心を抱いていたが、ソ連崩壊によって有力な保護者を失うなかで、開発を加速したようであった。

　中国もまた、1980年代以来の経済成長を背景として、軍の近代化と増強を続けていた。そして、ソ連崩壊によって内陸部の軍事的重圧から解放されたことで、海洋進出に大きな力を注げるようになった。1992年には領海法を制定し、**東シナ海**と**南シナ海**の島嶼の主権を主張した。中国の海洋進出は、天然資源に対する関心とともに、軍事戦略上の意味をもつとみられ、日本にとっても他人事では決してなかった。中国はさらに、1996年に台湾の近海へミサイルを連続発射し、場合によっては台湾を武力統一する意思を示した。

　以上のような状況に対し、日本をはじめとする周辺諸国は、まずは対話による紛争の予防を図った。1994年に開始された**ASEAN地域フォーラム（ARF）**は、米国、中国、日本を含むアジア太平洋の諸国が一堂に会し、地域の安全保障問題を協議する場として定着している。名称が示すとおり、ARFを主催するのはASEANであるが、日本は発足時から積極的に参画している。それは南シナ海の安全保障に関して、日本とASEAN諸国の多くが関心を共有している事実を反映している。ただし、こうした**多国間対話**は長期的には有意義であるとしても、短期的な成果は期待しにくいものであるのも事実であった[9]。

　そうしたなかで、米国のナイ国防次官補の発案により、日米安保の「再定義」をめざす作業が日米間ではじまった。1996年4月、橋本龍太郎首相とクリントン大統領は、**日米安全保障共同宣言**を発表した。その要点はつぎのとおりで

9　ARFのほかにも、北朝鮮の核問題を焦点とする六者対話（米国、中国、ロシア、日本、韓国、北朝鮮）、小泉純一郎首相の提案を契機に具体化した東アジア首脳会議（EAS）、外相主体のARFに対して国防相主体の拡大ASEAN国防相会議（ADMMプラス）などがある。日本はこれらのすべてに参加している。

あった。第一に、冷戦終結以来、世界規模の武力紛争は遠のいており、アジア太平洋でも安全保障についての対話が拡大している。第二に、しかしながらアジア太平洋には、朝鮮半島をはじめとして、さまざまな不安定性と不確実性が依然として存在している。第三に、そうしたなかで日米間の安全保障関係は、今後もアジア太平洋の安定と繁栄を確保してゆくための基盤である。

要するに、この宣言をきっかけとして日米安保は、ソ連の軍事力から極東を防衛するための同盟から、さまざまな不安要因を抱えるアジア太平洋の治安維持のための同盟へ「再定義」されたのである。日米安保は、第二次大戦という背景のもとに、米ソ冷戦を直接の契機として誕生したが、それには極東の平和と安全という機能も伴っていた。冷戦終結後にはこの機能が従来以上に重視され、「地域の安全保障のための**公共財**」といった捉え方も広くなされるようになったのである。

そこで改めて問題となったのが、「公共財」を維持するための負担であった。たとえば、朝鮮半島の安定のために、日本は何を負担できるのか。冷戦終結後の今日、朝鮮半島で発生しうる武力紛争は、米国の眼からみれば、ソ連との世界的抗争の一環ではなく、あくまで日本の周辺における局地的事件である。そこで米軍が紛争終結のために行動しているときに、日本の対米支援が基地提供や資金提供のみであったならば、すなわち自衛隊による対米支援がなかったならば、米国の世論と政府はただちに日米安保の破棄を決めるであろう。これは両国政府の共通認識であった。

両国間で協議を重ねた結果、「**周辺事態**」における日米協力の指針が1997年9月にまとまった。「周辺事態」とは、日本への武力攻撃にはいたっていないが、放置すれば日本の平和と安全に重大な影響を及ぼす事態と定義され、そうした事態において自衛隊は、警戒監視、機雷掃海、後方地域支援などの対米支援をおこなうこととなった。これらは日本が**集団的自衛権**に踏み込まないことを前提として検討され、可能と判断された項目であった。それが現実の間に合うかどうかよりも、まずは一歩を踏み出すことが重要であったのである。

7　転換期の安全保障

　2013年12月、国家安全保障会議と閣議において、「**国家安全保障戦略**」が決定された。これは56年前の「国防の基本方針」に代わるものであり、概ね10年程度の期間を念頭において策定されたものだという。その内容は多岐にわたるが、全体を貫く考え方は、「国際協調主義に基づく積極的平和主義の立場から、我が国の安全及びアジア太平洋地域の平和と安定を実現しつつ、国際社会の平和と安定及び繁栄の確保に、これまで以上に積極的に寄与していく」という冒頭部分に示されていた。

　このときまでに世界では、**国際テロ**の頻発や**大量破壊兵器**の拡散などにみられるように、グローバル化が安全保障の脅威においても進行していることが明らかとなっていた。アジア太平洋でも、北朝鮮の核・ミサイル開発が継続し、脅威が現実のものとなりはじめていた[10]。中国の海洋進出も加速しており、ベトナム、フィリピン、インドネシアなどの南シナ海沿岸諸国と衝突したり、沖縄県の**尖閣諸島**付近で不穏な動きをみせたりしていた。

　そうした状況のなかで、日本の安全保障は地域や世界の平和と安定なしには確保されず、地域や世界の平和と安定のために日本も能動的に行動する必要がある。しかも日本の行動は独りよがりであってはならず、同盟国や友好国を中心とする国際社会との協力が不可欠である。「国家安全保障戦略」は、以上の認識にもとづいて作成されたのであり、具体的には米国のほか、韓国、オーストラリア、ASEAN諸国、インドなどとの協力を深めることを提唱していた。

　2015年9月に成立した**平和安全法制**は、全部で11本の法律から構成され

10　2002年9月に訪朝した小泉首相が金正日委員長とともに署名した日朝平壌宣言において、日本は国交正常化後の幅広い経済協力を約束し、北朝鮮は核問題に関連するすべての国際合意の順守を確認したが、その後の核実験や拉致問題などのために正常化交渉は進んでいない。

る膨大なものであるが、なかでも重要と思われるのは次の三点である。第一に、集団的自衛権の部分的解禁である。日本と密接な関係にある他国に対する武力攻撃が発生し、日本の安全が脅かされる事態を「**存立危機事態**」と定義して、防衛出動の対象とした。これによって日本は、弾道ミサイル防衛その他において、米国との連携を強化できるようになった。また、南シナ海の安全保障に関心を共有する諸国とも、実践的な共同訓練を実施できるようになった。

　第二に、武力行使にいたらない事態における対応の緊密化である。たとえば、日本の尖閣諸島付近で海上自衛隊と米海軍が共同監視を実施中に、米艦が攻撃を受けた場合、自衛隊は米艦を防護できるようになった。また、従来の「周辺事態」が「**重要影響事態**」と呼びかえられるとともに、自衛隊が米軍に対しておこなう後方支援の中身が強化された。朝鮮半島有事のみならず、南シナ海有事を想定していることも言明された。

　第三に、国際平和協力への積極的な参加である。**国際平和支援法**が新設され、国際的な脅威の除去のために国連や有志の諸国が戦闘している場合、そのつど特別措置法を設けなくても、迅速かつ継続的に後方支援を実施できるようになった。また、国際平和協力法が改正され、国連平和維持活動やそれに準ずる国際的な活動において、治安維持や妨害排除などが可能となった。

　平和安全法制をめぐっては、23年前の国際平和協力法と同じように、激しい論争が展開された。とりわけ賛否が鋭く分かれたのは、集団的自衛権の部分的解禁であった。いずれの立場をとるにせよ、ひとつ確実にいえることは、日本の安全保障政策の選択の幅が拡大したことである。反対派は、それによって戦争の可能性が増大したと主張する。賛成派は、それによって戦争の抑止力が強化されたと主張する。十分な備えをした上で、結果的にそれを使わずに済ますことが安全保障の極意であるが、将来的にはいくつかの局面において、難しい対処を迫られることもあるかもしれない。

　他方、集団的自衛権の部分的解禁だけが平和安全法制の目的でなかったことも、忘れられてはならないだろう。たとえば日米同盟についてみても、当面の

第三部　政策研究

状況に関していえば、むしろ第二に挙げた措置のほうが、集団的自衛権の部分的解禁よりも大きな意味をもつと考えられる。さらに第三に挙げた措置は、日本が国際平和協力に積極的に取り組もうとしていることを示す材料として、国際的には肯定的に受け止められるに違いない。

　本章の冒頭に述べたように、外交と防衛は「車の両輪」のような関係にあり、いずれを欠いても安全保障を達成できない。たとえ力で脅迫されるようなことがあったとしても、簡単には屈服しない態勢を整えながら、国家間の共通利益をみつけだし、協力のなかで大きくしてゆくことは可能なはずだし、そうする努力を重ねてゆくべきであろう。

(小笠原高雪)

〈考えてみよう〉
1　世界にはどのような同盟が存在するかを調べ、互いに比較しながら、それぞれの特徴をまとめてみよう。
2　自衛隊が参加した国連平和維持活動の例をいくつか挙げ、それぞれどのような成果や課題があったか、調べてみよう。

【発展的学習のための参考文献】
田中明彦『安全保障——戦後50年の模索』(読売新聞社、1997年)
坂本一哉『日米同盟の絆』(有斐閣、2000年)
田村重信『日本の防衛政策』第2版(内外出版、2016年)
北岡伸一・渡邉昭夫編『日米同盟とは何か』(中央公論社、2011年)
冨沢暉『逆説の軍事論』(バジリコ、2015年)

第 14 章
国際化する日本社会－国際社会学の視点から

　人、物、金が国境を越えて頻繁に行き来する**グローバリゼーション**の時代に入り、国家や国民という枠を超えた、いわゆる「**トランスナショナル**」（「トランス」とは「超える」の意）な社会現象が顕著に現れるようになっている。例えば、世界展開する多国籍企業・NGO の活動、移民や**エスニック集団**のネットワーク、そして国際結婚とその子どもたちなどは、国家や国民の枠を超えた現象として存在している。「国際社会学」という学問は、そのような「トランスナショナル」な、「超国家的・超国民的」な社会現象を把握するための学問であるといえる。本章では、国際社会学の視点を通じて、日本で特に注目されている政策課題、すなわち外国人労働者や在日コリアンなど日本で暮らす在留外国人に関する政策課題、国際家結婚や外国人子弟の教育に関する政策課題、そして在留外国人のための社会福祉や社会保障に関する政策課題などをみていくこととする[1]。

1　本章は、教科書としての性質を意識して書かれたものである。よって、論文のような脚注や資料の提示は行わない。本章に含まれる情報や内容は、主として宮島・佐藤・小ヶ谷編（2015）『国際社会学』有斐閣を参考にした。

1　日本の国際化

　日本で「国際化」ということが盛んに語られるようになったのは、1980年代以降のことである。1980年代、好調な日本経済と円高の進行を背景に、日本企業の多くが海外に進出していった。一方、日本国内では労働者不足が進行し、多くの外国人労働者やビジネスマンが来日した。留学生の来日が急激に増加したのも、1980年代以降のことであった。2016年の外国人登録者数は約230万人で、その約8割がアジア出身者で占められている。ただし、日本の総人口数に占める（外国生まれの）外国人数は2％未満で、移民大国のオーストラリア27％、カナダ20％、アメリカ13％などと比べると、格段に低い。むしろ強調すべきは、伝統的な意味において「移民国家」ではないドイツが13％、イギリス12％、フランス11％、イタリア9％というような高い比率を示していることである。日本で外国人が増えたといっても、世界的な潮流と比べれば、きわめて限定的であることが分かる。

　230万人の在留外国人の内、国籍別で占める割合は、中国29.4％、韓国・朝鮮19.8％、フィリピン10.3％、ブラジル7.6％、ベトナム7.6％、ネパール2.6％である。増加傾向にあるのは中国、フィリピン、ベトナムである。中国人とベトナム人に関しては、工場などで働く「**技能実習生**」として来日し、その数が増えていることが原因である。フィリピンに関しては、日本人男性と結婚したフィリピン人女性が、日本の永住権を得た上で、フィリピンの家族を呼び寄せたことによって増加傾向を示した。韓国・朝鮮は緩やかな減少傾向にあるが、これはいわゆる「**在日コリアン**」の老齢化による死亡や帰化（日本国籍を取得すること）が主な原因である。ブラジル人の数は激減した（ピーク時と比べると約半分）。その原因は、2008年のリーマンショック以降の景気減退によって帰国者が増加する一方、来日者が毎年減少したからである。2016年の留学生数は約26万人で、毎年緩やかに増えている。

230万人の在留外国人の内、約100万人が日本の労働市場で働いている。労働市場で働く外国人を在留資格別に分類すると、アジアからの技能実習生、**日系南米人**（以降、日系人）、**高度外国人材**（通常大卒で専門職）に分けられる。割合では技能実習生と日系人が圧倒的に多く、彼らが働くのは自動車や電気工業などの下請け企業や食品工業などである。工場によっては人員のほとんどが外国人といったケースもあるという。一方、高度外国人材は8％ほどで、その数もほとんど増えていない。日本の外国人労働者の受け入れは、アジアや南米からが主で、技能レベルが低いということがその特徴だといえよう。

2　外国人労働者の実態

在留外国人の多くは、日本で仕事をするために来日している。したがって、外国人の実態を知る上で、彼らの労働環境を知ることは重要である。以下では、外国人労働市場の多くを占める技能実習生と日系人にフォーカスして、その実態を簡単に見ていく。

（1）技能実習生

2016年における技能実習生の数は約21万人で、約24万人いる日系人より少ない。国籍でみると、中国とベトナムが圧倒的に多く、フィリピン、インドネシア、タイと続く。いずれにしても、アジアからの来日ということになる。1993年に設立された外国人技能実習制度は、発展途上国への「技術移転」を目的として掲げ、受け入れ企業が3年間（3年後に必ず帰国）の「技能実習」を行うという制度である。名目上は「途上国への技術移転」を目的とした「技能実習」だが、実際は、アジアからの単純労働者を人手不足に苦しむ企業に供給するという動機が存在する。2010年の入国管理法改正によって最低賃金や時間外割増の対象者となったが、「日本人より安い単純労働者」としてしかみていない企業もあり、しばしば批判の対象にもなってきた。

第三部　政策研究

　技能実習生の約8割が製造業で働いている。したがって、愛知、静岡、三重、などの自動車・機械産業が集中する地域で多くの技能実習生が雇用されている。また、技能実習生は、九州から北海道まで、全国各地の零細製造業で雇用されているが、それは、縫製業や機械・金属工業、食品加工業の中小企業が、安価な労働力と土地を求めて地方展開してきたからである。20年以上に渡って製造業に供給されてきた技能実習生の労働力は、人材不足が深刻化する日本企業（特に地方）にとって、より一層重要な意味を持ち始めている。

　技能実習生の問題は、日本人との賃金格差や労働環境の悪さがしばしば取り上げられるが、その制度自体に由来する特有な問題も存在する。彼らは名目上、「ある特定の技能を身につけることを目的に」来日している。したがって、他の職種に移ることが許されていない。また、同じ理由で、他の受け入れ企業に転職することも許されていない。要するに、3年間、同一事業主のもとで就労することが義務付けられていて、労働移動の自由を保障されていないのである。結果として、制度的に、技能実習生は一度雇われてしまうと、受け入れ企業に対して立場的に弱くなってしまう。一方、強い立場の企業側は、賃金を上げたり、労働環境を改善したりする必要性を感じにくいだけでなく、最悪の場合、賃金未払いや違法な長時間労働をさせるといった問題を生じさせることもある。

（2）日系人

　日系人は、主として南米出身のブラジル人とペルー人であり、2016年の時点で前者が約18万人、後者が約6万人いる。日系人は、労働移動の自由が保障されているだけでなく、就業職種の制限がない。したがって、日本人と同じように、よりよい労働条件を求めて、企業間、そして地域間の移動が可能である。また、技能実習が3年で帰国しなければならないのに対し、日系人は滞在資格の更新が可能である。どの点をとっても、日系人は技能実習生より条件がよいといえる。日系人は自動車産業などの部品メーカーや一次下請けの製造業で就労するケースが多く、労働移動の自由も認められているため、賃金も技能実習

生より高い場合が普通である。

　ただし、日系人が日本人とまったく同じような就労条件のもとで働いているかといえば、そうではない。まず、日系人のほとんどが技能実習生と同じように製造業で雇用されているという現状がある（7割以上）。それ以外の業種の企業は、日系人をなかなか雇わないということである。また、日系人が日本人と同じように正社員として雇用されるケースは少なく、多くは期限つきの非正規社員である。さらに、企業に直接雇用されないで、**派遣労働者**として製造業に従事することも多い。**非正規社員**や派遣労働者の割合が高いということは、安定した雇用が得られない可能性が高く、不況時には真っ先に解雇されるということである。景気変動によって雇用されたり、解雇されたりする、労働市場の「調整弁」のような存在であるといってもよい。もちろん、日本人でも製造業で非正規社員や派遣労働者として働く者も少なくない。しかし、日系人の場合、その割合は明らかに高い。日本人であれば教育や努力次第で、正社員就職が可能だが、来日間もない日系人にはそれが難しい。また、企業側も、日系人より日本人を優先的に正社員にするのが普通である。日系人が不安定な雇用しか得られないのは、このような、ある種の構造化された就労条件があるからである。

　日本人と同じか、それよりも良い就労条件で働いているのが一部の高度外国人材である。彼らは専門的・技術的分野で雇用され、高い賃金と安定した就労条件を得ている。高度外国人材が外国人労働市場で上層に位置するとすれば、日系人と技能実習生は下層に位置する。そしてその下層の中でも、技能実習生の就労条件は日系人のそれより数段低い。今後の課題は、技術革新や起業に貢献するより多くの高度外国人材を来日させると同時に、人材不足を補う日系人と技能実習生の就労条件を改善させていくことだといえよう。

3　日本社会で暮らす在日コリアン

　第二次世界大戦で敗戦するまで、日本は朝鮮半島と台湾を植民地として支配

していた。その時代に日本へ移住し、戦後も日本に残留した朝鮮半島出身の人々のことを「在日コリアン」という（中国・台湾系の人々のことを「在日華人」という）。彼らは所謂「オールド・カマー」（古くから日本にいる人々）であり、技能実習生や日系人とはまったく異なる背景をもっている。

朝鮮半島が日本帝国の領土だった間、朝鮮半島に住む人々は皆、日本国籍をもつ「日本帝国臣民」とされた。その時代、仕事を求めて日本に移動した人々がいたが、より大規模な移動が進んだのは第二次世界大戦中であった。日本は「国家総動員」を呼びかけ、朝鮮人を強制的に日本に連行し、兵士として戦地へ送り出すと同時に、軍事工場での労働を強いたのである。その結果、朝鮮出身者が日本に在住する数は飛躍的に伸び、約 200 万人に達した。敗戦後、多くの朝鮮出身者は朝鮮半島に帰ったが、既に日本での生活基盤が確立していた約 60 万人の人々は、日本に残った。彼らが、後にいう「在日コリアン」であった。

（1）市民権拡大に向けた動き

戦後処理を定めたサンフランシスコ条約が 1952 年に発効すると、日本政府は、旧植民地出身者はすべて日本国籍を喪失し、「外国人」になったとの見解を示した。これにより、日本に残留した約 60 万人の朝鮮出身者は――「日本人」として日本に移動した（もしくは強制的に連行された）にもかかわらず――すべて「外国人」として扱われるようになった。政府が彼らから日本国籍を一方的に剥奪すること自体、倫理的問題をはらんでいるが、国籍を剥奪されたことによって生じる市民的権利や地位の喪失は、その後の在日コリアンに多くの苦難を与えた。「市民的権利や地位をもたない」という理由で、在日コリアンたちは公的機関、学校、企業、一般社会で差別的待遇を受けたからである。

日本は国籍付与に関して、親の国籍を子どもが継承するという「**血統主義**」を採用している。したがって、在日コリアンたちは、日本で生まれた二世や三世であったとしても、自然に国籍を付与されることはない。一定の条件を満たして帰化すれば日本国籍を取得できるが、その場合、韓国国籍または北朝鮮国

籍を放棄しなければならない（二重国籍は認められない）。毎年幾千人（多い年は1万人以上）もの在日コリアンが帰化しているが、まだ30万人以上の在日コリアンとその子孫がいる。彼らのほとんどは日本語を母国語とし、日本で就業し、日本に税金を納めている。ただし、繰り返しになるが、彼らに日本国籍はない。

在日コリアンたちは、1970年以降、訴訟、請願、ロビー活動などを通じて「外国人住民」としての権利を主張しはじめた。そして、様々な権利を獲得してきた。在日コリアンに対して就業差別をした日立製作所が訴えられ、在日コリアン側が勝訴した訴訟は有名である（1974年）。この訴訟を通じて、在日コリアンの権利に関する認識も高まり、それを支援する日本人の市民団体も結成された。また、一部の地方自治体が在日コリアンに対して公営住宅への入居、児童手当の付与を認めたりするような動きも出てきた。

1990年代には、永住外国人の地方参政権を認める動きも広がった。さらに、社会保障に関する権利の拡大は立法レベルでも進み、2012年の時点で、特別障害者給付金と生活保護を除いて、永住外国人の社会保障に関する権利は日本国籍所有者と同じになった。なお、永住外国人には生活保護を受ける権利はないが、「恩恵」として支給されているので、実質的には生活保護の対象となっている。在日コリアンたち（および永住外国人全体）の市民としての権利は、このように拡大されていったのである。

（2）労働市場における在日コリアン

日立製作所が**就業差別**で訴えられ、敗訴したことは先ほど述べたとおりである。原告の在日コリアンは、採用面接で合格したにもかかわらず、日立製作所から一方的に採用を取り消された。本人が在日コリアンであることが明らかになったからである。この事例は、就業差別における「氷山の一角」でしかない。在日コリアンたちの多くは、国籍や民族を理由に、就業差別を受けてきたのだ。

このような就業差別が存在したので、在日コリアンは学歴や能力に見合った

就業機会から排除される傾向があった。その結果、日本人男性の約42％がホワイトカラーの職に就くのに対し、在日コリアンは約27％に留まっている。

日本の労働市場において差別的な処遇を受け、就業機会が制限されてきたがゆえに、在日コリアンは自営業を営むことが多い。自営業者の比率をみると、日本人が23％であるのに対し、在日コリアンは52％である。自営業者になるという選択は、就業差別があったひとつの結果であるといえる。

このような就業差別にもかかわらず、世帯収入や社会的地位に関し、在日コリアンと日本人との間に大きな格差はないといわれている。それは、在日コリアンの多くが自営業を営み、日本人と比べて平均的かそれ以上の収入を得ているという結果でもあろう。一方、会社に就職するにしても、約8割が在日コリアンの家族や親戚、または知人の紹介を通じて採用されるといわれ、在日コリアン同士の助け合いが有利に働いている。金属リサイクル、パチンコ産業、焼肉店などの所謂「エスニック・ビジネス」とよばれる零細家族経営が一般的だが、ロッテやソフトバンクなどの大企業も存在する。これらは、日本社会における在日コリアンの就業と経済的活力を示すものである。

4　国際化にともなう課題

ここまで、技能実習生と日系人の就労に関する現状や、在日コリアンの市民的権利や就業状況などについて述べてきた。そこから浮かびあがってきたのは、外国人労働者を単純労働者市場の「調整弁」と考えがちな実態や、いまだに残る在日コリアンたちへの差別であった。日本は、少子高齢化と人材不足の問題を抱え続ける一方、他方でグローバリゼーションの波によって今後も国際化していくと予測される。そのような状況の中で重要になるのは、外国人や外国出身の人々を排除するのではなく、「いかにして日本社会に包摂していくか」である。以下では、**「外国人の包摂」**を考える上で重要になる国際結婚と国際家族の問題、外国人子弟の教育の問題、外国人の社会保障の問題を順に見ていこうと

思う。

（1）国際結婚の潮流と課題

　日本の国際結婚率は3.3％（2013年）である。台湾が7.2％、韓国が8.7％なので、それほど高い比率とはいえないが、30組に1組が国際結婚だということを考えれば、国際結婚は「珍しいこと」ではない。国際結婚によって生まれてきた子どもは、多くの場合、2つの言葉や文化に触れ、多文化環境の中で育つことになる。そのような「ハーフ」の人々は、テレビのタレントでも沢山いるし、地域によっては学校のクラスの中に何人もいたりすることがある。今や、日本人と外国人との間の国際結婚によって生まれた人々は、以前から比べればはるかに「普通の存在」になりつつある。

　日本では、1980年代末以降、特に農村部で「嫁不足」の問題が生じていた。最初は、町や村の行政主導で、中国を中心とする東アジアからの「農村花嫁」が日本人男性と結婚した。次第に仲介業者が行政にかわって国際結婚を斡旋するようになり、それが一般化した。農村世帯の「嫁不足」の問題は、単に「結婚できない男性が増える」というだけのことではなかった。農村世帯では、農地を受け継ぐ子孫を生み、大家族の家事、祖父母の介護といった仕事をこなす「嫁」の確保が重要視される。一般的な核家族の中で育った日本人女性にとって、そのような農村世帯の「嫁」になるのは負担感が大きく、あまり魅力的ではないかもしれない。「ならば外国からでもいいから嫁を」、という選択肢は、農村世帯の男性とその家族にとって、十分魅力的なものであったのだといえよう。

　日本人男性が結婚する外国人女性の国籍は、中国、フィリピン、韓国・朝鮮の順に多い。中国と韓国・朝鮮が多いのは、地理的要因や在日永住者（在日コリアンや在日華人を含む）の多さと関係していると思われるが、2番目に多いフィリピンの場合は異なる事情がある。1985年のプラザ合意以降、円高が急激に進んだ。その結果、外国人にとって、日本で「円を稼ぐ」ことが非常に魅力的なものになり、日本への出稼ぎ労働者が海外から多く訪れるようになった。

その流れの中で、「興行」の在留資格で来日し、エンターテイメント産業で働くフィリピン女性が急増した。フィリピン女性の多くは日本人男性との結婚を望んだが、その理由のひとつは、「配偶者」の在留資格で日本に住み続けることができたからであった。結果として、客の日本人男性とフィリピン女性との国際結婚が急増したのである。国際結婚数は2005年以降激減する。それは、入国管理法改正によって興行ビザの発行が厳しくなり、フィリピン女性が日本に簡単にこられなくなったからである。国際結婚の数は激減したが、急増した時期に生まれた子どもたちは成人するまでになっている。また、家族や親族の呼び寄せによって、在日フィリピン人の数は増えている。

国際結婚によって生じる最大の問題は、国籍の問題である。日本の場合、父親か母親のどちらかが日本人であれば、その子どもは日本国籍を取得できる。よって国際結婚の場合、生まれた子どもは、出生時に**二重国籍**となる場合が普通である。しかし、21歳で1つの国籍を選択しなければならないことになっている。日本側の法律で、成人の二重国籍を認めないからである。二つの国に愛着と生活拠点があるような場合、これは難しい選択になる。また、外国人と結婚した日本人は、日本国籍を保持できるが、何らかの事情で配偶者の国に帰化しなければならない場合、日本国籍を喪失することになる。これもまた、日本側の法律が二重国籍を認めないからである。老後は日本で暮らしたいと思う人もいるだろうし、日本で「外国人」として扱われることに違和感をもつ人もいよう。欧米と南米のほとんどの国々、アジアでは台湾とフィリピンが、二重国籍を認めている。日本でも成人二重国籍を認めるかどうかが問われている。

（2）教育の問題

6歳から14歳までの外国人登録者数は、約10万3千人である。その中で小中学校に在籍している児童・生徒の数は約6万3千人である（2012年）。その数字を見る限り、4万人もの外国人児童・生徒が学校に通っていないことになる。数字には出てこない非公認の民族学校に通う児童・生徒もいるであろうが、少

なくとも数万人、約2～3割の外国人児童・生徒が「**不就学**」という実態がある。原因は、本人の学習意欲の欠如、いじめ等の嫌がらせ、日本語の問題、親の都合など、さまざまな要因が考えられるが、制度上の要因もある。日本では、制度上、外国人には就学義務が課されておらず、学校に行かなくてもよいことになっている。義務教育が「国民の育成を主目的とする」以上、外国人にそれを義務付けるのは適当ではないという理由からである。実際、「日本の学校に通わせると日本人になってしまう」と心配する外国人の親もいるようである。いずれ一家で帰国する希望がある場合、その心配は理解できなくもない。とはいえ、外国人児童・生徒の不就学問題を放置しておくことは、倫理上だけでなく、「外国人の包摂」という観点からも望ましいことではない。

　不就学や不登校が比較的多いのは、日系人やフィリピン人の親を持つ子どもである。日系人の子どもは非摘出児（法律上婚姻関係がない男女に生まれた子ども）の割合が高いといわれている。また、フィリピン人女性と日本人男性のカップルは離婚率が高く、家庭内問題を抱える場合が多いといわれている。更に、非正規雇用で経済的にも不安的な場合が多く、学校に通わせる経済的余裕が少ないということもある。通常の日本人家庭から比べれば、家族全体で子どもの教育を支援することは難しいといえよう。

　問題をさらに難しくしているのは、言葉の壁である。「日常生活言語」は2年ほどで学べるが、就学に必要な「学習言語」の習得は5年かかるといわれている。したがって、外国生まれの子どもが日本の学校に通う場合、ほぼ間違いなく言葉の壁に当たることになる。小学校から中学校に進んでも、日本語指導を必要とする外国人生徒の割合は35％以上だといわれている。日本語を母国語としない児童・生徒に日本語を教える「国際教室」を設けている学校もある。また、外国人生徒のための高校進学ガイダンスや高校入試制度を実施するケースも見られる。更なる教育支援の充実が求められる。

　地域によっては、外国語で授業を行う**民族学校**などが設立され、外国人児童・生徒の学習支援を行っている。日系人が多く住む愛知県や静岡県には、多くの

「ブラジル人学校」が設立されている。ただし、日本の教育制度に準じた正式な学校ではないため、補助金も受けられず、教育環境を整えるのが難しいといわれている。地域社会のボランティアが重要な役割を果たし、外国人児童・生徒の学習を支援しているが、効果は限られている。

在日コリアンに関しては状況が全く異なるので、ここでそれに言及しておきたい。在日コリアンの児童・生徒は、親も日本生まれで日本語を母国語とする者がほとんどである。永住資格もあるので、日本に永住するという前提がある。そのため、在日コリアンの児童・生徒の8割が日本の学校に通っている（あとの2割は民族学校に通っているとされる）。大学進学率が日本人の平均を超えることから、在日コリアンが教育を重視しているということは明らかである。韓国・朝鮮人としてのアイデンティティ保持と文化的継承の要求は強いとされるが、日本の学校では「日本人への同化圧力」が強いため、「日本人的資質」を求められることが多い。韓国・朝鮮系の本名を名乗らず、「日本名」を利用ことが多いのは、そのような背景があるからである。高い教育レベルに達しているにもかかわらず、日本企業への就職が少ないなど、依然として差別問題が残っているとされる。

（3）社会保障の問題

外国人に対する社会保障の中で最も物議をかもすのは、生活保護の問題である。外国人は、生活保護を受給する権利をもたない。ただし、「永住」や「定住」などの在留資格をもつ者に対しては、「恩恵」として、事実上受給対象としている。永住・定住外国人が日本で就労し、日本人と同じように各種税金を納めていることを考えれば、当然の措置ともいえる。対象は主に、在日コリアン、在日華人、フィリピン人、日系人などである。その数は、日本人受給者の数に比例するように、毎年増加にある。以下では、彼らがどのような状況下で生活保護を受けているか見ていくことにする。

在日コリアンの場合、生活保護世帯の半数以上が高齢者世帯である。日本人

の場合もほぼ半数が高齢者世帯なので、同じような問題を抱えているということになる。高齢者世帯で貯蓄がない場合、年金に頼らなければならなくなるが、支給額が少ない国民年金だけでは暮らせない者も多い。また、無年金の場合もあるので、そうなれば生活保護を受けなければならない可能性は高くなる。在日コリアンの場合、国民年金法の国籍要件が1982年に撤廃されるまで、年金加入が認められてこなかった。年金支給を受けるためには最低25年の加入期間が必要なので、当時すでに中年に達していた人々は、無年金になるか、非常に低額の年金しか受け取れない状況に陥った。年金という社会保障は、高齢者の生活を支える最も重要なセーフティネットである。在日コリアンの場合、そのセーフティネットから排除されたままだったため、高齢者の生活保護受給者が増えたのである。

日系人の場合は、失業による生活保護がほぼ半数を占めている。2008年のリーマンショックのときには、解雇や雇い止めにあい、日系人の失業率は26〜47％にのぼるほどであった。既に述べたとおり、彼らのほとんどは非正規社員か派遣労働者だったので、真っ先に職を失ったのである。さらに状況を悪くしたのは、当時、彼らの43％が雇用保険に入っていなかったことである。雇用保険は企業側にとってひとつのコストであり、それが削減されてしまったのである。日系人が安定した就業を得られないことと、雇用保険などのセーフティネットからもれてしまったことが、生活保護受給者の数を増やしたといえる。

フィリピン人の場合、生活保護世帯の約70％が母子家庭世帯である。フィリピン女性が父親である日本人男性と離婚し、子どもたちと暮らす場合、貧困状態に陥る場合が多い。育児をしながらフィリピン女性が安定した就職をすることは、非常に難しいからである。日本人でさえ、ひとり親世帯の貧困率は54％と高いので、フィリピン人のひとり親世帯の場合、特段の事情がないかぎり、かなりの確立で生活に困窮することになる。

以上みてきたように、永住・定住外国人が生活保護を受給する背景は、それぞれ異なる。在日コリアンの年金に関しては、年金法の改正によって今後は改

善方向に向かうと予測されるが、それ以外については解決の糸口がつかめない状況である。生活保護は雇用のセーフティネットと密接に連動しているため、それを強化することによって問題は改善されると予測される。よって雇用のセーフティネットを永住・定住外国人にどれだけ提供できるかが今後の課題となろう。

5　まとめ

　以上、国際化する日本社会とそこから生じる諸問題についてみてきた。技能実習生や日系人の労働環境の向上や、受け入れ制度そのものの改善が求められていることが明らかになった。また、在日コリアンに関しては、市民権拡大や就労状況の改善が見られるものの、まだ差別が残ることがわかった。国際結婚に関しては、国籍の問題が挙げられた。学校教育に関しては、日系人やフィリピン人児童・生徒の不就学・不登校の問題と日本語習得の問題が挙げられた。また、日本の学校に通う在日コリアンに関しては、民族アイデンティティ保持の問題が挙げられた。最後に、在日コリアンの場合は無年金や低年金、日系人は高い失業率、フィリピン人は高い離婚率（ひとり親世帯）というふうに、それぞれ異なる理由で貧困状態に陥り、生活保護を受けている実態が明らかになった。これらの実態や問題は、すべてグローバリゼーションに由来し、国家や国民という枠組みを超えたところで存在している。よってこれからは、国は日本国民に限定せずに権利を付与したり、行政サービスを行ったりする体制を整える必要がある。また、民間レベルでも、外国人に対する寛容な精神と、多文化共生の意識が必要になってこよう。少子高齢化と人材不足という問題に対処するという意味でも、そのような努力は必要である。

（原　百年）

〈考えてみよう〉
1 自らの経験に基づいて、身近にある「トランスナショナルな現象」の例をあげなさい。
2 日本が移民を受け入れることに関して、賛成と反対の理由をそれぞれ考えなさい。
3 永住・定住外国人が生活保護を受けることに関して、賛成と反対の理由をそれぞれ考えなさい。

【参考文献】
石井香世子編『国際社会学入門』ナカニシヤ出版、2017年。
樽本英樹著『よくわかる国際社会学』ミネルヴァ書房、2016年。
西原・樽本編『現代人の国際社会学・入門 -- トランスナショナリズムという視点』有斐閣、2016年。
宮島・佐藤・小ヶ谷編（2015）『国際社会学』有斐閣、2015年。

第15章
日本の環境政治と環境政策

> 現代の環境問題は、政府による解決支援を必要としている。この解決のための努力が環境政策である。では、日本国政府の環境政策はどのような変遷をとげてきているだろうか。そして現在はどのような政策目標を掲げているのであろうか。さらに、今後どのような課題を解決しなければならないのであろうか。

1　環境問題解決における政府の役割

　君たちは、環境問題と言われたときにどのような問題を思い浮かべるであろうか。地球温暖化、オゾン層の破壊、酸性雨、熱帯林の破壊、生物多様性の喪失、有害化学物質、廃棄物処理、海洋汚染、大気汚染などさまざまな問題があげられるであろう。これらの問題は、社会のあらゆる領域における個人や企業など多様な主体による解決への努力や、あるいは科学的研究や環境技術の革新などの解決策を必要とするであろう。そうした解決策のなかで、政府による解決策はもっとも重要な方策の一つとなっている。というのも、環境（ここでは、人間の生存にとって不可欠な自然環境を指して環境とする）は、基本的に公共財としての特性をもっているからである。

　公共財（あるいは準公共財）とは、その財の利用において他の人の利用を排除できないような「非排除性」と、さらにその財をどれだけ利用しても他の人

が利用できなくなるわけではない「非競合性」との両特性の両者をもつ財（公共財）ないしどちらかをもつような財（準公共財）を指している。自然環境が、これに当たることはすぐに了解できるであろう。こうした財では、その財の利用から生まれる便益は享受しながら、その財の利用に必要な負担は避けようとする人が必ず出てくる（「**ただ乗り（フリーライダー）**」問題）ことが知られている。人間は利己的な傾向性をもち、短期的な利得を求めて長期的な損失を無視しやすいし、市場取引では短期的視点が優位に立っているからである。しかし公共財は、それが維持されなければすべての人々に損害をもたらすものである。だからこそ、こうした財の維持には、公的権力による下支えが必要になってくる。また、こうした財を支えるためには、一方では侵害者への抑止と、他方では遵守者への奨励が必要になってくる。こうしたことを公平かつ大規模に進める権力を保有しているのが、政府である。

この場合、政府には多様なサイズが考えられる。地球環境問題のような場合には、当然のことながら、世界政府に当たるものが必要で、現状では国連、とくに**国連環境計画** UNEP を中心とした国際政府機関の活動が重要である。しかし、仮に問題が地球大であっても、各国政府やさらには国よりも小さな単位での地方政府が、問題解決に乗り出さなければ、地球環境がもつ**生態系サービス**などは享受できなくなってしまう。まして、私たちが毎日の暮しのなかで、直接対面している環境は、国家政府によって保護されている。そこで、以下では、この国家政府による環境という公共財の適正な維持のための制度設計を環境政策としてとらえ、その歴史的展開と現状及び課題を考えていきたい。

2　日本の環境政策の歴史

環境問題は一般的には、近代化とともに登場してきたことが知られている。そのため、産業革命がもっとも早く始まったイギリスでは、工業都市の煤塵の問題や廃液の問題に 19 世紀から悩まされた。日本でも、明治維新以後の急速

な工業化の過程で、**足尾銅山鉱毒事件**などが発生した。しかしながら、日本で環境問題が一般的に認識されるようになったのは、戦後からであった。

この戦後の環境問題とそれに対処する環境政策を歴史的に振り返る場合、環境庁（省）で自ら政策立案に関与していた松下和夫による時期区分[1]が最も参考になる。かれは、日本の経済社会の状況や環境問題の態様、そして法制度の整備や対策の進展状況などから、以下の四つの時期区分が可能だとしている。

1　戦後復興と高度経済成長前半期（激甚公害の発生）
　　――1960年代半ばまで
2　高度経済成長後半期（環境政策形成期）
　　――1960年代後半から1970年代前半まで
3　低成長期と都市化・生活型公害（環境立法・政策の停滞）
　　――1970年代後半から1990年頃まで
4　環境問題の国際化と環境政策の新展開
　　――1990年頃から現在まで

この区分に沿って、以下ではそれぞれの展開を追ってみたい。

（1）戦後復興と高度経済成長前半期

この時期に特徴的なのは、いわゆる「公害病」と呼ばれる健康被害が日本中で知られるようになったことと、それへの対処がまだできていなかったことである。たとえば、公害病の象徴となった水俣病では、水俣保健所への患者発生報告は1956年が最初であるが、実際には1953年頃からすでに患者は発生していたことが後の調査で確認されている。しかし、原因究明には多くの時間がかかり、チッソ水俣工場からの水銀の排出は1966年まで続くことになり、水俣病の政府による認定は1968年までかかった。また、大正時代から富山県神通川流域で生じていた原因不明の**イタイイタイ病**の原因が、三井金属神岡鉱業

---

[1]　松下和夫『環境政策学のすすめ』（丸善、2007年）、32頁。

所からの排水に含まれていたカドミウムであることが地元医師の研究などによって 1961 年には究明されたが、これも公害病と政府によって認定されたのは 1968 年であった。

このように、公害問題の深刻化に比して政府の対応は遅れていたが、それでも 1958 年には、公共用水域の水質保全に関する法律（**水質保全法**）と、工場排水等の規制に関する法律（**工場排水規制法**）が制定された（併せて**水質二法**と呼ばれた）。また、最初の大気汚染対策法としてばい煙排出規制法が 1962 年に制定された。しかしながら、どちらの法律も、「公害対策と経済の健全な発展との調和」を測るべきだとの「**経済調和条項**」が盛り込まれていたことが示すように、この時の政府はまだ公害対策には消極的であり、さらに問題が発生した水域や汚染が発生した地域に限定して対策を講じようとする点で、「**後追い行政**」の性格をもつものだとして批判されていた。

（2）高度経済成長後半期

公害の激化、住民運動の高まり、さらには、東京都を初めとする「公害防止条例」の各自治体での制定などを背景として、国も 1967 年には公害から国民の健康を保護し、生活環境を保全することを基本理念とする**公害対策基本法**を制定した。しかし、この時にはまだ、第一条には「生活環境の保全については、経済の健全な発展との調和が図られるようにする」といういわゆる「経済調和条項」が盛り込まれていた。

ところが、経済が環境よりも優先するかのような国の姿勢は、1970 年のいわゆる「公害国会」を境にして大きく変わっていく。この国会では、公害対策強化のために、14 の法案の改正、新法制定がなされた。その中には、「公害対策基本法」からの「経済調和条項」の削除、**大気汚染防止法**についての適用地域の指定地域制から全国適用への改正、それまでの指定地域制に代えて全国を対象地域として排水を規制する「**水質汚濁防止法**」の制定、産業廃棄物に関しても総合的な処理・処分を規定するようにした「**廃棄物の処理及び清掃に関**

する法律」の制定、公的に実施された公害防止事業費について汚染原因事業者に負担を求めることを定めた「**公害防止事業費事業者負担法**」の制定、などが含まれていた。

　さらに、閣議決定によって臨時に設置されていた「公害対策本部」に代えて、公害関連法を総合的に運用し、環境行政を一元的に推進するために、現在の環境省の前身となる**環境庁**が 1971 年に設置された。そして、環境庁には、自然環境保護局も置かれ、自然保護対策の基本的な方向を定める**自然環境保全法**が 1972 年に制定された。

　また 1973 年には、公害による健康被害の補償などを国や地方公共団体、そして被害を引き起こした企業などに義務付ける**公害健康被害補償法**（1987 年には改正・改称され、「**公害健康被害の補償等に関する法律**」）が制定された。このように、四大公害訴訟において原告側の勝訴が確定していく 1970 年代前半期においては、改正された公害対策基本法を柱とした積極的な公害対策と、「自然環境の保全は、…将来の国民に自然環境を継承することができるように適正に行われなければならない」（自然環境保全法第 2 条）の理念をもつ自然保護対策が講じられるようになり、この後、日本の環境政策は、公害対策と自然環境保全を二本の柱として進められていくことになるのである。

（3）低成長期と都市化・生活型公害（環境立法・政策の停滞）

　こうして 70 年代初頭に、日本の環境政策は最初の高揚期を迎えた。ところが、1973 年の第一次石油危機後に世界的な不況が到来すると、経済の立て直しが政府の最大の課題となり、環境行政への関心は薄れていった。このため、次の 1990 年代までは、環境政策はどちらかというと停滞期にあったと一般に評価されている。その理由としては、2 度の石油危機をはさんで日本の高度経済成長が終息し、低成長下での新たな環境政策の導入には経済界から強い抵抗があったこと、また、環境問題それ自体が、特定の個別発生源を認定できる産業公害から、自動車の排気ガスや生活雑排水、あるいは大量消費・大量廃棄など、発

生源が多様で拡散した**都市化・生活型公害**へと変化し、従来からの規制的手法によるだけでは、この新しいタイプの公害への対策がすぐにはとれなかったことなどがあげられている。

（4）環境問題の国際化と環境政策の新展開

しかし、1990年代になると、日本の環境政策は新たな進展を見せる。次節でも触れる地球サミットで合意された国際的な環境問題への取り組みの責務を果たすべく、**地球環境問題**と都市化・生活型公害への対処をも取り入れた新たな環境政策がスタートしたのである。そのことを端的に示しているのが、1993年に制定された**環境基本法**であった。

この基本法は、その後の日本の環境政策の文字通り基本を構成するものなので、やや詳しくその内容に触れたい。

最初は法律論であるが、そもそも「基本法」という名称の法律は、ある行政分野における施策の方向性を指し示す法律で、この施策の方向性を具体化して規制等を定める個別法の根拠となり、財政的・金融的な措置を政府に求める根拠ともなる法律である。その意味で、環境基本法は、地球環境問題への対処や廃棄物の減量化とリサイクル施策を含む、新たなステージでの環境政策の文字通り土台となったのである。

では、新しい段階では環境保全はどう考えられたのであろうか。この点については、同法では「環境保全の基本理念」として第3条から第5条にかけて以下の三つの理念が提唱されている。

第一は、環境の恵沢の現在世代の享受及び将来の世代への継承である。すなわち、健全で恵み豊かな環境の維持は、健康で文化的な生活に不可欠であり、現在及び将来の世代が、この環境の恵沢を変わることなく享受できるようにすることである。これは、次節で触れる「**持続可能な開発**」概念での「**将来世代への責任**」を踏まえた理念だと思われる。

第二は、環境への負荷の少ない持続的発展が可能な社会の構築等である。こ

れもまた、「持続可能な開発」の理念を踏まえていると思われる。この理念の重要な点は、これまでの公害防止や除去、あるいは自然環境保護は特定の行為に対する規制が中心であったが、今や社会の仕組み全体を環境への負荷の少ない社会へと転換させていくという、より広範な施策に及ぶことを可能にする点である。しかもその際には、「科学的知見の充実のもとに環境保全上の支障が未然に防がれること」が謳われ、さらに「すべての者の公平な役割分担のもとに自主的かつ積極的に」取り組むことが求められているのである。

そして第三は、国際的協調による積極的な地球環境保全の推進である。これは「地球環境保全が人類共通の課題である」ことを認めると同時に、「我が国の能力を生かして、及び国際社会において我が国の占める地位に応じて」積極的に推進するとあるので、次節で触れるリオ・サミットで確認された原則「共通だが差異のある責任」を意識したものだと思われる。

環境基本法は、こうした基本理念だけを定めたものではない。そこでは今後の環境保全のための「基本的施策」の内容が定められており、ボリュームからしても同法の中核部分をなしている。すなわち、まず環境の保全に関する施策策定と実施にあたっての指針として、①個々の環境の自然的構成要素が良好な状態に維持されること、②生物多様性や多様な自然環境が確保されること、③人と自然との豊かなふれあいが確保されること、の３指針が示されている。そして、次に「**環境基本計画**」（これについては本章４節で詳述する）の策定が規定され、環境行政の計画的戦略的な推進が定められた。また、国の具体的施策として、**環境基準**の設定、**環境影響評価**の推進、公害や自然環境保全上の支障を防止するための規制、経済的助成や経済的負担による誘導を目指す「**経済的措置**」、環境の保全に関する教育・学習、民間団体等の自発的な活動の促進、地球環境保全等に関する国際協力などをあげ、地方公共団体に環境保全のための施策策定を義務化し、**中央環境審議会**等の設置等を規定している。

以上、環境基本法の内容を見てきた。その内容が示しているように、日本の環境政策は、リオ・サミット以後、地球環境問題をも視野に入れ、経済社会全

体の作り直しを目指す総合的なものへと変わったのである。

3　国連を中心とした取り組み

　ここまでは日本の環境政策の展開を見てきたが、90年代以後の日本における環境政策の展開は、国際的な環境政治との関連が特に高くなっている。そこで、本節では国連を中心とした環境政策の展開を振り返っておきたい。

　国単位ではなく、まさに国際的な取り組みという点で注目すべき動きは、1972年に認められる。この年に国連が主催する初めての環境をテーマとした会議、すなわち「**国連人間環境会議**」が、国外汚染源による深刻な酸性雨被害を受けていたスウェーデンのストックホルムで開催されたのである。この会議の事務局長を引き受けたモーリス・ストロングは、会議における「考え方の枠組み」の提供をR・デュボスとB・ウォードに託した。両者は、「国際的共同責任」、「地球規模の問題に関する国際的な政策の調整」、「地球への誠実さ」にもとづく目標の統一、などの基本理念を盛り込んだ報告書『**かけがえのない地球 Only One Earth**』（1972年）を提出した。そこでの提案は広く受け入れられ、報告書の標題「かけがえのない地球」は、同時に会議の標語ともなった。もっとも、会議では、工業化の進展による公害に悩み環境保護を優先させようとする先進国と、環境保護のために経済開発が抑制されることを恐れる発展途上国との間で厳しい対立が生まれていた。しかし、最終的には、法的拘束力はないものの、環境への意識を共有する「**人間環境宣言**」が採択され、またその後の国連における環境政策の中心機関となる「**国連環境計画 UNEP**」の創設が決定された。

　この**国連人間環境会議**（それは開催地の名称をとって、「**ストックホルム会議**」とも呼ばれる）以後、国連における環境への取り組みは、ほぼ10年ごとに節目を迎えることになる。

　まず10年後、1982年、UNEPの本部が置かれたケニアのナイロビで開催されたUNEPの管理理事会特別会合（**ナイロビ会議**）では、21世紀の地球環境

の理想像を模索するとともに、「環境」ととくに発展途上国における「開発」とを結びつける戦略を策定するための特別委員会を国連に新設することが合意された。そして、翌年の国連総会での新委員会設立決議を受けて、**環境と開発に関する世界委員会**」（ノルウェーの女性首相、ブルントラントが委員長になったため、「**ブルントラント委員会**」とも通称される）が設置された。委員会は、環境と開発に関する新たな理念の構築に努め、同委員会報告書『**われら共通の未来 Our Common Future**』（1987）において、「**持続可能な開発 sustainable development**」の概念を提唱した。この概念自体の定義は学問的にはさまざまあるが、委員会では「将来世代のニーズを損なうことなく、現在の世代のニーズを満たす開発」と定義し、この定義が「持続可能な開発」の概念内容として国際的に承認されるようになっていった。

　さて、次の 10 年後の 1992 年、今度は、ブラジルのリオデジャネイロで「**環境と開発に関する国際連合会議 UNCED**」（国際連合環境開発会議とも、各国の首脳が環境問題に特化した会議に初めて多数参加したため、**地球（環境）サミット、リオ・サミット**とも呼ばれる）が開催された。この会議は、その名称に「環境と開発」が盛り込まれていることにも表れているように、持続可能な開発の理念を先進国と発展途上国の双方が共通の前提とする会議になっていた。そして、この会議のもとで、地球規模での持続可能な開発を目指し、先進国と発展途上国との環境問題に対する「**共通だが差異のある責任**」原則などの地球レベルでの基本的な環境政策原則を盛り込んだ「**環境と開発に関するリオ宣言**」の作成が合意され、また、21 世紀に向けて持続可能な開発を実現するための世界の行動計画である「**アジェンダ 21**」が制定された。さらに、会議では、地球温暖化防止のための国際的な取り決めを定めた「**気候変動に関する国際連合枠組み条約**」と、「生物の多様性の保全、その構成要素の持続可能な利用及び遺伝資源の利用から生ずる利益の公正かつ衡平な配分をこの条約の関係規定に従って実現することを目的」とした「**生物多様性条約**」が採択され、世界の森林の持続可能な利用と保全のための原則を定めた「**森林に関する原則声明**」が表明さ

れた。

　そしてそのまた 10 年後の 2002 年、リオ・サミットにおいて採択された行動計画「アジェンダ 21」の進捗状況を検証し、新たな課題にも対応した具体的な「実施計画」を策定するために、南アフリカのヨハネスブルグで「**持続可能な開発に関する世界サミット WSSD**」が開催された。この会議では、ストックホルムからの環境問題への国連による取り組みの 30 年が総括され、「持続可能な開発」を地球的レベルで進めていく国際的な決意が「**持続可能な開発に関するヨハネスブルグ宣言**」として採択された。なお、この 10 年の間には、地球温暖化問題解決に向けた具体的な方策を定めるための京都会議が日本で開催され（1997 年）、締約国の温室効果ガスの削減約束を含む「**京都議定書**」が採択されている。

　さらにリオ・サミットから 20 年後の 2012 年には、**国連持続可能な開発会議（リオ＋ 20）**がリオデジャネイロで開催された。会議では先進国と発展途上国との対立が依然として残っていたが、それでもしかし、**グリーン経済**とそのための**グリーン・イノベーション**の重要性が確認され、国連環境計画の強化等、国連における持続可能な開発を進めるための制度的枠組みについても合意がなされ、また、持続可能な開発にとって優先的な領域での目標を 2015 年までに定める「**持続可能な開発目標（ＳＤＧｓ）**」策定のための政府間パネルの設置も合意された。この成果を受けて、発展途上国の貧困問題解決を主としていた**ミレニアム開発目標**に代わって、発展途上国と先進国共通の 2030 年に向けた社会目標として 17 の「持続可能な開発目標」（図表 1 参照）が「我々の世界を変革する：持続可能な開発のための **2030 アジェンダ**」として 2015 年 9 月に国連総会で採択された。また、長らく全世界規模での交渉がまとまらなかった地球温暖化防止のための具体的な取り組みについて、新しい温暖化防止対策の国際的な枠組みである「**パリ協定**」が、同年 12 月には国連気候変動枠組み条約第 21 回締約国会議ＣＯＰ 21 で採択され、発効要件に不可欠となる巨大な温室効果ガス排出国の中国と米国も翌年締結に加わったので、2016 年 11 月より発

第三部　政策研究

効するようになった（日本も発効直後に批准している）。

図表1　持続可能な開発目標（SDGs）

目標1. あらゆる場所のあらゆる形態の貧困を終わらせる

目標2. 飢餓を終わらせ、食料安全保障及び栄養改善を実現し、持続可能な農業を促進する

目標3. あらゆる年齢のすべての人々の健康的な生活を確保し、福祉を促進する

目標4. すべての人に包摂的かつ公正な質の高い教育を確保し、生涯学習の機会を促進する

目標5. ジェンダー平等を達成し、すべての女性及び女児の能力強化を行う

目標6. すべての人々の水と衛生の利用可能性と持続可能な管理を確保する

目標7. すべての人々の、安価かつ信頼できる持続可能な近代的エネルギーへのアクセスを確保する

目標8. 包摂的かつ持続可能な経済成長及びすべての人々の完全かつ生産的な雇用と働きがいのある人間らしい雇用（ディーセント・ワーク）を促進する

目標9. 強靱（レジリエント）なインフラ構築、包摂的かつ持続可能な産業化の促進及びイノベーションの推進を図る

目標10. 各国内及び各国間の不平等を是正する

目標11. 包摂的で安全かつ強靱（レジリエント）で持続可能な都市及び人間居住を実現する

目標12. 持続可能な生産消費形態を確保する

目標13. 気候変動及びその影響を軽減するための緊急対策を講じる

目標14. 持続可能な開発のために海洋・海洋資源を保全し、持続可能な形で利用する

目標15. 陸域生態系の保護、回復、持続可能な利用の推進、持続可能な森林の経営、砂漠化への対処、ならびに土地の劣化の阻止・回復及び生物多様性の損失を阻止する

目標16. 持続可能な開発のための平和で包摂的な社会を促進し、すべての人々に司法へのアクセスを提供し、あらゆるレベルにおいて効果的で説明責任のある包摂的な制度を構築する

目標17. 持続可能な開発のための実施手段を強化し、グローバル・パートナーシップを活性化する

http://www.mofa.go.jp/mofaj/files/000101402.pdf.

第 15 章　日本の環境政治と環境政策

4　中・長期的な日本の環境政策とその課題

（1）2000 年以後の日本の環境政策

では、現在の日本の環境政策はどうなっているのであろうか。現在の日本の環境政策は、環境基本法が規定した環境基本計画に沿って行われている。環境基本計画は、1994 年より 6 年毎に策定され、現時点は 2012 年に策定された第四次環境基本計画の下にある。紙幅の都合上ここではその将来社会像のみを見てみよう。

この計画では、日本が目指すべき将来社会を「目指すべき持続可能な社会」と呼んでこう規定している。「人の健康や生態系に対するリスクが十分に低減され、『安全』が確保されることを前提として、『低炭素』・『循環』・『自然共生』の各分野が、各主体の参加の下で、総合的に達成され、健全で恵み豊かな環境が地球規模から身近な地域にわたって保全される社会」（第四次環境基本計画：17）、だと。

ここには文中の『』で強調表示されているように、四つのキーワードが置かれている。「安全」、「低炭素」、「循環」、「自然共生」である。これらのうち、「安全」が入ったのは、前年に起きた東日本大震災と原子力発電所の重大事故による環境災害を受けてのものであった。他方で、「低炭素」、「循環」、「自然共生」は、第一次安倍内閣のもとで 2007 年に閣議決定された「21 世紀環境立国戦略」で提起された「持続可能な社会」を構成する 3 つの柱、すなわち「低炭素社会」、「循環型社会」、「自然共生社会」を継承したものである。つまり、低炭素社会とは、「温室効果ガスの排出を大幅に削減し、世界全体の排出量を自然界の吸収量と同等のレベルとしていくことにより、気候に悪影響を及ぼさない水準で大気中温室効果ガス濃度を安定化させる」（同戦略：3）社会であり、法律としては温暖化対策推進法が中核となる。また循環型社会とは、「廃棄物等の発生抑制や循環資源の利用などの取組により、新たに採取する資源をできるだけ少なくした、環

第三部　政策研究

境への負荷をできる限り少なくする」(同頁) 社会であり、法律としては、循環型社会形成推進基本法とそれに関連する家電、包装容器などのリサイクル法が中核となる。そして、自然共生社会とは、「生物多様性が適切に保たれ、…自然の恵みを将来にわたって享受できる」(同戦略：3-4) 社会であり、生物多様性条約の締結を受けて策定された生物多様性基本法がその中核的な法律となっている。

これらが示しているように、現代日本の環境政策は、核汚染と化学物質汚染等から人の健康・生活を守る安全・安心社会を基礎に、低炭素・循環型・自然共生社会を総合的に実現しようとする政策となっているのである。

(2) 日本の環境政治の課題

日本政府のこれまでの環境政策を知って、君たちはどのように思っただろうか。率直に言って、第四次環境基本計画の将来社会像は、21世紀における環境問題の解決方向として間違っているとは言えないと思われる。しかし、問題は、この方向性に向けて実際の施策がとられているのかどうかであろう。この点で、いくつかの課題があることを最後に3点指摘しておきたい。

第一は、そもそも日本の環境基本計画は計画と呼べるものになっているのか、という点である。政策を進める手法については、ここで詳述できないが、環境基本計画は「計画的手法」に相当する。その場合、目標の設定だけでなく、どのようなスケジュールで達成するのか、目標達成の手段は何か、達成に努める主体とその役割は何か、さらに達成状況を測る指標は何か、等を定めなければ、計画は「絵に描いた餅」になってしまう。これらの基準から見ると、現状はかなり怪しいものとなっているのである[2]。

第二は、日本の政策コミュニティの特性である。政策コミュニティとは、政策の形成から執行までに関わる多様なアクターからなる相互作用の過程を指す

2　詳しくは、倉阪秀史『環境政策論─環境政策の歴史及び原則と手法 (第三版)』(信山社、2014年)、180-191参照)。

が、日本の環境政策コミュニティは、圧倒的に官僚中心であって、環境政党も国政では存在しないし、環境ＮＧＯの規模も数も、欧米と比べると極めて小さいのが現状である。加えて、環境省の力は必ずしも強くはなく、環境政策のように多分野に関わる政策は、経済産業省や国土交通省、農林省など、他の予算的にも権限的にも大きな省庁の政策とのすり合わせの過程で、政策のあり方が大きく変わってしまうのである[3]。

　最後は、環境保全の矮小化の問題である。現代の環境問題は、私たちの暮らし自体が作り出している部分が多いので、暮らし方を変えることは重要な意味を持っている。環境にやさしい「暮らしの中での工夫」は「レジ袋を断る」とか「ゴミの分別を徹底する」、「エコな車の購入」など、一人ひとりができるところからする、のは重要である。しかしながら、責任を各人ができることに分散すると、社会全体としては無責任な成果しか生まないことも多い。30年以上環境省のなかで政策立案をしてきた竹内恒夫が、大学の研究者となり自由に発言できるようになって、日本人の環境危機意識の低さと、「国は自治体に『丸投げ』、自治体は市民に『丸投げ』」、と日本の環境政策の無責任な実態を指摘している[4]のを見ると、まだまだ課題は大きいのではないかと思われる。

（丸山正次）

3　詳しくは、M.A. シュラーズ『地球環境問題の比較政治学―日本、ドイツ，アメリカ』（岩波書店、2007年）を参照のこと。
4　竹内恒夫『地域環境戦略としての充足型社会システムへの転換』（清水弘文堂書房、2016年）、12-34頁。

〈考えてみよう〉
1 環境政策では何が重要なのだろうか
2 環境問題の解決にとって政治はどのような役割を持っているのであろうか。
3 環境問題の解決において、日本は世界のなかでどのような役割を果たすべきなのだろうか。

【発展的学習のための参考文献】
倉阪秀史『環境政策論―環境政策の歴史及び原則と手法(第三版)』(信山社、2014 年)
武内和彦・渡辺綱男編『日本の自然環境政策―自然共生社会をつくる』(東京大学出版会、2014 年)
T.ストレンジ／A.ベイリー『よくわかる持続可能な開発―経済、社会、環境をリレクする』(明石書店、2011 年)
松下和夫『環境政策学のすすめ』(丸善、2007 年)
M.A.シュラーズ『地球環境問題の比較政治学―日本、ドイツ、アメリカ』(岩波書店、2007 年

第16章
男女共同参画の基礎と現代的意義

　男女平等を進める国連の取組に端を発した世界的動きを受けて、日本の国・自治体も取組を推進発展させてきた。長い活動の中で根底に流れる3つの基底的考え方が形成され、それが**男女共同参画社会基本法**において5つの基本理念になった。**女性差別撤廃条約・男女雇用機会均等法**その他の諸法も関連している。これらを根拠として、行政的取組としてのプラン、自治体の法としての条例、男女共同参画宣言都市としての宣言文を用いて住民参加の下で推進している。現代社会がもつ様々な問題点（不景気・経済発展・**女性の貧困**など）の解決に男女共同参画政策が貢献できるという現代的意義もある。

1　男女共同参画の歩みと問題状況

（1）国際社会の歩み

　男女平等（ジェンダー平等）に向けて女性の地位向上を図る気運が国際的に高まる中で、1975年、国連は「**国連婦人の十年**」を宣言し、国連主導のグローバルな取組を開始した。1975年第1回世界女性会議がメキシコで開催され（メキシコ会議）、1980年に第2回会議（コペンハーゲン会議）、1985年に第3回会議（ナイロビ会議）が開催され、1995年の第4回会議（北京会議）で過去最高の高まりを見せた。それぞれの会議の成果として「行動計画」・「行動綱領」・

「将来戦略」・「宣言」などが発表されて、その後の取組の方向を世界中に示唆した。

その間、1979年「**女性差別撤廃条約**」が総会で採択され、1981年にはILO第156号「家族的責任を有する男女労働者の機会及び待遇の均等に関する条約」が採択された。1993年の国連世界人権会議で採択された「**ウィーン宣言**」では「女性の人権」（第18節）の視点が盛り込まれた。また、先行するヨーロッパの先進諸国国内では1980年代に雇用の分野での男女差別禁止法がしっかりと確立した。

これに対して、保守層は世界女性会議の高揚に危機感を抱くようになり、アメリカを中心として抵抗が顕現化し、北京会議から5年後の2000年には、期待された世界女性会議は開催されず、代わって開催された国連特別総会（ニューヨーク会議）はそれまでの世界女性会議ほどの高揚は見られなくなった。その後、世界女性会議は開催されず、2005年に国連女性の地位向上委員会（略称「北京＋10」）、2010年に国連「北京＋15」記念会合が開かれ、女性の地位向上の光は消えずに残った。

さらにこれに対し、国連は、2011年、既存のジェンダー関連諸機関を統合して、「**ジェンダー平等と女性のエンパワーメントのための国連機関**」（UN Women）を新たに発足させた。これにより、国連は、世界・地域・国レベルでの男女平等（ジェンダー平等）と女性のエンパワーメントに向けた取組をさらに高めることができるようになった。

（2）日本の歩み

日本の男女共同参画政策は、1975年当初、婦人問題として理解され、総理府には「婦人問題企画推進本部」が、都道府県でも「婦人問題担当窓口」が設置されていった。国連主導の女性差別撤廃条約の批准（1985年）のために、父母両系主義への国籍法改正、男女平等の核心的法律「**男女雇用機会均等法**」（略称「均等法」）を成立させ、国内法を整備した。均等法はその後1997年・2006年の2度にわたる大改正を経て、ようやく雇用における男女平等法規と

なった。

　1985年の世界女性会議で採択された行動計画「西暦2000年に向けて婦人の地位向上のための将来戦略」(「ナイロビ将来戦略」) を受けて、日本は新たな行動計画「西暦2000年に向けての新国内行動計画」を策定した。1992年に育児休業法を、翌1993年に女性労働者に関連の深い**パートタイム労働法**を施行し、1995年**育児介護休業法**を施行するとともに男女労働者の家族的責任に関するILO第156号条約を批准した。1996年に「男女共同参画2000年プラン」を策定し、1997年には均等法および**労働基準法**を改正して働く女性の労働環境の改善を図り、1999年に**男女共同参画社会基本法**（略称「基本法」）を施行した。

　基本法の制定により、男女平等に向けての女性の地位向上の気運が再燃し、翌2000年**ストーカー規制法**と**児童虐待防止法**が、さらに2001年**DV防止法**が施行され、中央省庁改革により内閣府男女共同参画局も設置された。2007年に「短時間労働者の雇用管理の改善等に関する法律」が改正され、2010年には**改正育児介護休業法**が施行された。なお、次世代育成支援対策推進法の施行（2003年）以来、少子化対策が強化されてきたが、これは男女共同参画政策とは別個のものであることに留意する必要がある。

（3）日本の問題状況

　内閣は自ら進んで男女平等（ジェンダー平等）を実現しようとしたのではなかった。国際社会におけるジェンダー平等の動きに引っ張られる形で当該取組を進めたに過ぎなかった。成立当初の1985年均等法は努力義務規定にとどまり、均等な取組に向けての法的効果は期待できなかった。また、1999年基本法は、基本法なのに「男女平等」・「男女差別」の定義がなく、あるいは「**直接差別**」・「**間接差別**」の定義もなく、「男女が社会の対等な構成員として均等な機会を受ける社会をめざす」と宣言しているに過ぎない。

　現代において男女平等を最も正確に表しているといわれる指数は、**GGI**

(Gender Gap Index)である。**男女平等ランキング**（男女格差ランキング）と呼ばれる国別で指数化した表示である。トップグループを構成するのはスウェーデンやフィンランドなど北欧の福祉国家で、英・米・独・仏の諸国も３０位台ぐらいまでには登場する。日本は毎年 100 位前後に位置していて非常に低い。非常に男女平等が遅れているのである。

　内閣の政策についてもよく観察すると、男女間の格差は温存したままで、女性のチャレンジや活躍を支援・推進しようとするものであった（**機能平等論**の手法）。また、企業に対してワーク・ライフ・バランス（仕事と生活の調和）の取組だけを強調して推進を求め、男女の均等な取扱いの推進には消極的であったから、結局は男女共同参画の名の下で似て非なる少子化対策政策を推進してきた。

2　男女共同参画の特徴と意義

（1）男女共同参画の射程は広範囲

　内閣府発行の『**男女共同参画白書**』の目次を見れば、男女共同参画の射程が広範囲で多岐にわたることがわかる。①統治機構の領域では政治（国会・地方議会）、行政（内閣・知事・市町村長・職員）、司法（裁判所・検察・弁護士）、経済（経済発展・税制・日本銀行）、教育（大学・研究・教員・教育委員会）の各分野に広がる。②社会問題の領域では貧困、育児、ひとり親家庭、ストーカー、社会制度や慣行見直しなどに広がる。③犯罪の領域では DV、性犯罪、虐待、売買春、人身売買などに広がる。④職場の領域では非正規雇用、賃金、昇進、管理職、パートタイム労働、ワーク・ライフ・バランス、セクシュアル・ハラスメント、マタニティ・ハラスメントなどに広がる。⑤身体の領域では男女の性、妊娠・出産、性差医療、暴力などに広がる。⑥高齢・障害問題の領域では高齢社会、老老介護、認知症、医療費、更年期、性生活、障害者の人権などに広がる。⑦その他、科学技術分野、メディア関連、震災・減災対策などにも広がる。以上、男女差

の視点で測れる事柄はすべて対象になる。男女共同参画政策は**行政横断的政策**である。

（2）男女共同参画の根本的な考え方

男女共同参画政策は「女性」のためだけでなく、男性のためでもあり、社会のためでもある。男女共同参画の視点で政策や現実を改善する方向の基本は、次の2点で表すことができる。

- 女性にとって働きやすい職場が男性にとっても働きやすい職場になるように改善する
- 女性にとって暮らしやすい社会が男性にとっても暮らしやすい社会になるように改善する

日本での行動計画を方向づけたさまざまな文書・取組・推進活動の実際を総合すると、男女共同参画の根本的な考え方は、**個人の尊重**という基底概念の上に、①**男女平等**、②**参画**、③**個人のエンパワーメント**、という3概念があるという二段階概念構造を持つ、といえる。

「個人の尊重」は、一人ひとりの人間を自立した人格的存在として尊重することを意味する（浦部法穂『憲法学教室』日本評論社）。一人ひとりは固有の価値を持ち、その異なった価値を互いに認め合う。「男女平等」は各人が持つ固有の価値を認め合った上で同じに評価することであり、「参画」は物事を決定する場面に主体的に参加することである。男女平等がなければ公平な参画は期待できず、参画がなければ男女平等が実現しない。「エンパワーメント」とは力を付けるという意味であって、物事を決定する場面には欠かせない能力である。男女平等と参画と個人のエンパワーメントは相互補完的関係にある。

（3）男女共同参画の視点による新たな変化発展

男女共同参画の視点を取り入れたことによる社会的な変化・発展がすでに起こっている。①職域を拡大　②保育施設の充実　③自立対等な夫婦　④老後と

いう年齢差別の解消　⑤多元的な利益の表出（政治参加）　⑥新たな経済活性アイデアの創出　⑦子どもを産むという性からの平和論　などがである。

3　男女共同参画の法的根拠（1）……日本国憲法との関係

（1）日本国憲法 14 条・24 条の男女平等

これまで多くの差別が行なわれてきた。結婚退職制（**住友セメント事件**）・男女別定年制（**日産自動車事件**）・昇進差別（**社会保険診療報酬支払基金事件**）・配置差別（**芝信用金庫事件**）、夫が管理職になったら妻は退職する慣行まであった。日本国憲法の平等規範の下で裁判の結果、廃止されてきている。

日本国憲法における平等は第 14 条「法の下の平等」および第 24 条「家族生活における平等」を根拠にしている。「平等」は、①形式的平等　②相対的平等　③実質的平等という 3 つの平等観から成り立っている。

①形式的平等　　形式的平等は平等概念において最も基本的な平等で、事実における「同じ」に着目して、事実が同じならば取扱いも同じ（均等）にする、という考え方である。（例）男女の学歴・能力の同一による男女同一賃金（労働基準法 4 条）。

②相対的平等　　相対的平等は事実における「相違」に着目するもので、「男女」には生物学的に生理機能における相違（性差）があるので取扱いもこれに応じて異ってよい、という考え方である。（例）女性の産前産後休暇（労働基準法 65 条）。

③実質的平等　　実質的平等は「格差」に着目する。本来同じ結果であるべきなのに歴史的な事情で男女に格差がついてしまっている場合、その格差に注目してこれを是正する平等観をいう。格差を作為的に是正する措置を積極的格差是正措置（ポジティブ・アクション）という。（例）教育が社会的に抑制されていた女子に対する国立女子大学の設置

（2）性に関わる側面と違憲審査基準との関係

　憲法14条1項後段の**5つの列挙事由**（「人種、信条、性別、社会的身分、門地」）については、特に強く平等が要請されていると解されるので、これらの列挙事由に対する違憲審査基準は「**厳格な審査基準**」が適用されると解される。ただ、一般的には、「性別」と「社会的身分」は「**厳格な合理的審査基準**」が適用されている。とはいえ、できるかぎり「厳格な審査基準」が適用される方向で解釈していくべきである。

　妊娠・出産のように、性機能の「相違」を前提とする事柄の場合それに応じた取扱いの相違が許されるから、この生物学的な性差に基づくセックス側面には「厳格な合理性審査基準」が適用される。目的審査は「**相違の重要性**」であり、手段審査は「**実質的な**合理的関連性」である。

　子育てのように、それ自体としては性機能の相違を前提とするものでないものについては、前提として男女を「同じ」（均等）に取り扱うことが求められ、この場合の違憲審査基準は「厳格審査基準」である。目的審査は「**やむを得ない理由**」であり、手段審査は「**必要最小限度の相違の範囲内**」である。子育てについては、本来、男親も女親も均等に関わることが求められており、例えば男親がどうしえもやむを得ない理由がある場合にだけその限りにおいて子育てを免れるということになる。

　要するに、生物学的性差か否かで領域区分され、セックス側面に該当する場合には「厳格な合理性審査基準」が適用され、ジェンダー側面に該当する場合には「厳格審査基準」が適用されるのである。**ポジティブ・アクション**に対する違憲審査基準は「厳格な合理性審査基準」である。

4　男女共同参画の法的根拠（2）
　　……男女共同参画社会基本法との関係

　男女共同参画政策の骨格をなすのは男女共同参画社会基本法である。基本法の構成は、①法律の基礎的部分（目的・定義・基本理念5つ・責務3つ）と②基本的施策部分（国／都道府県／市町村の各計画・間接的施策・苦情処理・人権侵害救済）とに大別される。

（1）5つの基本理念
　定義（2条）において、男女共同参画とは「男女が、社会の対等な構成員として、自らの意思によって社会のあらゆる分野における活動に参画する機会が確保され、もって男女が均等に政治的、経済的、社会的及び文化的利益を享受することができ、かつ、共に責任を担う」ことであると定義している。
　男女共同参画を実現するための方向を示すために **5つの基本理念** を設定した。「男女の人権の尊重」（3条）・「社会における制度または慣行についての配慮」（4条）・「政策等の立案及び決定への共同参画」（5条）の3基本理念は核心的なものであり、「家庭生活のおける活動と他の活動の両立」（6条）・「国際的協調」（7条）の2理念は周辺的支援的なものである。したがって特に最初の3基本理念は大切である。
　「男女の人権の尊重」（第3条）は4つの人権パターンから成り立っている。①「個人としての尊厳が重んぜられる」（自立した個人がそもそもの大前提）②「性別による差別的取扱いを受けない」（男女差別の禁止）　③「個人としての能力発揮機会確保権」　④「その他の男女の人権」（自己決定権・性と生殖に関する権利などが含まれる）
　「社会における制度又は慣行についての配慮」（第4条）はジェンダーバイアスの解消を意味する。ジェンダーが人々の思考や行動を歪め「中立でない」影

第 16 章　男女共同参画の基礎と現代的意義

響を与え、それによって人生まで変えてしまう。法的には「中立」という文言を使用してジェンダーによる歪みを正す基準とする。性別による固定的な役割分担意識となって現れるジェンダーは日常生活の中で再生産され社会的慣行にまで慣習化され男女差別の原因となる。私が**「優しさの中の差別」**と呼ぶところのものもジェンダー差別の一つである。「優しさの中の差別」は男女互いの行動の背景にある「差別」に気づかない差別である。また、ジェンダーは重大な人権侵害に繋がる（女性の立候補の自由の否定／女性の言論の自由の侵害など）。ジェンダーの怖さに気づくべきである。さらに、理性的な人間であってもジェンダーはその理性の裏に潜んで理性を歪めるので、そのことに気がつかない。論理的に物事を思考する裁判官であっても知識人のように豊富な知識を持っていてもジェンダーによって思考・行動を歪められ性差別を侵してしまう。（例）日産自動車男女別定年制訴訟東京地裁判決（東京地判 S.46.4.8.）

　「政策等の立案及び決定への共同参画」（第 5 条）は行政機関による政策の立案や民間企業における方針の決定の場面など物事を決める場面に男女が対等な構成員として共にいる風景を作ろうとするものである。「参画」は物事を決める場面に男女が主体的に参加することを意味する点で、単なる「参加」とは異なる。国際標準における男女の参画比率は 50：50 であり、公的機関だけでなく民間企業の取締役会においても実行されている。日本は未だ遅れている。

　「家庭生活における活動と他の活動の両立」（第 6 条）は家族を持つ男女が子育てなど家族の一員としての役割と仕事との両立を図ることができるようにすることを求めている。そのために社会も支援しなければならないことを規定している。（例）ワーク・ライフ・バランス（仕事と生活の調和）の取組

　「国際的協調」（第 7 条）は国際社会が示す男女共同参画に関する国際標準を日本にも取り込もうとするもので、男女共同参画の進度の遅れた日本においてこの規定はとても重要である。（例）女性リーダー養成海外研修

（2）行政計画の策定

基本法は第13条「**男女共同参画基本計画**」において、国に対して「男女共同参画社会の形成の促進に関する」基本計画の策定を義務づけている。第14条「都道府県男女共同参画計画等」において都道府県に対しても当該策定を義務づけている。市町村に対しては、第14条3項において当該策定を努力義務としている。これは温度差が激しいことに考慮したことによる。

（3）男女共同参画の視点の他部課事業への盛り込み（15条）

男女共同参画の射程が広範囲に及ぶが、それを条文としてカバーしているのが基本法15条「施策の策定等にあたっての配慮」である。基本法は、施策を「**男女共同参画社会の形成の促進に関する施策**」と「**男女共同参画社会の形成に影響を及ぼすと認められる施策**」とに区分し、基本法15条は後者の施策の中に男女共同参画の視点（基本理念において明示）を盛り込むように求めている。（例）シルバープラン・エンゼルプラン・防災減災プランと男女共同参画の視点

5　男女共同参画の法的根拠（3）
……均等法その他の法規との関係

（1）形式的平等を具体化した法律規定

事実における「同じ」に着目して取扱いも「均等」に扱う趣旨を規定した法規としては、労働基準法4条「**男女同一賃金の原則**」、および男女雇用機会均等法5条「**性別を理由とする差別の禁止**」・6条「**同**」などがある。

（2）相対的平等を具体化した法律規定

事実における「相違」に着目して相違に応じて取扱いも異ならせるという趣旨を規定した法規としては、均等法9条「**婚姻、妊娠、出産等を理由とする不**

利益取扱いの禁止」、育児介護休業法5条「育児休業の申出」・10条「不利益取扱いの禁止」・23条「所定労働時間の短縮措置等」・23条の2「同」、および労働基準法65条「産前産後」・66条「同」などである。

（3）実質的平等を具体化した法律規定

事実における「格差」に着目してその「格差」を是正して同等にするという趣旨を規定した法規としては、基本法8条「国の責務」・9条「地方公共団体の責務」が**積極的格差是正措置**を明示しており、均等法8条「女性労働者に係る措置に関する特例」においても規定されている。これらが積極的格差是正措置（ポジティブ・アクション）の根拠規定となる。当該措置を講じる場合にはそのための根拠規定が必要であることに注意しなければならない。

6　自治体の取組

（1）行政的取組としての「プラン」

自治体においては政策を展開する上で能率性・効率性・倹約性が求められるので、政策を体系的に実行するために**行政計画**（通称「**プラン**」）が策定される。男女共同参画の推進にあたっても、国だけでなく都道府県・市町村の自治体も早くからプランを策定して推進活動を行なってきた。プランは行政が事業として行なうべきことを文書化して国民・住民に公示したものであるが、男女共同参画の推進がジェンダーという男女の性別による固定的な役割分担意識や行動の改善・変革を求めていくものであるので、行政が事業展開するだけでは不十分で、改善・変革の対象となる住民自身の協力が欠かせない。そのため住民参加の下、プランの策定および推進が行なわれている。

（2）自治体の法としての「条例」の必要性

男女共同参画の推進は市民の間に慣行化しているジェンダーを差別原因とし

第三部　政策研究

て斬るものなので、住民の意識に訴えて変革を促すプランの推進だけではどうしても限界がある。そこで住民の「行動」を規律することにより結果的に意識変革を促すという法的手段が必要で、**男女共同参画推進条例**が住民参加の下で制定されるようになった。優れた条例の条件は適度な「具体性」と「規律性」である。

（3）男女共同参画都市宣言

男女共同参画都市宣言も、自治体を挙げて当該推進を図る手法の一つである。宣言文は、男女共同参画に関する基本的な考え方とプランに具体化された数多くの推進内容を何度も何度も推敲して徐々に平易な言葉に置き換えていった結果であるから、宣言文の一行一行に男女共同参画の濃厚なエキスがしみ込んで豊富な内容を短い文で表している（「『甲府市男女共同参画都市宣言文』の解説」参照）。

7　男女共同参画の現代的意義

（1）経済発展との関連性

男女平等（ジェンダー平等）は経済発展に貢献できる。経済発展との関わりでGGIが大きな意味を持つのは、**世界経済フォーラム**が毎年これを発表しているということである（世界社会フォーラムにおいてではない）。いかに男女平等が経済発展と深い意味を持つか理解されよう。

男女平等が経済発展を促すという視点でさまざまな試みがなされている。①GDPを向上させるというEU試算、②「職場における男女平等」年次報告テーマした ILO 報告、③「ジェンダー平等」をテーマにした世界銀行の「世界開発報告」、④農業分野で男女平等を完全に実現すれば飢餓人口1億～1億5千万人減らせると試算した国連食糧農業機関（FAO）の「世界食糧農業白書」、⑤「均等待遇」と「ワーク・ライフ・バランス」の両方を取り込んだ企業が不景気な

時代でも業績を伸ばしているという研究、などがある。

（2）女性活躍推進政策の問題点
「女性の職業生活における活躍の推進に関する法律」（通称「**女性活躍推進法**」）が制定され女性の労働場面での活躍が期待されるが、本法には、男女平等を求めて法規範化した条文はなく、**賃金格差**など男女差別の解消のための取組を避けていることから、男女差別を温存したままで女性が活躍することになり、結果として女性を**安価な労働力**としての地位においたままになるという問題がある。上述（1）のように、男女平等が経済発展を促すのであるから、女性活躍政策も女性を単に安い労働力の提供にとどまらせず、研修によって磨かれた彼女たちの能力の十分な発揮を期待する方向で進めるべきである。

（3）女性をめぐる雇用政策
これまでの日本において女性は**資本主義経済の調整弁**としての役割を担わされてきた。女性は安価な労働力としてしかもいつでも辞めさせることのできる労働力として期待されてきた。実際、女性労働者の半数以上は**非正規雇用**で容易に辞めさせられる状況にある。

安価な労働力の創出は人件費を抑制したい財界の要望に合致する政策である。21世紀に入って**専業主婦**が新たな労働力としてのターゲットになり、**配偶者特別控除**の制限・廃止（さらには**配偶者控除**の廃止という議論もある）という税制変更により、給与所得者として就労を促されてきた。

しかし男女平等を回避してこのまま安価な労働力として女性を位置づけていくと、**女性の貧困**という社会問題は解決されない。**貧困の連鎖**によって高等教育を受けることのできない子どもたちの改善は望めない。男女平等に基づき現行の男女賃金格差を解消していく努力および非正規雇用を真に改善する努力が求められている。

（山内幸雄）

第三部　政策研究

〈考えてみよう〉
　1　ジェンダーが重大な人権侵害に繋がる具体例を探してみよう
　2　マタニティ・ハラスメントがなぜ許されないのかを考えてみよう。
　3　女性活躍推進法の本質はなにかを考えてみよう。

【発展的学習のための参考文献】
金城清子『ジェンダーの法律学』有斐閣アルマ
鹿野・香内編『与謝野晶子評論集』岩波文庫
辻村みよ子『ポジティヴ・アクション』岩波新書
二宮厚美『ジェンダー平等の経済学』新日本出版社

第 17 章
少子高齢時代の福祉政策

> この章では、数ある福祉政策の課題の中でも、現代日本社会において最も特徴的な課題である「人口減少」と、その結果として生まれた「高齢化」「少子化」の三つの問題を取り上げ、何が問題になっているのかを整理する。その上で、それらの課題がどのような背景で生じているのかを考察し、ではどうすればよいのか、の可能性について考えることにする。

1　何が問題になっているのか？

（1）人口減少

　2015 年に行われた国勢調査によると、日本の人口は 1 億 2711 万人であり、2010 年から 94 万 7 千人の減少（0.7％減）、年平均では 18 万 9 千人減少（0.15％減）している。これは大正 9 年の国勢調査開始以来、初めての減少である、という。日本の人口は 2015 年時点では、世界で 10 番目（一位は中国、二位はインド、三位はアメリカ）だが、世界の人口上位 20 か国の中で、人口減少をしているのは日本だけである。

　また我が国の世帯数は 5340 万 3 千世帯で、5 年前に比べると 145 万 3 千世帯増加、率にして 2.8％増である。一方、1 世帯当たり人員は 2.38 人で減少傾向が続き、1970 年の 3.45 人と比べると、1 世帯あたりの人員がこの半世紀で 1 人減っている、ということがわかる[1]。

第三部　政策研究

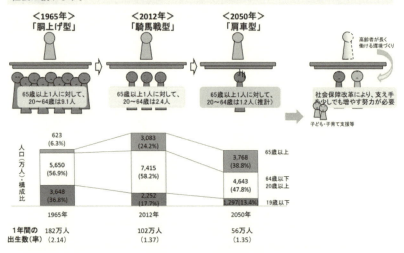

「肩車型」社会へ

（出所）総務省「国勢調査」、社会保障・人口問題研究所「日本の将来推計人口（平成24年1月推計）」（出生中位・死亡中位）、厚生労働省「人口動態統計」

　上の図をみてほしい。半世紀より少し前の1965年には、65才以上の高齢者1人に対して、20〜64才の生産年齢人口は9.1人だった。つまり、9人で1人の高齢者を支えれば良い、という意味で、「胴上げ型」の社会だった。一方、2012年の時点では、高齢者1人に対する生産年齢人口は2.4人。これは「騎馬戦型」とも言われているが、3人で担ぐと何とかなっても、2人になると厳しい。だが読者の皆さんが高齢者を迎える以前の2050年の段階で、このままの人口推計でいくと、高齢者1人に対して、生産年齢人口は1.2人にまで減少する「肩車型」になる、と言われている。また高齢社会白書によれば、2050年の人口は1億人を割り込み、9708万人まで減少すると言われている。
　このことと高齢化・少子化の問題はどのようにつながっているだろうか。

1　http://www.stat.go.jp/data/kokusei/2015/kekka/pdf/gaiyou.pdf

第 17 章　少子高齢時代の福祉政策

（2）高齢化

まず高齢化の定義を確認しておきたい。国連では、65才以上の高齢者が総人口に占める割合（高齢化率）が7％を越えた社会を「**高齢化社会**」、14％を越えた社会を「**高齢社会**」、21％を越えた社会を「**超高齢社会**」と定義している。日本では 1970 年に高齢化社会、1994 年には高齢社会、そして 2007 年には 21％を越えて超高齢社会に突入した。2015 年には高齢化率は 26.7％であり、4 人に 1 人以上が高齢者、という社会になっている。1950 年には 4.9％だったことを考えると、この 65 年間で高齢化率が 5 倍にも上昇した、ともいえる。

厚生労働省が現在、福祉政策の中で最も重視しているものの一つに、地域包括ケアシステムの構築が挙げられる。厚労省はその目的を次の様に説明している。

「団塊の世代が 75 歳以上となる 2025 年を目途に、重度な要介護状態となっても住み慣れた地域で自分らしい暮らしを人生の最後まで続けることができるよう、住まい・医療・介護・予防・生活支援が一体的に提供される 地域包括ケアシステムの構築を実現していきます」

この厚労省の説明の中で、着目すべきなのは、「団塊の世代が 75 歳以上となる 2025 年を目途に」という部分である。団塊の世代とは、第二次世界大戦後の 1947 年から 1950 年に産まれた約 1000 万人のことを指し、第一次ベビーブームとも言われた。日本の総人口の約 8％を占める、人口の最も多い世代である。この世代が、後期高齢者年齢である 75 歳を迎えるのが、2025 年である。一般に 70 代後半から加齢に伴う心身の障害の発生率が増えており、要介護高齢者も後期高齢者になるほど増えていく傾向がある。すると、最大の人口世代である団塊の世代が、要介護高齢者や認知症高齢者になった時、介護保険制度の利用者が爆発的に増加することになりそうだ。また、この団塊の世代こそ、

第三部　政策研究

日本が村落共同体での大家族主義から、両親と子どもだけの核家族化へと移行した、家族形態の転換世代である。

　そもそも**介護保険制度**とは、医療保険制度をモデルにして、保険料を支払えば収入に関係なく、1割負担で介護サービスを受けられる事を目的に2000年から施行された制度である。40才以上の人が保険料を支払い、65才以上の要介護者、もしくは40才以上の加齢に伴う障害を負った人に、サービスが支給される制度である。それまでは家族介護が前提とされていたが、1990年代後半に日本が高齢社会を迎え、高齢者介護が社会問題として大きくクローズアップされる中で、「介護の社会化」を目指して作られた。財源としては、保険料と税が半分ずつ、となっている。ゆえに、要介護高齢者が激増する2025年において、介護サービス利用者が急増すると、保険料収入だけでは賄えず、税金の追加投入をするか、保険料をかなり上げるか、サービス給付の水準を引き下げるか、をしなければ破綻するとも言われている。また、現行の介護保険制度「だけ」では、寝たきり状態の人や、認知症で常時見守り支援が必要な人、などは、在宅では支える事が難しい。それは、介護保険の一月あたりの支給金額の上限が決まっており、その上限を超えた部分は配偶者や子どもが要介護者の支援をしなければならない、という多世代同居の家族介護を前提としてきたからである。

　だが、先に見たように世帯人員も2.38人まで減っており、家族介護の前提に頼る事は出来ない。そこで、介護保険サービス利用者の爆発的増加を抑制するための制度改正も併せて行った。厚労省は2015年の改正介護保険法の中で、これまで全国一律だった予防給付（訪問介護・通所介護）を市町村が取り組む地域支援事業に移行し、「ボランティア、ＮＰＯ、民間企業、協同組合等の多様な主体が生活支援・介護予防サービスを提供する」ことを推奨している。つまり、有償の介護サービスだけでは財源破綻するので、地域での見守りなどにはボランティアも活用せよ、と迫っているのである。

第 17 章　少子高齢時代の福祉政策

（3）少子化

　平成 28 年版少子化社会対策白書[2]によれば、日本の年間の出生数は、「団塊の世代」が生まれた第 1 次ベビーブーム期には約 270 万人、また団塊の世代が子どもを生んだ「団塊ジュニア」である第 2 次ベビーブーム期には約 210 万人であったが、1975 年に 190 万人と 200 万人台を割り込み、1984 年には 148 万人、2014 年には 100 万 3539 人まで減少したが、2015 年には 100 万 5677 人と 2138 人だけ、増加している。ただ、1947 年の 267 万 8790 人から比べると、この年間出生数は 167 万人も減ったことになる。

　一方、「一人の女性がその年齢別出生率で一生の間に生むとしたときの子どもの数」である「**合計特殊出生率**」の推移はどうなっているであろうか。第 1 次ベビーブーム期には 4.3 を超えていたが、1950 年に 3.65 と前年の 4.32 を大きく下回って以後、急激に低下した。その後の 25 年間は、第 2 次ベビーブーム期を含め、ほぼ 2.1 台で推移していたが、1975 年に 2.0 を下回ってから再び低下傾向となり、2005 年には過去最低である 1.26 まで落ち込んだ。その後、やや回復し、2014 年には 1.42 となっている。1947 年の合計得出生率が 4.54 だったので、3 人以上減った、ということを示している。

　この出生数と出生率の低下は、どのような現象をもたらしているであろうか。最もわかりやすい変化として、「**未婚化、非婚化、晩婚化、晩産化の進行**」が挙げられる。

　第一次ベビーブームの団塊の世代が結婚のピークを迎えた 1970 年から 1974 年は、婚姻件数が年間 100 万組を超え、婚姻率（人口千人当たりの婚姻件数）も 10.0 以上であった。だが、2014 年は、婚姻件数が 64 万 3,749 組で婚姻率が 5.1 と、率にして半減している。つまり、結婚しない状態が長く続く（未婚

2　http://www8.cao.go.jp/shoushi/shoushika/whitepaper/measures/w-2016/28webhonpen/index.html

化)、あるいは生涯結婚をしない (非婚化) 層が増えているのである。また団塊の世代が婚姻のピークを越えた1975年における平均初婚年齢は、男性が27才、女性が24.7才で、母の第一子平均出生時年齢は25.7才だったが、2014年の平均初婚年齢は男性が31.1才、女性が29.4才で母の第一子平均出生時年齢は30.6才であった。つまり、この40年で平均初婚年齢は男女とも4年ずつ遅くなり (晩婚化)、母の第一子平均出生児年齢も5年ほど遅くなっている (晩産化) のである。

このように子どもの数が減っているにもかかわらず、社会問題として近年大きくクローズアップされているのが、待機児童問題である。前田正子 (2017) によれば、「保育所に入れない」というのは、この20年以上続いている現象であるという。その理由として、保育所の利用率の増加が挙げられる。「保育所等関連状況取りまとめ」[3]によると、2009年における待機児童は25384人で、当時の保育所の設置数は22925カ所だった。そして、その間に保育所や認定こども園など、保育機能を持つ施設を増やして2016年には30859カ所にまで増えた。だが、待機児童は2016年現在、23553人もいる。その理由には、保育所等利用率の増加が挙げられる。2009年には31.3%だった利用率が、39.9%にも上昇し、そのうち1才から2才の利用率は28.5%から41.1%と急上昇しているのである。つまり、子どもを預けて働く (母) 親の割合が増えていった為、保育所を整備しても、需要に追いつかない事態が進行しているのである。

ここまで見た、人口減少と高齢化、少子化は、同時並行的に日本社会に生じている現象である。では、なぜそのような問題が生じているのであろうか。

---

[3] http://www8.cao.go.jp/shoushi/shinseido/meeting/kodomo_kosodate/k_29/pdf/ref1-1-1.pdf

2 なぜそのような問題が生じているのか？

(1) 男性稼ぎ主型モデルの終焉

　読者の多くの皆さんは、ドラえもん、サザエさん、クレヨンしんちゃんといった漫画を小さい頃、見たことがあるだろう。これらの漫画は、現代では「セレブマンガ」と言えるかも知れないし、少なくとも、平均的一般家庭とは言えなくなっている。なぜなのか。その鍵は、この三つの漫画の舞台設定は、大都市からそんなに離れていない郊外の住宅地に一軒家を持ち、夫は都心に勤め、妻は専業主婦という設定にある。

　平成27年版男女共同参画白書[4]によれば、女性の年齢階級別労働力率は、この40年の間で大きく変遷した。団塊の世代が子どもを生んだ1975年には、20～24才の働いている女性の割合は66.2％で、その後25～29才までは42.6％、30～34才までは43.9％とがくんと落ち込んだのち、35～39才では54％と5割を越える。これは、結婚出産により退職し専業主婦になった女性が、育児が一段落した後働き始める現象を指し、このことを指して「M字カーブ」とも呼ばれている。3つの漫画は、この時代の常識を描いているもの、と言える。

　だが、40年後の2014年では大きく異なっている。20～24才の女性の労働力率は69.4％、25～29才までは79.3％にまで上昇した後、女性の平均初婚年齢・第一子出産平均年齢を超えた30～34才では71％に下落するが、その後40代以後は75％をキープする。以前のMのような極端な落ち込みがなくなったと同時に、25～34才までで労働している女性の割合が25％以上増加しているのである。つまり、働き続ける女性の増加と共に、専業主婦はこの40年で急激に減少した、と言える。

4　http://www.gender.go.jp/about_danjo/whitepaper/h27/zentai/html/zuhyo/zuhyo01-02-01.html

第三部　政策研究

　大沢真理（2007）は、40年前のような夫が外で稼いで、妻は専業主婦、という家族形態を「**男性稼ぎ主型**」と命名していた。これは、男性が稼ぎ（収入のある労働）を一人で担い、妻は子どもや祖父母の面倒を見る「家事労働」に「専業」し、経済的基盤は「稼ぎ主」に依存する、というタイプである。妻は育児・介護などのケア労働を一気に引き受ける事により、家庭内で「お世話」は完結するため、介護サービスや保育所などの公的支援を受ける事を前提にしていない。国も、夫や妻のどちらかが死亡するなど、よほどの事が無い限り、福祉サービスを提供しない。このような自助努力を基本とした「**残余的福祉**」が前提になっていた。また、企業も終身雇用の保障などで、「稼ぎ主」をサポートする代わりに、残業や土日出勤も含めて、「男性稼ぎ主」が全面的に企業に貢献することを求めていた。これが、40年前には機能していた。
　しかし、2014年の段階で、そもそも女性の婚姻率や出生率が下がっている。しかも、労働力率は、平均初婚年齢や第一子出産平均年齢を越えても、大きく下降しない。ということは、仕事をし続ける女性が増え、たとえ結婚や出産をしても、元の労働形態を保つ女性が急増している、ということを意味している。つまり、「男性稼ぎ主モデル」が実質的に機能しなくなりつつあるのだ。今ならサザエ（24才）はフネに子どもを預けてフルタイム労働も可能だが、しんのすけのママの野原みさえ（29才）は「保育園落ちた、日本死ね」と叫んでいるかもしれないし、のび太のママの野比玉子（38才）は一度仕事を辞めてしまった為、不本意なパート労働をしているかもしれないのだ。
　だが、このような変化に、福祉政策は充分に対応できていない。それはなぜだろうか。

（2）日本型福祉社会論の呪縛
　ちょうど団塊の世代が子育てをしている1970年代終わりから80年代初頭にかけて、「**日本型福祉社会論**」が大きく広まった。堀勝洋によれば、その特徴は、①欧米型福祉国家の否定、②自助努力の重視、③家庭による福祉の重視、④地

域社会における相互扶助の重視、⑤企業福祉の重視、⑥民間の活力および市場システムの重視、⑦社会保障施策は自助努力や家庭福祉等が機能しない場合の補完、7点である[5]。この7つの特徴は40年後の日本社会において実態としては機能していない。にも関わらず、この論は、「福祉政策は何をどこまですべきか」という価値前提として、ある種の「呪縛」のように日本社会で機能し続けている。

①の欧米型福祉国家の否定、に関しては、1970年代は「ゆりかごから墓場まで」の政策をしていたイギリスの労働生産性が低いことや、「公的福祉の充実したスウェーデンでは、家族の絆が薄れ、老人は孤独になり、自殺やアルコール依存症が増える」事が、まことしやかに喧伝された。だが、日本は1998年から2011年まで年間の自殺者が3万人を越える自殺大国であり、自殺率はスウェーデンの倍近くになる。一方で、イギリスのサッチャー政権やアメリカのレーガン政権と同じように、政府の規模を小さくする「新自由主義」的政策に舵を切ったのが、この報告が出た直後の80年代中盤である。

②の自助努力の重視に関しては、自発心や自立心の高さ、貯蓄率が世界一であることや生命保険への加入率の高さから、政府に頼らず「自己責任」を重視した方が「活力が出る」とされていた。だが1980年に郵便局で3年以上の定期預金をすると、利率は7.25％もあった[6]。これは500万円を3年間貯金したら、616万円になることを意味する。一方、2017年の定期預金の利率は0.010％であり、3年預けても500万1500円にしかならない。自己責任で貯金をして何とかなったのは、高金利政策の影響が大きいのであって、現代ではとても貯金や生命保険への加入だけで充分、とは言えないのである（後述）。

③の家庭による福祉の重視について、老親や子どもとの三世代同居を「福祉における含み資産」と定義し、家族内で高齢者介護や子育て支援をする事で、

---

5 http://www.ipss.go.jp/syoushika/bunken/data/pdf/sh170104.pdf
6 https://www.google.co.jp/url?sa=t&rct=j&p=&esrc=s&source=web&cd=6&cad=rja&uact=8&ved=0ahUKEwifvfniqVDObwKHboIClkQFghFMAU&url=http%3A%2F%2Fwww.stat.go.jp%2Fdata%2Fchouki%2Fzuhyou%2F14-01.xls&usg=AFGjCNES3DjJeH1J9RXys0NC04TJrflRLg&sig2=_1m_kWn1i8CpUmWBFaLLgw

公的支出を減らすことを「美徳」と考えていた。平成28年版高齢社会白書[7]によれば、確かに1980年の三世代同居率は50.1％であり、65才以上の高齢者の69％は子どもと同居していた。だが、2014年では三世代同居率は13.2％に減少しており、65才以上の高齢者で子ども同居しているのは40.6％である。もはやサザエさんのように、子育て支援や介護支援を同居家族に委ねることができず、「福祉における含み資産」はアテに出来なくなったのだ。

④地域社会における相互扶助の重視とは、地域社会における親密な人間関係に基づく相互扶助やボランティア活動によって国民の福祉を図ろう、というかけ声であった。平成28年版高齢社会白書によれば東京23区内における一人暮らしで65歳以上の人の自宅での死亡者数は、平成26年に2,891人であった。また孤立死（孤独死）を身近な問題だと感じる人の割合は、60歳以上の高齢者全体では2割に満たないが、単身世帯では4割を超えている。町内会や自治会の加入率も近年減少傾向にあり、「親密な人間関係に基づく相互扶助」が機能しにくくなっている。

⑤企業福祉の重視とは、終身雇用による生活の安定と年功序列賃金によるライフサイクルに合った生活保障のことを指す。一方、終身雇用ではない非正規雇用の割合は、1984年の時点で15.3％だったが、2016年には37.5％と4割に迫りつつある。また正規雇用であっても、成果主義や解雇しやすい環境が作られる中で、終身雇用や年功序列賃金という前提に頼り切れない現実が生まれている。

⑥民間の活力および市場システムの重視と⑦社会保障施策は自助努力や家庭福祉等が機能しない場合の補完、はセットになっている。「国家による資源配分は人間を堕落させ、資源の非効率な配分につながりやすい」という主張から、個人の自助努力や家族福祉、市場によるサービス提供を重視し、政府のすることは最小限にする、という「小さな政府」論である。実は、この⑥や⑦の考え方の前提にある**「自助努力」「自己責任」**論が生み出したのが、次にみる格差社

7　http://www8.cao.go.jp/kourei/whitepaper/w-2016/html/zenbun/s1_2_1.html

会と貧困の問題である。

（3）格差社会と貧困

貧困には「**絶対的貧困**」と「**相対的貧困**」の二つがある。絶対的貧困とは、生命を維持するための最低限度の食料を維持できる水準以下の状態とされ、世界銀行の定義[8]によると「2015年10月現在では1日1.90ドル未満」と設定されている。一般的にイメージされやすい貧困とは、「食べるものや着るものにも事欠く状況」であり、これは絶対的貧困のことを指す。

だが、日本で近年大きな問題になっているのは、絶対的貧困ではなく、相対的貧困のことである。相対的貧困とは、政府の定義によると「所得中央値の一定割合（50％が一般的。いわゆる「貧困線」）を下回る所得しか得ていない」状態を指す。平成24年度の国民生活基礎調査によれば、2012年の貧困線（等価可処分所得の中央値の半分）は年収122万円であり、それを下回る「相対的貧困率」（貧困線に満たない世帯員の割合）は16.1％であった。また、「子どもの貧困率」（17歳以下）は16.3％であった。1985年の「相対的貧困率」は12％、「子どもの貧困率」は10.9％であったので、30年の間に「相対的貧困率」も「子どもの貧困率」も上昇していることがわかる。また親が一人、というシングル家庭の「子どもの貧困率」は54.6％である。そのうち母子世帯の総所得の平均は年間250.1万円であり、「全世帯」の46％、「児童のいる世帯」の36％の収入に留まっている[9]。

この相対的貧困の問題は、これまで見てきた課題と密接に関わり合っている。

まず、母子世帯が相対的貧困に陥りやすい理由は、「男性稼ぎ主型」モデルの影響である。厚生労働省雇用均等・児童家庭局家庭福祉課の資料によれば、母子家庭になる以前の母親の就業率は73.7％であるが、そのうちの正規雇用は29.5％に過ぎなかった。また母子家庭後の就業率は80.6％に高まるものの、正

8　http://www.worldbank.org/ja/news/feature/2014/01/08/open-data-poverty
9　http://www.mhlw.go.jp/toukei/saikin/hw/k-tyosa/k-tyosa13/dl/03.pdf

規雇用は 39.4％ に過ぎない。一方父子家庭の 91.3％が就業し、「正規の職員・従業員」が 67.2％、「自営業」が 15.6％であることを見ると、就業形態の男女格差により、母子家庭での貧困が作られている事が分かる[10]。

これは、少子高齢化にも深刻な影響を与えている。平成 25 年度の厚生労働白書の中では、出産適齢期の女性が子どもを産まない代々の理由として、「子育てや教育にお金がかかりすぎるから」が 6 割以上であり、妻の年齢が 30 歳未満の若い世代では 8 割以上に上っている。「男性稼ぎ主型」が崩壊していて両親が働かねばならないのに、今の育児支援の原則が「男性稼ぎ主型」であるため、保育所の増設が現実に追いついていないのである[11]。

また、単身世帯・二人暮らし世帯が増加し、「福祉における含み資産」のない中で、厚労省は地域包括ケアシステム構築において「地域での見守りなどにはボランティアも活用せよ」といっている。だが、「胴上げ型」から「騎馬戦型」、ついには「肩車型」へと人口構成が変化し、嫁もフルタイム勤務をすれば老親の世話を充分に出来ず、そもそも貧困層が増える、という社会情勢の変化の中で、見守り支援をボランティアで充足しよう、という国のアテはあまりにも身勝手で非現実的である、ともいえる。

この現状は、「日本型福祉社会論」の破綻した姿でもある。まず、終身雇用や年功序列型賃金による「一億総中流社会」がバブル景気崩壊や経済のグローバル化によるリストラの進行などで、既に 20 年以上前から破綻しつつある。その中で、企業福祉に頼る事も出来ない。また、「男性稼ぎ主型」で妻が子どもや高齢者を家族内で養育する「福祉における含み資産」が消えつつある。孤独死や無縁社会と言われ、単身世帯や二人世帯が増加し、地域でのつながりも減っている。その中で、自助努力や自己責任論を強調し、「相対的貧困」に陥らないための支援を充分にせずに、「小さな政府」を推し進めて来たことが、「相対的貧困率」の上昇と 6 人に 1 人の子どもが貧困である、という深刻な事態を招い

10　http://www.mhlw.go.jp/bunya/kodomo/pdf/shien_01.pdf
11　http://www.mhlw.go.jp/wp/hakusyo/kousei/13/dl/1-02-3.pdf

ているとも言える。つまり、40年前近くの価値観やイデオロギーを現在にも適用しようとしていることが、格差社会の問題が拡大する原因の一つでもあるのだ。

3 では、一体どうすればよいか？

それは主権者である「あなた自身」が考えることである。そして、まだ明確な答えは出されていない。

…と、この1行で終わると突き放すようなので、少しだけ、考えるための前提条件を示しておきたい。

社会政策学者のポール・スピッカーは政策形成に関して、(1) 問題に気づく、(2) 問題を取り上げる、(3) 問題を定義する、(4) 選択肢を列挙する、(5) 選択肢から選択する、という5段階を示した上で、(1) の「問題に気づく」ことは政治的なことである、と指摘する。待機児童の問題であれ、高齢者サービスであれ、それが「問題だ」と「発見」されるためには、問題に苦しんでいる当人ではなく、「政治的ないし専門的な議論に権力や統制を及ぼす者が、問題の存在を認知しなければならないのである」(スピッカー 2001:130)。そういう意味では、直接的には「政治的ないし専門的な議論に権力や統制を及ぼす者」である政治家や官僚が「これは問題だ」と認識しない限り、問題が問題として認知されない。

ただ、間接的には、有権者が大きな影響力を持っている。例えば待機児童の問題では、2016年に、あるワーキングマザーが匿名で「保育園落ちた日本死ね」とブログで書いたことが、ネット上で広まり、ついには国会で質問されるまでの影響力をもった。彼女はブログに以下のように綴っていた。

「何なんだよ日本。一億総活躍社会じゃねーのかよ。昨日見事に保育園落ちた

わ。どうすんだよ私活躍出来ねーじゃねーか。子供を産んで子育てして社会に出て働いて税金納めてやるって言ってるのに日本は何が不満なんだ？　何が少子化だよクソ。子供産んだはいいけど希望通りに保育園に預けるのほぼ無理だからｗって言ってて子供産むやつなんかいねーよ。」[12]

「都内在住で30代前半の夫婦で男の子1人」という家族構成の女性は、「認可保育所と認可外保育所、すべての保育園に落ち、仕事をやめなくてはならない」事態になった時に、怒りにまかせてこのブログを書いた、という[13]。だがこの訴えは、東京都内の熾烈な待機児童問題を「発見」する機能が十分にあった。つまり、「待機児童」であれ「子どもの貧困」であれ、「これは解決すべき問題である」と有権者が声を挙げ、マスコミが取り上げ、政治家や官僚が対応する事で、「問題の存在を認知」することが出来るのである。

　こう書くと、ずいぶん主観的な事を述べているように見えるかもしれない。だが、スピッカーはこんな風にも述べている。

「ところ変われば問題の定義も変わるということである。つまり、文脈や社会を離れても成り立つような基準が定まっているわけではなく、その意味で定義は『客観的』ではない。しかし、そうはいっても、問題は『主観的』なものというわけでもないからである。それは、誰かが望みどおりに簡単につくりだせるようなものではないからである。問題は『間主観的』（共同主観的）なものだ、というのが一番ぴったりしている。問題に対する理解は、一連の認識と信念が共有されることによって深まっていく。問題は『社会的に構築される』のであり、社会関係のパターンによって、問題を生み出す環境、問題の理解のされ方、問題が問題として認識される程度などが決まってくる。」（スピッカー 2001:44）

12　https://anond.hatelabo.jp/20160215171759
13　http://www.huffingtonpost.jp/2016/03/14/hoikuenochita-blog-_n_9457648.html

第 17 章　少子高齢時代の福祉政策

　そう、どのような「問題」が福祉政策の対象になるか、は「社会的に構築される」のである。つまり、福祉政策とは、「客観的」でも「主観的」でもない、「間主観的」な理解に基づき、構築される。だからこそ、読者である「あなた自身が」日本社会の福祉問題に自覚的になり、何が問題であるか、に気づき、その問題を理解し、声をあげ、政策形成に直接的・間接的に関与することで、「問題」の「解決」に関与が可能なのである。間主観的な「問題」とは、社会の問題に、あなたの主観が関与しうる、ということをも意味する。

　あなたは、何が解決すべき「問題」だと考えますか？　それは、なぜですか？

（竹端　寛）

〈考えてみよう〉
1　人口減少と少子高齢化はどのように関連しているのか。
2　男性稼ぎ主型モデルとは何で、日本社会ではどのように問題なのか。
3　福祉政策をより良いものにするために、あなたに出来る事は何か？

【引用文献】
堀勝宏　1981　「日本型福祉社会論」　季刊社会保障研究 17（1）、37-50 頁
前田正子　2017　『保育園問題 - 待機児童、保育士不足、建設反対運動』　中公新書
大沢真理　2007　『現代日本の生活保障システム―座標とゆくえ』　岩波書店
スピッカー、ポール　2001　『社会政策講義』　有斐閣

【発展学習のための参考文献】
吉川洋　2016　『人口と日本経済 - 長寿、イノベーション、経済成長』　中公新書
柴田悠　2017　『子育て支援と経済成長』　朝日新書
藤田孝典　2016　『続・下流老人 一億総疲弊社会の到来』　朝日新書
井手英策　2016　『18 才からの格差論』　東洋経済新報社

第三部　政策研究

第18章
生涯学習政策の推移

> この章では、日本の生涯学習政策の推移について解説する。1965年、UNESCOにおいて、現代社会の複雑な状況に対応するために、教育の機会を生涯の全体にわたって拡充することを求める「生涯教育」の考え方が提起された。それを「学習者」の視点から捉える「生涯学習」という考え方が広まり、1980年代以降、生涯学習を支えるための政策が積極的に展開されるようになった。生涯学習政策は教育行政以外の施策も必要となるが、ここでは教育政策としての側面を中心に概観する。

1　「生涯学習」と「生涯教育」

たとえば「政治学習」は「政治」について学ぶことであり、「環境学習」は「環境」に関する学習である。同じように「**生涯学習**（lifelong learning）」とは「生涯」のことをあれこれ学ぶ学習であるのかといえば、そのような意味合いも少しは含まれるものの、基本的には違う。この「生涯」は「学習」の内容を表すために付けられているのではなく、「学習」が行われるべき「期間」を表している。つまり、生涯学習とは学習が生涯にわたって継続されるべきことを意味する言葉である、と言えそうである。

ところが、子どもであろうと大人であろうと、もともと人間は常に学習する存在である。「学習」には意図的・計画的なものもあれば非意図的・偶発的なも

第 18 章　生涯学習政策の推移

のもあり、(「条件反射」や「試行錯誤」のように) 素朴に成り立つ学習もあれば (「推論」や「省察」のように) 高度な精神機能による学習もある。人間として「生きている」ということは、これら様々な学習を連続的に行っているということであり、このことを踏まえるなら、わざわざ「生涯学習」という言葉を作るのは無駄なことのようにも思える。それでも生涯学習という言葉が生まれたのは何故なのか？それは、生涯にわたる教育・学習の拡充が社会の維持・発展のために必要な基本条件であるということが強く認識されるようになったからである。その経緯を確認するために、「生涯学習」に関する歴史を簡単に振り返っておこう。

　生涯学習論の出発点となったのは、1965 年に開かれた **UNESCO**（国連教育科学文化機関）の成人教育推進国際委員会である。そこでは、UNESCO の成人教育部門の責任者であったポール・ラングランが提出した「恒久教育（Education Permanante）」と題する文書をもとに、次のような議論が行われた。社会の変化が比較的緩やかであった時代においては、若い時期に学んだ知識・技術をもとに仕事や生活を続けることが可能であった。しかし、科学技術が日進月歩の勢いで発展し、社会の状況が複雑化する現代においては、我々は知識・技術を新たに獲得・更新し続けなければならない。ところが、従来の教育制度は人生の早い段階で終わってしまう設計になっていたため、変化の激しい現代の状況に対応できるよう、教育の在り方を根本的に改革する必要がある。目指すべきは、幼少期から死に至るまで継続し、全体が統合的に編成されることを原理とするような教育である。委員会は、この考え方を「**生涯教育**（lifelong education）」と表現し、UNESCO としてこれを推進していくべきだと提言したのである。

　その後、1972 年に UNESCO の教育開発国際委員会が『未来の学習』と題する報告書を刊行した。その中では、「学習」が人間の生涯にわたる不可欠の権利であり、目指すべき方向として、様々な集団や組織の有する教育機能が活用され、人々がいつでも自由に学べる「**学習社会**」が掲げられている。また、同じ頃、OECD（経済協力開発機構）が「**リカレント教育**」という政策案を提唱して

いる。それは、若年期に教育の機会が集中する「フロントエンド型」の教育システムに代わる仕組みであり、人が一生を通じて「教育」「労働」「余暇」の各時期を循環的に過ごすことが出来るような社会を目指すものである。その構想をまとめたものとして、1973年に『リカレント教育—生涯学習のための戦略—』が刊行され、生涯教育の議論に大きな影響を与えた。

　これらの例が示唆するとおり、1970年代になると、「学習」や「学習者」の視点が重視されるようになり、「生涯学習」が使われる例も多くなっていった。確定的に言うのは難しいが、1980年代半ば以降は「生涯教育」よりも「生涯学習」のほうが用いられる傾向が強まり、今日では「生涯学習」が主流になっている。かといって「生涯教育」が無効になったわけではなく、「生涯教育」と「生涯学習」は互いに相補的な概念として理解されるべきだろう。この点に関し、1981（昭和56）年に**中央教育審議会**（「中教審」）が次のように概念整理を試みている：

> 今日、変化の激しい社会にあって、人々は、自己の充実・啓発や生活の向上のため、適切かつ豊かな学習の機会を求めている。これらの学習は、各人が自発的意思に基づいて行うことを基本とするものであり、必要に応じ、自己に適した手段・方法は、これを自ら選んで、生涯を通じて行うものである。その意味では、これを生涯学習と呼ぶのがふさわしい。この生涯学習のために、自ら学習する意欲と能力を養い、社会の様々な教育機能を相互の関連性を考慮しつつ総合的に整備・充実しようとするのが生涯教育の考え方である。言い換えれば、生涯教育とは、国民の一人一人が充実した人生を送ることを目指して生涯にわたって行う学習を助けるために、教育制度全体がその上に打ち立てられるべき基本的な理念である。（答申「生涯学習について」第1章 我が国における生涯教育の意義）

　要するに、国民が自発的に生涯を通じて取り組もうとする学習活動が「生涯学習」であり、その「生涯学習」を支える社会的な仕組みの整備・拡充が「生

涯教育」だ、ということである。これとは別の角度からの説明の仕方もありうるであろうが、二つの概念の関係が簡潔に整理されており、この答申の記述は日本におけるその後の生涯学習政策・行政の土台となっている。

2　生涯学習政策の範囲

　それでは、生涯学習政策とは何をどうすることなのだろうか。施策の具体例としては、社会人が学び易い仕組みを大学に設ける、地域における学習文化活動のための施設を拡充・整備する、あるいは、学校教員や社会教育専門職の養成・研修の在り方を改善するといったことなどが考えられる。つまり、上で触れた中教審答申が示すとおり、人々が生涯にわたって行う学習を支援する教育制度や教育環境を整えてゆくことである。この場合、生涯学習政策とは生涯学習を推進・振興するための「教育政策」ということになる。

　しかしながら、教育行政が所管する制度や環境が改善されるだけでは、誰もがいつでも学べる状況は得られない。たとえて言えば、次のとおりである。日本の大学生は授業外の学習時間が少ないということがよく指摘される。その原因が、学生の学習意欲や知的関心の低さとか自律的な学習能力の不足とかということであれば、学習を促したり支援したりする「教育的な」働きかけによって解決の方向は見出されるだろう。一方では、意欲や能力があっても、生活のためにアルバイトをせざるをえず、学習時間を十分に確保できない「苦学生」もいる。そのような学生に必要なのは、教育的な働きかけではなく、経済的支援である。すなわち、どのような年齢段階の人も教育・学習の機会を享受できる社会を目指すのが生涯学習政策であるのなら、人々が学習活動に取り組むことを後押しするような労働環境や雇用文化の創出、社会インフラ（通信ネットワークや交通機関）の整備、あるいは税制面での優遇措置、等々も合わせて行われなければならない。

　このように考えると、あるべき生涯学習政策としては、人々の学習活動を制

第三部　政策研究

度的・実践的に支えていく教育政策の側面、学習活動や教育業務の展開にとって有利な環境を創出する社会改革としての側面、これら両方を併せ持つ必要があると言える。一般的には「生涯学習」イコール「教育の話」という受け止め方が主流なのであろうが、教育行政を所管する文部科学省のみが生涯学習政策に責任を負うわけではない。他の行政分野の政策で生涯学習に関連するものも多々あり、それらを包括して生涯学習政策と捉えるべきである。

とはいえ、現実の状況としては、教育行政の分野が生涯学習政策の主たる舞台となっていることは否めない。よって、この後は、文部科学省による施策を中心に生涯学習政策の展開の流れを概観してみる（以下、適宜、「年表」を参照）。

3　生涯学習政策の展開過程

（1）導入と構想の時期：1960年代半ば～1980年代半ば

先に述べたとおり、1965年、UNESCOにおいて、今日の生涯学習政策の元となる「生涯教育」の考え方が提起された。そのことは、UNESCO主催の国際会議での議論をもとに社会教育の動向について報告した『社会教育の新しい方向』（1967年）によって紹介され、日本社会においても生涯教育が知られ始めた。やがて、経済界・産業界が歓迎し、教育界は批判的に受け止める（または無関心）という状況の中、1971（昭和46）年、生涯教育の観点を取り入れた二つの政策文書が出され、注目を浴びることとなった。一つは社会教育審議会答申「急激な社会構造の変化に対処する社会教育の在り方について」であり、もう一つは中教審答申「今後における学校教育の総合的な拡充整備のための基本的施策について」である。

前者の社教審答申は、社会的条件が急激に変化しつつあり、生涯教育の観点からの教育の再検討が求められるなかで、社会教育が直面する課題を検討し、今後の社会教育とその行政の在り方を探ろうとするもので、生涯学習に関する本格的な政策文書としては最初のものである。後者の中教審答申は、第二次世

第 18 章　生涯学習政策の推移

界大戦敗戦後の新たな制度のもとで行われてきた教育の状況を点検したうえで、複雑化する時代状況に対応するための学校教育改革の方向性と教育施策の在り方について提言している。そこでは、一生を通じて様々な場面に人間形成の契機があることを考慮して教育問題に取り組むことの必要性が指摘されている。

これらの答申が出された後の 1970 年代には、地方自治体が生涯教育を地域振興の核に据える例（秋田県、静岡県掛川市）、経済団体による生涯教育を鍵とした教育改革論の提起（日本経済調査協議会『新しい産業社会における人間形成』）、生涯教育を柱の一つとする福祉社会構想の計画（三木武夫内閣「生涯設計（ライフサイクル）計画」）などが見られたが、国の教育行政としては積極的な生涯学習政策を打ち立てるには至らなかった。しかし、1980 年代になると改めて生涯教育・生涯学習に対する関心が高まり、今日の政策の直接的な原型となるような答申が相次いで出された。

まず、1981（昭和 56）年に、先ほど第 1 節で引用した中教審答申「生涯教育について」が発表された。同答申は、人々の学習・教育のための機会を生涯教育の観点から改善し、学歴社会から学習社会に転換する必要があることを指摘する。そして、学校教育・家庭教育・社会教育の各機能や学習支援の条件整備に関する諸課題について、「成人するまでの時期」「成人期」及び「高齢期」に分けて論じている。3 年後の 1984（昭和 59）年には、政府全体の責任で教育改革に取り組むことに向けた課題や施策を審議する場として、総理府に**臨時教育審議会**（「臨教審」）が設置された。この審議会は、偏差値や学歴が過度に重視される教育を改め、「21 世紀に向けて社会の変化や文化の発展に対応する教育」の在り方を探ろうとするもので、1985（昭和 60）年 6 月から 1987（昭和 62）年 8 月の間に 4 回の答申を行なった。そこでは、「個性重視」「国際化・情報化への対応」とともに「生涯学習体系への移行」が議論を方向づける柱となっており、旧来の学校中心の教育制度から脱却し、学習の機会が「学校教育の基盤の上に各人の責任において自由に選択」され、その成果が評価されるような社会の実現が謳われている。

第三部　政策研究

「生涯学習政策」関連年表

年	公表された文書、発表された施策、開始された事業など
1965（S40）	UNESCO第3回成人教育推進国際委員会（「生涯教育」の提起）
1967（S42）	『社会教育の新しい方向—ユネスコの国際会議を中心として—』（日本ユネスコ国内委員会／3月）
1971（S46）	「急激な社会構造の変化に対処する社会教育の在り方について」（社会教育審議会答申／4月）
1971（S46）	「今後における学校教育の総合的な拡充整備のための基本的施策について」（中教審答申／6月）
1971（S46）	秋田県（小畑勇二郎知事）「第三次総合開発計画」（生涯教育推進本部や生涯教育推進協議会の設置）
1972（S47）	『新しい産業社会における人間形成』（日本経済調査協議会／6月）
1975（S50）	三木武夫首相「生涯設計（ライフサイクル）計画」を発表
1975（S50）	雇用保険法施行（有給教育訓練休暇助成・援助制度の創設）
1979（S54）	静岡県掛川市「生涯学習都市宣言」
1981（S56）	「生涯教育について」（中教審答申／6月）
1984（S59）	臨時教育審議会設置（1987年まで）
1985（S60）	職業訓練法改正（「職業能力開発促進法」へ）
1985（S60）	「教育改革に関する第一次答申」（臨教審答申／6月）
1986（S61）	「教育改革に関する第二次答申」（臨教審答申／4月）
1987（S62）	「教育改革に関する第三次答申」（臨教審答申／4月）
1987（S62）	「教育改革に関する第四次答申」（臨教審答申／8月）
1987（S62）	教育改革推進大綱「教育改革に関する当面の具体化方策について」（閣議決定／10月）
1988（S63）	文部省社会教育局を生涯学習局に改組
1988（S63）	生涯学習モデル市町村事業（1999年まで）
1989（H1）	第1回生涯学習フェスティバル（千葉県幕張メッセ）
1990（H2）	「生涯学習の基盤整備について」（中教審答申／1月）
1990（H2）	生涯学習の振興のための施策の推進体制等の整備に関する法律（生涯学習振興法）
1990（H2）	生涯学習審議会設置
1991（H3）	「新しい時代に対応する教育の諸制度の改革について」（中教審答申／4月）
1991（H3）	「平成5年度以降の高等教育の計画的整備について」（大学審議会答申／5月）
1991（H3）	大学設置基準の一部を改正する省令（「大綱化」）
1991（H3）	学位授与機構設置
1991（H3）	リカレント教育推進事業の開始
1992（H4）	『リフレッシュ教育の推進のために』（文部省報告書／3月）

第 18 章　生涯学習政策の推移

1992（H 4）	「今後の社会の動向に対応した生涯学習の振興方策について」（生涯学習審議会答申／7月）
1996（H 8）	「21世紀を展望した我が国の教育の在り方について（第一次答申）―子供に［生きる力］と［ゆとり］を―」（中教審答申／7月）
1996（H 8）	「地域における生涯学習機会の充実方策について」（生涯学習審議会答申／4月）
1997（H 9）	「21世紀を展望した我が国の教育の在り方について（第二次答申）」（中教審答申／6月）
1998（H10）	「社会の変化に対応した今後の社会教育行政の在り方について」（生涯学習審議会答申／9月）
1999（H11）	「学習の成果を幅広く生かす―生涯学習の成果を生かすための方策について―」（生涯学習審議会答申／6月）
1999（H11）	「生活体験・自然体験が日本の子どもの心をはぐくむ―「青少年の［生きる力］をはぐくむ地域社会の環境の充実方策について」―」（生涯学習審議会答申／6月）
2000（H12）	「新しい情報通信技術を活用した生涯学習の推進方策について―情報化で広がる生涯学習の展望―」（生涯学習審議会答申／11月）
2000（H12）	「家庭の教育力の充実等のための社会教育行政の体制整備について」（生涯学習審議会社会教育分科審議会報告／11月）
2001（H13）	文部省を文部科学省に、生涯学習局を生涯学習政策局に改組；生涯学習審議会を廃止、中央教育審議会に生涯学習分科会を設置
2003（H15）	「新しい時代にふさわしい教育基本法と教育振興基本計画の在り方について」（中教審答申／3月）
2006（H18）	教育基本法改正
2008（H20）	「新しい時代を切り拓く生涯学習の振興方策について ―知の循環型社会の構築を目指して―」（中教審答申／2月）
2008（H20）	「教育振興基本計画について―『教育立国』の実現に向けて―」（中教審答申／4月）
2008（H20）	教育振興基本計画（閣議決定／7月）
2011（H23）	「今後の学校におけるキャリア教育・職業教育の在り方について」（中教審答申／1月）
2012（H24）	消費者教育の推進に関する法律（消費者教育推進法）
2012（H24）	「新たな未来を築くための大学教育の質的転換に向けて―生涯学び続け、主体的に考える力を育成する大学へ―」（中教審答申／8月）
2013（H25）	第2期教育振興基本計画（閣議決定／6月）
2014（H26）	「新しい時代にふさわしい高大接続の実現に向けた高等学校教育、大学教育、大学入学者選抜の一体的改革について ―すべての若者が夢や目標を芽吹かせ、未来に花開かせるために―」（中教審答申／12月）
2014（H26）	「子供の発達や学習者の意欲・能力等に応じた柔軟かつ効果的な教育システムの構築について」（中教審答申／12月）
2015（H27）	「新しい時代の教育や地方創生の実現に向けた学校と地域の連携・協働の在り方と今後の推進方策について」（中教審答申／12月）
2016（H28）	「個人の能力と可能性を開花させ、全員参加による課題解決社会を実現するための教育の多様化と質保証の在り方について」（中教審答申／5月）

第三部　政策研究

(2) 振興・推進の時期：1980年代終盤〜2000年頃

　上述の「導入と構想の時期」をとおして、生涯学習は、徐々に、教育改革の方向性や教育・学習と社会との関係を特徴づける考え方として知られるようになった。これは、裏を返せば、1980年代半ばまでの生涯学習は、いずれ実現されるべき「理念」や「理想」のような漠としたものであったとも言える。しかし、1980年代の終盤以降には、生涯学習に関連する具体的な施策が講じられるようになる。その始点となったのが、1987（昭和62）年10月に閣議決定された教育改革推進大綱「教育改革に関する当面の具体化方策について」である。これは、臨教審の答申を踏まえて、実際に取り組むべき施策を整理して示したもので、「生涯学習体制の整備」「初等中等教育の改革」「高等教育の改革等」「学術の振興」「時代の変化に対応するための改革」「教育行政の改革」「教育改革の推進体制」「その他」の8項目から成る。1988（昭和63）年7月、この「大綱」が求めた文部省の機構改革が行われ、生涯学習行政を統括する生涯学習局が省の筆頭局として設けられた。このことが象徴するように、この頃から生涯学習は教育行政の主要な要素や柱としての効力を持つようになった。

　そうしたなか、1989（平成元）年、文部大臣から中教審に対し「新しい時代に対応する教育の諸制度の改革について」というテーマで検討するよう諮問があり、それに対する答申の一つとして、1990（平成2）年1月に「生涯学習の基盤整備について」が出された。そこでは、国及び地方公共団体それぞれにおいて生涯学習関連施策の連絡調整を図る組織を整備すること、地域における生涯学習推進の中心機関として「生涯学習センター」を設置すべきことなどが提言された。そして6月には、この答申を踏まえた「生涯学習の振興のための施策の推進体制の整備に関する法律」（生涯学習振興法）が制定され、8月にはこの法律に基づいて**生涯学習審議会**が設置された。

　更に翌1991（平成3）年4月には、上記の諮問に対するもう一つの答申「新しい時代に対応する教育の諸制度の改革について」が出され、「社会のさまざま

な教育・学習システムが相互に連携を強化して、生涯のいつでも自由に学習機会を選択して学ぶことができ、その成果を評価するような**生涯学習社会**」を実現する必要が提起された。同じ頃、その「生涯学習社会」の具現化につながるような事業や仕組みも始まった。その主なものとしては、「生涯学習モデル市町村事業」の開始（1988（昭和63）年）、「第1回生涯学習フェスティバル」の実施（1989（平成元）年）、「学位授与機構」の設置（1991（平成3）年）、「リカレント教育推進事業」の開始（1991（平成3）年）などがある。

その後、2000（平成12）年末までの間、生涯学習審議会によって生涯学習振興に関連する具体的・現代的な課題が検討され、幾つもの答申や報告が発表された。それらのうち、1992（平成4）年7月の「今後の社会の動向に対応した生涯学習の振興方策について」においては、「リカレント教育の推進」「ボランティア活動の支援・推進」「青少年の野外活動の充実」とともに「現代的課題に関する学習機会の充実」の必要性が指摘され、このことは生涯学習が社会的・公共的な問題に取り組むものであることが再認識される契機ともなった。他方、学校教育に関しては、1991（平成3）年5月の大学審議会答申「平成5年度以降の高等教育の計画的整備について」や1996（平成8）年7月（第一次）および1997（平成9）年6月（第二次）の中教審答申「21世紀を展望した我が国の教育の在り方について」において、学校教育の制度や内容に関する整備・改革についての提言が示されている。

（3）指針化・体系化の時期：2001年頃〜2010年代

2001（平成13）年1月に行われた中央省庁再編の際に、文部省と科学技術庁は文部科学省に統合され、これに伴い生涯学習局は生涯学習政策局に改組された。また、生涯学習審議会は廃止され、その役割は中央教育審議会生涯学習分科会へと引き継がれた。この分科会への「格下げ」だけに着目すると生涯学習政策の後退のように思えるかもしれないが、実際のところはその逆で、この頃より生涯学習を教育政策の指針とし、その体系化を進める動きが強まってき

たと言える。特に、日本国として生涯学習を重視することを明示するものとなったのは、2006（平成18）年改正の**教育基本法**における次のような条文である：

> 第三条　国民一人一人が、自己の人格を磨き、豊かな人生を送ることができるよう、その生涯にわたって、あらゆる機会に、あらゆる場所において学習することができ、その成果を適切に生かすことのできる社会の実現が図られなければならない。

これは「生涯学習の理念」についての規定とされるもので、生涯学習社会の実現が教育行政の基本目的であることを謳っている。この改正の1年余り後の2008（平成20）年2月に出された中教審答申「新しい時代を切り拓く生涯学習の振興方策について」は、「知識基盤社会」に対応しうる総合的な「知」の習得、自立した個人や地域社会の形成、持続可能な社会の構築などが求められるなかで、社会全体の教育力の向上が必要であるとし、そのための課題について整理している。この中で、各個人が学習した成果を社会に還元し、それが社会全体の持続的な教育力の向上に貢献する「**知の循環型社会**」という社会像が提起されているが、その議論は社会教育の分野に関することが中心となっていた。

同様の問題関心に立ちつつ、教育全般を見渡す視点から提言を試みているのが、同じ年の4月に出された中教審答申「教育振興基本計画について」である。同答申は先ず「教育立国」、すなわち「すべての人に等しく学習の機会が開かれ、生涯を通じ、一人一人が自己を磨き、高めることのできる社会を築くこと、このことを通じ、自由で、知的・道徳的水準の高い、持続可能で豊かな社会を創造し、国際社会に貢献し、その信頼と尊敬を得ること」を、目指すべき国の在り方として宣言する。また、施策の基本的な考え方として、「教育に対する社会全体の連携の強化」（「横」の連携）と「一貫した理念に基づく生涯学習社会の実現」（「縦」の接続）を挙げ、その具体的な方向性について検討している。この答申においては、学校の運営体制や教育環境の拡充など、学校教育に関わる課題も多く取

り上げられており、そこでは、生涯学習社会の実現や専門的人材の育成に関して高等教育機関が貢献することへの期待が示されている。

その後、中教審からは、若者の職業的自立と学校の役割について検討した2011（平成23）年答申（以下、答申の題名は年表を参照）、「生涯学び続け、主体的に考える力」を育成しうる教育への転換を大学に求めた2012（平成24）年答申、「生きる力」や「確かな学力」の本質に即した入学者選抜の在り方について提言した2014（平成26）年答申、地域の教育力を高め「地方創生」や地域づくりに資するような学校運営の在り方を求めた2015（平成27）年答申、高等教育機関のより実践的な方向への改革や、学びと実践の循環による「**課題解決社会**」の実現を提起する2016（平成28）年答申、等々が出されている。総じてこれらは、以前に提起された「生涯学習体系化」や「生涯学習社会」の考え方を、いっそう具体的なレベルで施策化しようとする内容となっている。

4　まとめ

たとえば、2000年代初頭であれば、生涯学習政策の展開過程は、萌芽的な段階であった1960年代後半から1970年代の時期、具体的に展開し始めた1980年代、より積極的な政策化が試みられた1990年代という3段階に分けて記述されることが多かった。その場合の視点は「生涯学習」の定着度に向けられていたと言えよう。これを踏襲して、新たに一つの時期を加えて4段階で論じるという方法もありえたのだが、これまで述べてきたとおり、本稿では、従来と少し異なる視点からの3段階で整理してみた。それは、生涯学習の定着度に加え、生涯学習と教育政策の関係の変化にも着目する視点である。この半世紀ほどの間に生じたのは、生涯学習が、当初は教育政策を構想するうえでの漠然とした理念やアイデアのようなものであったのが（第Ⅰ期）、教育政策を成り立たせる主要な柱の一つとなり（第Ⅱ期）、ついには教育政策にとっての根本的な目的や指針へと位置づくに至った（第Ⅲ期）という変遷である。端的に言えば、かつ

第三部　政策研究

ては教育政策の「題材」の一つにすぎなかった生涯学習が、今や教育政策にとっての「主題」となっているのである。ただし、教育政策だけで生涯学習社会が実現できるわけではない。生涯学習政策は社会改革的な要素も多分に含む総合的な政策であるべきだということが、十分に留意されなければならない。

（永井健夫）

〈考えてみよう〉
1　厚生労働省による施策のうち、生涯学習の支援・推進に役立ちそうなものを見つけ、その概要をまとめてみよう。
2　生涯学習の振興・推進に関して、地方自治体が取り組むべき政策はどのようなものか、考えてみよう。
3　年表に記載されている答申の文書を実際に読み、そこに提起されている施策の実現可能性や有効性について検討してみよう。

【発展的な学習のための参考文献】
日本ユネスコ国内委員会『社会教育の新しい方向―ユネスコの国際会議を中心として―』日本ユネスコ国内員会、1967
経済協力開発機構（OECD）『リカレント教育―生涯学習のための戦略―』（教育調査・第88集）文部省大臣官房、1974
ユネスコ教育開発国際委員会『未来の学習』（国立教育研究所内フォール報告書検討委員会 訳）第一法規、1975
ユネスコ21世紀教育国際委員会『学習：秘められた宝―ユネスコ「21世紀教育国際員会」報告書―』（天城勲 監訳）ぎょうせい、1997
鈴木眞理・永井健夫・梨本雄太郎『生涯学習の基礎［新版］』学文社、2011
今西幸蔵『生涯学習論入門』法律文化社、2011
文部科学省ホームページ（http://www.mext.go.jp/）

第19章
都市計画とまちづくり

> まちづくりは、日本に特有の運動である。欧米には「まちづくり」という活動はない。昔、欧米に我が国の視察団が「まちづくり運動」の視察に行こうとして、予定を組んだところ、どの国でも「まちづくり」にあたる部署がなく、そもそもその言葉を翻訳できなくて困り、「Machizukuri 視察団」という名称で海外視察に出かけた、という話が関係者の間に伝わっている。都市計画行政は、まちづくり運動と関わることによって、どのように変化したのか。

1　はじめに

運動としてのまちづくりが盛んである。ここでいうまちづくりとは、住民が主体となったあるいは、住民と行政が協働した地域環境改善の運動である。まちづくり運動は、交通、環境、防災、安心安全、商店街活性化、福祉、景観、コミュニティ形成など様々なテーマをもちながら、行政を巻き込みながら、進行している。その背景には、従来の都市計画行政だけでは、地域の生活環境（自治体レベルも地区レベルも）は、快適にならないという現実があった。この章では、まちづくりと都市計画行政との関係に焦点をあて、都市計画がまちづくり活動によっていかなる変化をとげようとしているのか、について論じる。

「まちづくり」という言葉は、「街づくり」とか「町づくり」と表記される場

第三部　政策研究

合があるが、漢字が使われると、建物や道路・公園といったハードな都市整備というイメージが強い。ハードな地域整備とともに、ソフトな産業育成やコミュニティ形成などもあわせて、地域環境改善という意味合いを込めて、「まちづくり」運動と称することにする。

2　まちづくりの事例

　柳川市は福岡県南部の人口7万6千人（2005年現在）の城下町で、市内には水路が入り組んでいる水郷の町である。その水路は農業用水や飲み水として使われるほか、お祭りや舟を浮かべての往来、音楽祭など人々の生活に密着したものであった。これらの水路は厳格な利用規則を設け、大切に人々は使っていた。

　これが変わりだしたのは、高度経済成長期からであり、工業排水や家庭用雑排水を水路に棄てるようになってからである。水路には様々な雑草が生い茂り汚染されたヘドロの川と化していった。このような惨状に対し、行政はこれらの水路を埋立て暗渠にする「都市下水路計画」を立てたのは1977年のことであった。ところがこれに対し、異議を唱えたのが、当時、市の水道課計画係長をしていた広松伝氏である。彼はこの計画が具体化した直後、環境課都市下水路係長に異動し、「堀割の埋立は間違っている」と反対の声をあげた。今日の柳川の水路を保全するまちづくり運動はここから始まったといわれている。

　広松氏の主張に賛同した市民たちは、自らヘドロの水路に入り、ゴミを舟につみ運び出した。この活動は多くの市民を巻き込み、多くの水路は少しずつ、浄化されていった。この活動に行き着くまでに、市が予算を出して専門業による浚渫工事を行っていた時期があるが、一時は水路がきれいになっても、市民の意識が変わらないため、数年でヘドロの水路に戻ってしまっていた。意識のある市民たちが自主的にヘドロの川に入って、ゴミの撤去活動を行うようになって、多くの市民の意識が変化していった。

再生された水路を維持管理するため、1980年に市民主体で実行委員会が組織され、これが事務局になり、町内会と行政との協働により、水路の成層が定期的に行われるようになった。1978年には旧国土庁から「伝統的文化都市環境保存地区整備事業」にも指定され、その後、景観保全や観光都市としても活動を行っている。

このように、市民と行政との協働の活動が、柳川の堀割を再生させたが、これらの活動が「まちづくり活動」の事例として全国的に有名となっている。[1] 町内会などが主体となって地域環境を変えていくことをテーマとして、NHKテレビで数年にわたって放送され、多大の反響を生んだ事例から、一つを紹介する。ここ東京都杉並区馬橋地区は東京郊外の住宅団地である。この地区は月に10件もの空き巣被害が起こる犯罪多発地区であった。そこで地元町内会が中心となって「まちぐるみのあいさつ運動」を展開することとなった。しかし当初は「変なおじさん、変なおばさん」ということで返事をしない人々が多かった。そこでユニフォームとして黄色いジャンバーを共同購入して「こんにちは、防犯です」とあいさつ運動を展開した。住民の反応も良く、これが定着していった。このため空き巣被害は劇的に減少していった。地域の安全は自分たちで守ろうというこの防犯活動は、NHK番組「ご近所の底力」で取り上げられ、全国に広まりまねをする地域が出てきた。[2]

この事例にあるように、まちづくりは本来、地域住民の活動であり、警察や行政まかせでは効果はほとんどない。防犯まちづくりの活動は地区住民主体で行ってこそ、大きな効果がでるという事例である。

3　都市計画制度の変遷

全国一律の強制力をもつ法律として、1960年代に都市計画法が制定される

1　宮崎駿製作『柳川堀割再生物語』DVD、エスナビスタホームエンターテイメント発売。
2　ホームページ「ご近所の底力」。

(1968年)。それは新都市計画法といわれ、スプロール化した都市市街地をコントロールする力をもったものとして期待された。そしてその都市計画法は次のような特徴をもっていた。

（1）決定権限

一応、都道府県が都市計画の決定権限をもつという形にはなっていたが、建設省の認可を必要としており、結果的には国が決定権限をもつことになっていた。

（2）手法

市街化区域と**市街化調整区域**とを分ける区域区分は、「線引き」ともいわれ制度や土地利用を制限する地域地区制度（ゾーニング）が導入されたが、全国一律の制度であり、また、開発区域を限定する「線引き」もなくてよいなどの特例や「抜け穴」が置かれていた。土地区画整理事業と地域地区制度、そして都市計画道路の指定などが有名である。土地区画整理事業とは、道路、公園、河川等の公共施設を誠意・改善し、土地の区画を整え、宅地の利用の増進を図る事業で、地権者から土地を少しずつ提供してもらい（減歩）、または土地を交換して道路、公園などの公共施設に充てたり、また提供された土地の一部を売却し、事業資金の一部に充てる（保留地減歩）という手法をとる。

地域地区制度とは、用途地域が8種類であり、住居地域、商業地域、工業地域などを定めており、地区は特別用途地区、高度地区、高度利用地区、防火地区、生産緑地地区などであった。これらによって、様々な土地利用に関する規制がかけられ、建築基準法における法規制とも連動して、土地利用に関する制限が設けられた制度である。

（3）住民参加

法的には住民参加の規定があったが、実際は二週間だけの「計画書の縦覧」と「意見書の提出」が置かれているだけのものであり、異議申し立ても文書の形で提出するという住民にとって非常に使い勝手の悪いものであった。

これらの不十分な都市計画法が変わりだしたのは1980年代に入ってからで

ある。地区計画制度、都市マスタープラン制度を定めた1980法の改正である。この改正よって、全国一律の原則から地域特性に応じた対応が可能となっていく。1992年の都市計画法改正により、市町村による都市計画マスタープランが創設され、市民参加が義務づけられた。これにより、全国的に様々な参加の仕組みが工夫されるようになった。市民による計画案の提案、ＫＪ法や現地見学を使ったワークショップなどである。この時期における住民参加の試みは現在も多くの自治体で取り入れられている。

1995年阪神・淡路大震災が起き、多くのボランティアが神戸を中心とする被災地に集まり、救援活動を行った。そのあとＮＰＯ法が成立する。このころから、全国的にまちづくり運動が活性化していく。また2011年東日本大震災が起こる。

また2000年の地方分権一括法において、都市計画の分権化が行われていく。マスタープランとは自治体の都市計画全体の方針を定めたものである。分権改革によって、都道府県が定める**都市計画区域マスタープラン**と市町村毎に策定されるマスタープランがあり、それぞれの作成において、住民参加が取り入れられてきた。

4　まちづくり運動の変遷

上記のような国レベルの都市計画法の改正の動きに対応して、各地域では住民主体のまちづくり運動が活性化していく。以下、まちづくり運動の変遷を述べよう。

（１）住民が地域居住環境の改善に取り組み始めたのは、1960年代の公害や自然破壊に対する抗議、告発運動が始まりだとされている。新潟水俣病患者の支援活動や清水の石油コンビナート建設反対運動をすることによって、行政主導の地域開発を批判する住民運動は、告発型ではあるが、まちづくり運動の発端とみることができる。また、1970年代になるが、高層マンション建設反対

運動も**告発型のまちづくり運動**といえよう。たとえば、京都市姉小路地区は木造２階建ての伝統的な京家が続くまちなみを有する住宅街であり、昔ながらのコミュニティが形成されていた。そこに高層マンション建設の計画が起こる。[3]

　このような告発型のまちづくり運動は、自治体行政を巻き込んで、要綱行政や条例制定となっていくのが 1970 年代である。東京都武蔵野市宅地開発等指導要綱を初めとして、宅地開発や中高層建築物に対する指導要綱が全国レベルで制定されていった。

　これらの住宅地の生活環境を守ろうとする多くの運動が、国を動かして建築基準法改正（1976 年）となり、特に日照権保護が定着していくこととなる。

　さらに 1980 年代では、こうしたまちづくり運動を受けて、議会で居住環境を守ろうとする条例を制定しようと自治体も現れてくる。兵庫県神戸市では「神戸市地区計画及びまちづくり協定等に関する条例」（1981 年）、東京都世田谷区街づくり条例（1982）、徳島県小松島市のまちづくり条例（1982 年）などである。

　1980 年代後半頃から行政と住民とは相互に協力するといった「協働」という関係の用語が使われるようになった。景観条例が全国各地で制定され、また無秩序な土地利用を規制するまちづくり条例もでてきた。山梨県川口湖町の「土地利用開発行為等の適正化に関する条例」（1988 年）や大分県湯布院町の「潤いのあるまちづくり条例」（1990 年）など。

　1991 年はバブル崩壊の年であり、バブル経済で荒廃した地域社会を再生することが、まちづくりのテーマになっていく。美しいまちづくり条例が各地で作られていく。「さいたま市美しいまちづくり景観条例」、「都留市まちをきれいにする条例」、落書き防止などをうたった「奈良県落書きのない美しい奈良をつくる条例」など。この時期に「美しいまちづくり条例」関係の条例をつくった自治体は、全国で 110 を超すという。[4]

3　伊藤雅春ほか編著『都市計画とまちづくりがわかる本』（彰国社、2016 年）、124-139 頁。
4　石原武政・西村幸夫『まちづくりを学ぶ』（有斐閣、2010 年）、64-74 頁。

また、中心市街地の再生に取り組んだのも、この時期である。モータリゼーションの一層の進行と郊外ショッピングセンターの立地などの展開にくわえ、行政の規制緩和による郊外店舗立地の加速などが中心市街地の商店街を一層、衰退させていく。商店街の活性化がこの時期のテーマとなっていく。そしてそのために、設立されたのが**まちづくり会社**である。実例としては滋賀県長浜市の株式会社・黒壁（1988年）であり、香川県高松市の高松丸亀町まちづくり株式会社（1998年）であった。1995年におこった阪神・淡路大震災後のまちづくり運動は、防災まちづくりであった。

　まちづくりで鍛えられた「**地域力**」、地域社会のきずなが、災害などの緊急時に大きな力を発揮するということで、各地で「防災まちづくり」がいわれるようになった。神戸市長田区真野地区の事例は有名である。

　1998年には特定非営利活動促進法（**NPO法**）が制定され、各種ボランティア団体が法人格をもつことができるようになり、まちづくり活動団体の活動はさらに活性化していく。

　2000年以降のまちづくり運動は、同年の地方分権改革の動きを受けて、行政と住民との中間に位置するまちづくり団体に、委託契約などによって仕事を振り分けることによって、その活動を応援するようになっていく。こうした行政と住民との中間に位置する地域のボランティア団体の活動を「新しい公共」の領域とよび、まちづくり運動であると共に、行政組織と並ぶ、公共的な団体として位置づけようとする動きがでてきた。[5]

5　まちづくり活動と議会との関係

　ここで、述べなくてはならないのは、まちづくりと議会との関係である。まちづくりは、一般に自主的な活動として行われることが多かった。そのため、

5　石原武政・西村幸夫『まちづくりを学ぶ』（有斐閣、2010年）、第3章。

それに携わる人々の代表性が問題に取り上げられる場合があった。とくにそれは、議会からでてきた。「地区もしくは都市全体の正当な代表は自分たち議員である。選挙を経て選ばれていない住民が、地区のまちづくりを唱えるのはおかしい」といった批判である。

これらのまちづくり運動に対する議会側の批判に対しては、行政学者からも都市計画学者からも反論がでてきた。たとえば都市計画学者の日笠教授は、住民の価値観が多様化し、また地区ごとのニーズも多様な時代にあっては、これらの多様性に対応するために議会への直接請求といった仕組みだけでは対応出来なくなっており、ここに住民参加が必要になってきている。またまちづくり運動は公平性の原則に反しているという意見に対しては、特定の地区のまちづくり運動が他の地区の都市整備のモデルとなるという。[6]

時代が進むと、議会からまちづくり条例や自治条例制定の動きがでてきた。地域住民パワーに突き動かされて議会で条例化せざるを得なくなったところもあろう。その後、まちづくり条例や自治基本条例の制定で議会のまちづくりに対する態度が変化していく。

議員は自治体全体としての政策を議論するより、自分を選出してくれた特定地区の利害を主張する傾向になった。このような議員たちの体質に対して、まちづくり条例や自治基本条例が反省を促す大きな動機となっていったと考えられる。

1990年以降は全国各地で、それまで以上にまちづくりに関する条例が作られていった。

---

6 日笠端『コミュニティの空間計画、市町村の都市計画1』(共立出版、1997年)、268-269頁。

6　行政は地区のまちづくりにどのように対処してきたか

　地区毎の環境整備計画などを策定する場合、地区住民からは多様な意見、課題がでてくる。そのため、地区整備計画を策定しようとする場合、行政は都市計画課などのみならず、財政課や市民課、産業課など、様々な関係部署が横断的にプロジェクト・チームを作って、対応する場合が多い。なぜこんなことになるのかといえば、行政は縦割りで業務を進めているからである。もっというと各所管課は市長と繋がっているとともに、県庁や国の各所管組織から強い指導を受けている。地方自治の原則になってからも、基本的にはこの組織形態は変化していないのである。

　行政の体質として、公平性の原則がある。一つに地区だけに投資をするわけにはいかない、となる。まちづくりは一般に特定の地区の運動である場合が多い。また全市レベルでの運動であったとしても、それを実行に移そうとすると、特定の地区だけでは不公平であるという批判が必ず出る。

　地域の景観計画を住民の参加で作り、地域の景観まちづくりを推進しようとするとき、地域の道路計画や市街地景観、集落景観、自然景観等毎に残すべき景観を定めていかなくてはならないが、**ワークショップ形式**で地域住民の意見を吸い上げ、行政職員と専門家とで審議していこうとする。そのときに関連する行政の所管課としては都市計画課のほかに道路課や農業振興課、企画課、市民課など、多くの所管課の協働が必要になるが、同時に関連する法律として、景観法、都市計画法、建築基準法、都市緑化法、屋外広告物法、自然景観法、道路法などのほかに、各種条例や地区住民の景観協定や建築協定、緑地協定などが必要になる。行政としては、ほぼ全庁的な体制を組むとともに、ワークショップを進めていくための住民参加の推進方法を行政職員がマスターしなくてはならない。

　まちづくりを進めていくには、行政に対して、より多くの法令の利用と専門化、

さらにイニシアティブが要求されるようになった。

　基本構想や基本計画といった市町村計画の策定における住民参加も、まちづくりにおいては重要な場面である。しかし、現実には学識経験者や議会の議員、そして連合町内会、商工会などの各種団体の長等をメンバーとする計画策定委員会で、計画案が審議されたあと、インターネットなどで公表し、一般市民から意見を集めるといった「住民参加」（**パブリックコメント**という）が行われるといった形式的な「参加」にすぎなかった。

　計画案づくりの初期段階から住民参加を進めることは、非常に多くの時間と労力を必要とし、参加への呼びかけに応じる市民も語句少数であり、特定の利害代表が参加してくる危険性もあったりして、なかなか困難なことも事実である。しかし、この経験を経験することによって、初めて住民と行政との**協働**が生まれてくる。

7　まちづくり活動を支援する体制、人材、組織

　住民主体のまちづくり活動を支援する体制、組織を行政はどのように用意してきたのか。行政が住民参加のまちづくり計画を策定しようとするとき、多くは民間のまちづくり会社をコンサルタントとして雇う場合が多い。

　地域住民と行政との間にあって、まちづくり活動を支援するのが、まちづくり専門家である。まちづくりNPOともいう。このような専門家があることによって、住民と行政との協働によるまちづくりが可能になったともいえる。

　住民でないとわからない課題、思いつかない発想や視点があることも事実である。しかし専門家が知る課題、専門家でないと発想できない視点や技術があることも事実である。故に住民の発想や知識を取り入れながら、都市計画の専門家は専門知識をいかし、専門の立場から仕事をしていくことが大切である。民間の都市計画専門家やNPOまちづくりの専門家が現場の住民にどのような支援をするのかといった課題もある。行政とは違った都市計画の専門家がまち

づくりNPOなどの専門家と連携して、支援をしていく体制などの制度的な整備などが必要になっている。

8 おわりに

　住民主体のまちづくり活動がでてきてから、都市計画行政はどのように変わろうとしているのかという問題意識でこの章は出発してきた。1980年代後半から行政と住民とが相互に共同する傾向が出てきた。また1995年の阪神淡路大震災をきっかけとしてNPO法が成立し、国民の中に多くのまちづくり活動が活性化してき、また基礎自治体レベルで、住民と行政とが**協働**する条例が多く制定されてきた。

　こういった活動を受け、都市計画の分野においても住民参加の手法を開発し、また都市計画法の改正も行われてきた。行政の分野においてもまちづくり活動の活性化を受けて、縦割り行政の仕組みを脱するような横割りの仕組みづくりやプロジェクト方式が工夫されてきた。地方分権改革を受けて、都市計画の決定権限が基礎自治体におりてきてもいる。

　このような動きのなかで、日本全体の特に都市地域での人口減少、少子高齢化の波を真っ正面からかぶり、人口増加、人口定着化政策に取り組んできている。地域創世計画の作成の動きのなかで、住民主体のまちづくりへの要請がますます強くなってきている。都市計画と住民主体のまちづくりの合体が要請される時代となっている。

　中心市街地の空洞化に対応してコンパクトシティ構想に基づく中心市街地活性計画、都市マスタープラン、自治体総合計画、景観計画など都市計画分野が取り組みべき課題は多い。その作業のなかに、住民主体によるまちづくり運動をどのように組み込んでいくのか、ほとんどの自治体はその課題を抱えている。さらに高齢化の進展を受けて、福祉系の計画づくりにおける住民参加の仕組みと都市計画系の住民参加のそれとの整合性をどう取るのか、といった課題も生

じてきている。

(中井道夫)

〈考えてみよう〉
1 イギリスで都市計画が出てきた「きっかけ」は何か。
2 明治初期に銀座レンガ街を整備した理由は何か。
3 明治初期の東京の都市問題は何だったのか。

【発展的な学習のための参考文献】
岩見良太郎『「場所」と「場」のまちづくりを歩く』麗澤大学出版会、2004年。
石原武政・西村幸夫編『まちづくりを学ぶ』有斐閣、2010年。
日笠端『コミュニティの空間計画』共立出版、1997年。
伊藤雅春ほか編著『都市計画とまちづくりがわかる本』彰国社、2016年。
藤波匠『人口減が地方を強くする』日本経済新聞出版社、2016年。
鈴木博之『都市へ：シリーズ日本の近代』中央公論新社（中公文庫）、2012年。

第20章
日本の警察

> 日本は世界でも有数の「治安の良い国」である。本章では、その治安を支える重要な柱、警察の組織・機構、具体的な施策を取り上げ、日本の警察の基本的な姿をわかりやすく示したい。一国の治安は警察力のみで保たれるものではない。市民の倫理、正義感、防犯意識が警察の諸々の活動と結びつくことで、初めて成果に結びつくことはもちろんであるが。
>
> 日本で軍事力と警察力が分離したのは明治時代のこと。それから様々な制度、施策が行われ、幾多の変革を経て今日に至る。その歴史的な変化にも注目しよう。

1 警察前史

警察権の歴史的本質は、国家意思の貫徹のため、不服従に対して直接の強制力を行使することにある。法が、その実効性を担保するための強制力がこれである。強制力発動の原由である国家意思とは、租税、兵役など国家が国民に課す数々の義務、治安を維持し犯罪を抑止するための刑事法規などの形で存在し、国家意思に反するものには実力を持って臨んだ。実力は往々にして暴力的であり、国家組織上の実力機関である軍隊が直接担当するか、武官の一部を割いてこれに当てるのが一般的である。

徳川時代の江戸を例に取ると、幕府を構成するのは全員が武士であり、非常

第三部　政策研究

　時には戦闘員となるが、府下の治安行政は文官に当たる町奉行が担当し、不足を武官である盗賊火附改が補った。町奉行は、民生全般を管理し、平時は部下を警戒に当たらせ、非違(ひい)があれば検断した。
　非違すなわち犯罪禁圧のための刑罰も、強制力の発現形態に他ならない。本来、人は自己や家族の生命、身体、財産に対する不正の侵害を未然に防ぎ、発生した侵害を排除し、侵害者に報復する権利を持つ。しかし個々が自ら警戒、防御、復讐を行うことは、却って社会の秩序を乱すものであり、国家と名の付く組織体が個人による自力救済を許容することはない。これら個々人の権利を国家が代位することで個々による権利の濫用を防ぎ、国家の権限と責任において治安を維持し、犯罪を抑止し、犯罪者を処罰して乱された治安を回復するのである。
　徳川時代、支配階層である武士は概して強権的であり、支配階層の末端近くにあって庶民と接する町奉行所の官吏もまた、庶民からみれば厳然たる支配者であった。刑事手続きは糾問(きゅうもん)主義[1]的であり、威嚇的な刑罰で一般予防[2]の効果を上げるなど、どこを見ても前近代的であった。この徳川が倒れ、明治政府が成立するわけだが、新政府（その中心である朝廷と西国大名家およびその家臣団）には、全国的治安維持機構も能力も存在しなかった。実際、大政奉還直後、徳川慶喜に対し、「治安維持活動は幕府時代と同様に処置せよ」という趣旨の指令が下っている。革命的政権奪取をもくろむ集団が、前政権に刑事警察権を丸投げしたのは、古今我が国の明治新政府のみである。
　このありさまは、新政府首脳に進むべき国家のヴィジョンがなかったからだが、新政府とて、治安維持を等閑視(とうかんし)していたわけではない。むしろ、幕府から引き継がざるを得なかった不平等条約、特に治外法権条項の撤廃に向け、一刻も早く国内の治安を安定させる必要があった。しかし現実に能力のない新政府

1　刑事裁判において、捜査、公訴、裁判それぞれの職掌が同一人に属している状態をさす。現代の先進国で例外なく取り入れられている弾劾主義（各権限が機構上分かれている状態）の前段階の制度である。
2　刑罰をもって、受刑者以外の一般人に対しての犯罪抑止効果を狙う考え方。

は、幕府の消滅により支配者がいなくなった旧直轄領には周辺の大名を派遣して治安活動を代行させ、300余の大名家は全く徳川時代と同様、それぞれの藩の法制による刑事司法を継続したのである。

それでも新政府は、1868（慶応4）年5月前後に刑法事務局において、旧直轄領の治安維持や全国からの伺に対応するため、非公開の内部準則としての「仮刑律」を、1870（明治3）年には刑部省が全国統一法典である「新律綱領」を、1873（明治6）年には司法省が、新律綱領の追加改正法をまとめた「改定律例」を作り、1882（明治15）年からは、フランス法などヨーロッパ各国の法制を参酌した「旧刑法」を施行した。このように比較的短期間にヨーロッパ法を受容し、それまで300に分かれていた法域を全国的に統一した一方で、これら法典運用の最先端である警察機構は、どうなっていたのだろうか。

2　警察制度の導入

1868年4月、江戸入城を果たした新政府軍は、江戸取締、江戸市中取締といった役職を置いたが、治安回復の実を上げることはできなかった。新政府は長州、薩摩など諸藩に兵を差し出させ、市中を警備させた。これを常備兵という。しかしこの兵の実際は出身不詳の犯罪者などが多く、無警察状態に陥ることもあったという。同年7月、江戸が東京と改められ東京府が設置されても状況は改善せず、この年の末、忍藩兵200人をもって東京府御用兵を編成した。**東京府兵**の始まりである。府兵の規模は次第に大きくなり、1870年には2500人にまで増員された。これもその名の通り軍隊組織であり、今日的な警察とは異なる。

この頃になると、ヨーロッパ諸国の警察機構を日本に導入せんとする気運が高まってきた。最初、元幕臣栗本鋤雲がフランスの「ポリス」について日本に紹介し、参議広沢兵助の求めに応じて、福沢諭吉がヨーロッパ諸国の警察法を翻訳した。参議西郷隆盛は、こうした警察システムの導入を強く主張し、1870年末、東京府兵に代わり「**邏卒**」3000人を置くことが決まった。邏卒は厳し

い規則を持って運用され、新首都東京の治安回復に貢献した。東京で導入された邏卒制度は、やがて地方にも普及していくことになる。

　この時の邏卒は、今日の巡査に相当する職位を指すが、前代の常備兵、府兵と異なり、刀槍を装備せず、1m弱の棍棒を携帯して職務に当たった。邏卒に応募するものは士族が多かったため、刀剣を帯びないことへの抵抗は激しかったが、これから立ち上がる近代警察が文官によって構成され、市民の保護に任ずることを明らかにするため、敢えて武器を持たせなかったのである。

　1871年7月、今日の法務省の前身である司法省が設置されると、東京府に属する邏卒の所属について議論が起こった。前出の西郷隆盛ら政府要人が、新設成った司法省に邏卒を所属させることを主張したのである。この発想は、裁判所と警察を兼ねた江戸時代の奉行所を念頭に置いたものといえよう。こうした意見が通り、翌年8月、司法省に「**警保寮**」（けいほりょう）が設置され、邏卒が移管された。この時、邏卒総長の任にあった**川路利良**（かわじとしよし）が警保助兼大警視に任ぜられ、警察機構の頂点に立った。今日に続く警視、警部の階級が定められたのもこの時である。また川路はこの年、警察制度視察のためヨーロッパ諸国に派遣された。後年、警察制度完備の基礎となったのは、川路洋行中の知見である。川路は首都警察と地方警察、司法警察と行政警察[3]など、導入が急がれる諸問題について学び、優れた報告を残している。1873年、川路の献策に従い内務省が設置されると、司法、行政の分離を徹底するため、翌年、司法省警保寮は**内務省**に移管され、全国の警察事務は内務省の下で統一されることになった。そして首都警察機構として**東京警視庁**が設置されるのも、1874年のことである。なお、邏卒が巡査と改められ、各地に「**交番所**」（交替で立番するところ）が置かれたのも同年である。

　当時の司法省は、行政機関でありながら内部に裁判所機構を持つという、

3　警察活動のうち、犯罪発生後の捜査、被疑者の逮捕など、司法権に直結するものを司法警察、犯罪予防のためのパトロール、交通規制、道路使用許可、風俗業や古物商の営業許可など、警察が行政機関として実施するものを行政警察という。

変則的な体制[4]であった。これは三権分立成立までの過渡的な措置であったが、糺問主義刑事手続きを実施した江戸期の奉行所をイメージすれば、決して不思議なことではない。しかし、旧幕府が結んだ不平等条約の改正を目指し、ヨーロッパの制度を積極的に取り入れようとする明治政府にとって、前近代的刑事司法手続きは、いつまでも容認できるものではなかった。当初、かつての奉行所のように司法行政権、裁判権、刑罰執行権に加え、刑事警察権までも独占した司法省は、次第に権限を削減されていく。その手始めが、警保寮の内務省移管であり、我が国の警察が真に近代警察としての一歩を踏み出した瞬間といえよう。以後、内務省に警察に関する権限が集められ、国家警察・首都警察を直接管理し、地方では府県において知事・県令が地方警察を管理する体制となった。この体制は、第二次大戦終結まで続く。

　司法省所管時代の警察は、前近代的糺問主義手続きの担い手として、犯罪の捜査、被疑者の逮捕、補充捜査などに任じた。ところが内務省に移ると、行政警察としての機能が重視された。そして行政警察が、司法省の担当官吏の指揮を受け、司法警察業務を執行するために「司法警察規則」という法律が作られた。（実現はしなかったが）司法権全体を掌握したい司法省と、これを快く思わない内務省の対立の跡である。

　東京警視庁は、設置からわずか3年で、予算不足から廃止のやむなきに至り、内務省に**東京警視本署**が置かれて職務を継続した。この警視本署時代で最大の事件は1877年の西南戦争であろう。西郷隆盛を首領とする薩摩私学校党が明治政府の非を鳴らして決起したこの事件では、薩摩の士族軍と、明治政府の徴兵軍が衝突したが、政府軍の一翼を担って警視庁警視隊が激戦を繰り広げた。この頃の巡査、警部などの警察官は士族出身者が多く、田原坂の戦いで決死の斬り込みを敢行した抜刀隊は有名である。戦後、鹿児島の治安回復まで、現地

4　司法省の中に、今日の最高裁にあたる司法省裁判所をはじめとする裁判所機構が置かれ、司法卿が裁判所の長を兼任した。

の治安維持活動にも任じたが、近代警察とは思えぬ武断的性質が発揮されたこの時期は、極めて特異な時代であった。この状況は政府の好むところではなく、川路利良を再びヨーロッパに送り、警察制度の視察を行わせた。しかし川路は彼の地で病を得、1879年、帰国して間もなく死去した。

　戦前の日本の警察は総じて中央集権的ではあるが、警視本署時代は、内務省が国家警察と首都警察、地方警察の全てを掌握する体制であり、集権が最高度に進んでいた。この状況に対し、川路をはじめ多くの識者が改善を訴え、1881年、**警視庁**が独立、再置されることになった。この後、内務省警保局が今日の警察庁の役割を果たし、警視庁と府県の**地方警察**による我が国の近代警察機構が成立し、昭和21年まで続くのである。

　1882年にはヨーロッパに範を採った刑法と治罪法（刑事訴訟法）が施行され、前近代的な糺問主義手続きは大幅に後退した。警察は検事の指揮を受け、犯罪発生時の捜査、被疑者の検挙等に任じたが、裁判以降の手続きには直接関与することはなくなった。これも今日まで続く近代警察の特徴の一つといえる。

3　戦後の改革

　第二次世界大戦が終わり、GHQ（連合国軍総司令部）による諸改革が始まると、警察も大きな変更を強いられた。内務省が解体され、同省が所管していた地方制度、警察制度も中央集権体制から民主的体制への変更を求められた。1946年、（旧）警察法が制定され、**国家地方警察**と**自治体警察**という二つの体制で整備された。警察法は警察民主化のため公安委員会を置くことを定め、市および人口5000人以上の町村は自治体警察が、自治体警察を置かない地域は国家地方警察が管轄することで、集権的運営を廃し地方分権を進めた。そして警察の責務を「国民の生命、身体及び財産の保護に任じ、犯罪の捜査、被疑者の逮捕及び公安の維持に当たること」とした。戦争遂行のため、思想統制や政治犯検挙なども手がけた戦前の警察とは大きく異なる。

東京を例に取ると、今日の23区を管轄する警視庁（自治体警察）と、国家地方警察東京本部が併存し、本来は対等なはずが、与えられた管轄権の違いから、国家地方警察東京本部が警視庁に優越することになった。この体制は、組織が細分化されたことで「分権」せざるを得ないものであったが、自治体警察の設置を義務づけられた市町村の財政負担は非常に重く、管轄が細分化したため広域犯罪への対応が難しく、国家警察の機能をどの組織が負うかも曖昧となるなど、弊害が目立った。1951年の警察法改正で、自治体警察の存廃を地域住民の投票で決するよう変更したところ、一千を超す自治体警察が廃止となり、管轄していた区域は国家地方警察の管轄に編入された。

1952年の独立回復に伴い、警察制度全般の改革が始まり、警察法は全面改正された。国家地方警察と自治体警察の二本立ての体制は廃止となり、再び中央集権的体制が構築された。この結果、警察庁と都道府県警察という現在の構成が成立した。

4　警察法に見る現代の警察

以下、現行の警察法の主要な条文に従い、警察機構の全体を俯瞰してみよう。

第2条　警察は、個人の生命、身体及び財産の保護に任じ、犯罪の予防、鎮圧及び捜査、被疑者の逮捕、交通の取締その他公共の安全と秩序の維持に当ることをもつてその責務とする。

2　警察の活動は、厳格に前項の責務の範囲に限られるべきものであつて、その責務の遂行に当つては、不偏不党且つ公平中正を旨とし、いやしくも日本国憲法の保障する個人の権利及び自由の干渉にわたる等その権限を濫用することがあつてはならない。

第2条に警察の責務が明示される。この責務が不当に拡大することがないよ

う第2項が置かれ、更に不偏不党、権限濫用の禁止が明言される。警察の権限が非常に強大であることから、民主社会を維持するために絶対に必要な条文である。

第4条　内閣総理大臣の所轄の下に、国家公安委員会を置く。
第5条　国家公安委員会は、国の公安に係る警察運営をつかさどり、警察教養、警察通信、情報技術の解析、犯罪鑑識、犯罪統計及び警察装備に関する事項を統轄し、並びに警察行政に関する調整を行うことにより、個人の権利と自由を保護し、公共の安全と秩序を維持することを任務とする。

警察の民主的運営のために、国家公安委員会が置かれる。内務省による警察権独占への反省から、「個人の権利と自由を保護」「公共の安全と秩序を維持」という目的が明示される。

第15条　国家公安委員会に、警察庁を置く。
第16条　警察庁の長は、警察庁長官とし、国家公安委員会が内閣総理大臣の承認を得て、任免する。
2　警察庁長官（以下「長官」という。）は、国家公安委員会の管理に服し、警察庁の庁務を統括し、所部の職員を任免し、及びその服務についてこれを統督し、並びに警察庁の所掌事務について、都道府県警察を指揮監督する。

警察の中央集権的性質は、警察庁によって形作られる。しかしそれは、警察行政の均質性維持のためにあるもので、警察庁自体が国家公安委員会の管理下に置かれるという時点で、戦前の内務省とは大きく異なるものである。

第27条　警察庁に、警察大学校を附置する。
第28条　警察庁に、科学警察研究所を附置する。

第29条　警察庁に、皇宮警察本部を附置する。

　これらは警察庁の附属機関である。警察幹部の育成、科学捜査等の警察全体として取り組むべき課題についての研究、皇族の警衛は警察庁の重要な任務である。

第30条　警察庁に、(中略) 地方機関として、管区警察局を置く。

　東北、関東、中部、近畿、中国、四国、九州に管区警察局が置かれ、北海道警と警視庁以外の府県警察を分掌する。

第36条　都道府県に、都道府県警察を置く。
2　都道府県警察は、当該都道府県の区域につき、第二条の責務に任ずる。
第38条　都道府県知事の所轄の下に、都道府県公安委員会を置く。
第47条　都警察の本部として警視庁を、道府県警察の本部として道府県警察本部を置く。
2　警視庁及び道府県警察本部は、それぞれ、都道府県公安委員会の管理の下に、都警察及び道府県警察の事務をつかさどり、並びに第三十八条第四項において準用する第五条第五項の事務について都道府県公安委員会を補佐する。
3　警視庁は特別区の区域内に、道府県警察本部は道府県庁所在地に置く。
4　警視庁及び道府県警察本部の内部組織は、政令で定める基準に従い、条例で定める。
第48条　都警察に警視総監を、道府県警察に道府県警察本部長を置く。
2　警視総監及び道府県警察本部長（以下「警察本部長」という。）は、それぞれ、都道府県公安委員会の管理に服し、警視庁及び道府県警察本部の事務を統括し、並びに都警察及び道府県警察の所属の警察職員を指揮監督する。

第三部　政策研究

　警察庁と国家公安委員会の関係と同様、都道府県警察は各その都道府県の公安委員会の管理下に置かれ、それぞれに本部長以下の役職者、内部組織をもつ。警察の民主的運営のために、絶対に必要な条文である。

第 56 条　都道府県警察の職員のうち、警視正以上の階級にある警察官（以下「地方警務官」という。）は、一般職の国家公務員とする。

　警察官は地方公務員であるが、警視正以上に昇任したものは、「地方警務官」とよばれる国家公務員に身分が変わる。都道府県警察において管理の責任を負うべき高い階級に達したものは、統一的な警察行政実施のため、警察庁の指揮下に入るのである。

第 59 条　都道府県警察は、相互に協力する義務を負う。
第 60 条　都道府県公安委員会は、警察庁又は他の都道府県警察に対して援助の要求をすることができる。
第 60 条の三　都道府県警察は、広域組織犯罪等を処理するため、必要な限度において、その管轄区域外に権限を及ぼすことができる。
第 61 条　都道府県警察は、居住者、滞在者その他のその管轄区域の関係者の生命、身体及び財産の保護並びにその管轄区域における犯罪の鎮圧及び捜査、被疑者の逮捕その他公安の維持に関連して必要がある限度においては、その管轄区域外にも、権限を及ぼすことができる。

　警視庁及び道府県警察は、それぞれの都道府県を管轄するが、相互に協力し、他県に援助を求めることもできる。更に広域犯罪や、管轄区域住民の生命に係わる事態など、必要な場合には管轄区域外で権限を行使できるのである。管轄区域に拘り、警察としての実効を挙げられなかった自治体警察時代の反省が現れている。

第62条　警察官（長官を除く。）の階級は、警視総監、警視監、警視長、警視正、警視、警部、警部補、巡査部長及び巡査とする。

警察官の階級は、上の条文に定められたとおりである。なお（長官を除く。）とは警察庁長官のことで、これは職位であって階級ではない。

5　警察の内部機構

上の警察法47条4項には「警視庁及び道府県警察本部の内部組織は、政令で定める基準に従い、条例で定める」とある。ここでは山梨県警を例に、小規模県の警察本部機構を紹介しよう。

山梨県警察は、山梨県知事の所轄に属し、3人の公安委員の管理を受ける。本部には本部長の下に警務部・生活安全部・刑事部・交通部・警備部・総務室、警察学校、12の警察署が存する。各部の主な任務は、

　警務部　採用人事、監察、留置場管理、福利厚生など。

　生活安全部　地域課、少年・女性安全対策課、通信指令室、航空隊、鉄道警察隊などを傘下に持ち、防犯、治安維持、救助活動など幅広く取り扱う。

　刑事部　刑法犯を捜査、逮捕することを主目的とする。

　交通部　交通企画、交通規制、運転免許など、道路交通に関する行政活動、交通取締などの司法警察活動を通じて円滑な交通を守る。

　警備部　機動隊を傘下に持ち、大規模警備や災害派遣などに備える。

　総務室　民間の総務に相当し、広報や警察音楽隊など、市民との接点となる活動も多い。

6　現代警察の諸問題

　全国の刑法犯認知件数（警察が事件として把握した件数）は、平成14年の285万件をピークに減少を続けている。平成27年には109万件、26年比で9％以上の減少を記録した。対する検挙率は、平成13年に20％を切る最低水準に落ち込んだが、近年は30％台に回復した。これを殺人、強盗などの重要犯罪に限ってみると、認知件数は減少傾向にあるが、殺人はほぼ100％、強盗も80％に近い検挙率を上げている。この結果、我が国は「治安の良い国」という評価を世界中から受けるのである。

　とはいえ犯罪を根絶することは不可能であり、新しいタイプの犯罪も次々と発生する。我が国の警察が直面するのは、時代に応じて変化する新たな犯罪への難しい対応である。いくつかの実例を紹介してみよう。

（1）組織犯罪対策

　暴力団や極左テロ集団など、我が国にも組織をもって犯罪を実行しようと企む集団が存在する。極左テロや過激思想集団に対しては**破壊活動防止法**、暴力団に対しては**暴力団員による不当な行為の防止等に関する法律**、通称暴力団対策法を定めて、その撲滅を目指している。しかし近年、国内最大の組織暴力団山口組が分裂し抗争を始めたことが報じられ、社会に衝撃を与えた。警察では、暴力団の組事務所の使用禁止、財源を絶つため市民が暴力団と関係を持たないよう呼びかけることなど、様々な対策を実施している。山梨県でも先年、暴力団の分裂を巡って抗争が激しくなったが、警察の懸命な封じ込め策が功を奏し、分裂した組織は解散を届け出た。[5]

5　山梨日日新聞・2016年2月20日29頁。

（2）特殊詐欺対策

　犯罪の認知件数は顕著に減少しているが、増加傾向が止まないのが特殊詐欺である。犯行の発端が電話であることから、山梨県警ではこれを**「電話詐欺」**と呼称し、被害防止のため様々な対策を講じている。犯人の検挙がもっとも効果的な抑止対策だが、現金の引き出しなど、人目に付く危険を冒す部分を実行する、金で雇われ、犯罪グループの上層部については何も知らされていない若者などが逮捕されることがあるが、犯罪全体を計画するなど、悪質性の高いメンバーが逮捕されることは希である。そこで高額の現金引き出し、送金などを行おうとするお年寄りに、金融機関職員が声をかけるなど、地道な方法で犯罪の成功率を下げることが、現在もっとも有効な対策となっている。

（3）ストーカー犯罪

　ストーカーも認知件数が減らない犯罪の一つといえ、過去3年間、21000件以上の認知件数が続いている。恋愛感情のもつれから犯行に及ぶケースが多く、類似の関係性における事案として夫婦間のDVやデートDV等も増加傾向にある。当初警察は、個人的な恋愛感情に起因する行為とみて積極的な関与を控える傾向があったが、1999年の桶川ストーカー殺人事件をきっかけに「ストーカー」が犯罪行為として認識されるようになり、翌年、**ストーカー規制法**が制定された。しかし2009年、新橋で女性店員が店の客に殺害される事件が発生し、2011年には長崎ストーカー殺人事件が発生した。この事件では複数の県をまたいで事件が進行し、県警間の情報共有にも問題があって犯行を防ぐことができなかった。

　その後も逗子、三鷹で殺人事件が起こり、警察は相談対応を行う生活安全部門と事件捜査を行う刑事部門の連携強化、公費による一時避難など、被害を未然に防ぐための施策を展開している。

（4）高齢運転者の重大事故

　高齢者が認知症や、運動能力・判断能力の低下を自覚せずに自動車を運転して事故を起こす事例も増えている。正確には、交通事故全体が減少傾向にある中で、高齢者が加害者、被害者になる事故だけは、目に見えて増加しているわけではないが、減少していないのである。そこにマスコミがセンセーショナルな報道を行い、あたかも増加しているような印象を与えている。しかし高齢運転者の**免許返上**がなかなか進まないでいたところ、いくつかの事故が報道されたことをきっかけとして、全国で免許証返上が増えたことが報告された。免許を返上しても高齢者の足を確保できるような施策を、警察と自治体等が協力して推進することが必要である。

（5）体感治安[6]の向上

　既に述べたように、日本の犯罪認知件数は減り続け、重大犯罪を中心に高い検挙率が続く。つまり市民の周りから犯罪が減少しているのだが、市民の多くが「安心・安全」を体感しているか、というと必ずしもそうではない。これは過剰な報道によって危機感を煽られる等、さまざまな原因が考えられるが、警察官を増員する、パトロールを強化する等、警察組織の活動のみで改善できる問題ではない。市民が積極的に安全確保のために活動すること、防犯ボランティアや青パトなど、さまざまなレベルの活動を地道に続けることが絶対に必要である。活動を通じ、地域社会の安全なところ、危険なところをしっかりと見極め、危険なところは警察や行政と連携して改善を図ることで、漠然とした不安要因を減らすことができる。危険を感じる以前の不安を減らすことが、安心・安全

---

[6] 人が主観的に感じる治安状態を指すことばで、近年使われはじめた。認知件数や検挙件数から計算される客観的な検挙率など、数値で示される「指数治安」とは異なり、検挙率が向上しても体感治安が改善するとは限らない。例えば毎日新聞・2005年12月25日東京版朝刊3頁参照。

に繋がる。体感治安だけでなく、指数治安の改善にも貢献できるであろう。

　「警察」という語は「警戒・査察」の略であるという。「犯罪が起こらないよう厳めしく監視する」くらいの意味が読み取れるが、これは治安維持という警察本来の目的を端的に表している。犯罪者を逮捕することは非常に重要だが、犯罪を未然に防ぐことがより望ましいのは当然である。警察という強い実行力を持った組織が、いたずらに監視を強めるのではなく、社会を自らのフィールドとして積極的に関わっていこうという市民と共に、時に厳しく目を光らせ、時に温かく見守ることが、治安維持のために絶対に必要である。

（原　禎嗣）

〈考えてみよう〉
1　警察法の全文を探して通読してみよう。
2　自分の出身地の警察本部が推進する施策を調べてみよう。

【発展的な学習のための参考文献】
広中俊雄『警察の法社会学』創文社・2004年7月
田上穣治『警察法（新版）』有斐閣・1983年1月
大日方純夫『日本近代国家の成立と警察』校倉書房・1992年12月
『警察白書』昭和48年版から平成28年版まで、警察庁のHPで閲覧可能（https://www.npa.go.jp/publications/whitepaper/index.html）

索引

あ行

アイエンガー	24
アイゼンク	18
アイデンティティの危機	80
アジェンダ21	216
足尾銅山鉱毒事件	210
ASEAN	184
ASEAN地域フォーラム	188
後追い行政	211
アナウンスメント効果	24
アフガン紛争	187
安価な労働力	235
安全保障理事会	186
アンソニー・ダウンズ	82
アンダードッグ効果（under-dog）	24
アンドルー・ダンサイアー	139
育児介護休業法	225、233
池田勇人	53
意思決定	98
イタイイタイ病	210
一か二分の一政党制	36
一体性の危機	80
5つの基本理念	230
5つの列挙事由	229
一党優位政党	35
一般的スタッフ	140
一般法主義の原則	129
イデオロギー	18、19
イデオロギーの終焉	19
イラク戦争	187
インクリメンタリズム	145
イングルハート	19
ウィーン宣言	224
ウィリアム・ニスカネン	82
ウェストファリア条約	62
ウッドロウ・ウィルソン	76
ARF	188
エージェンシー	84
SDGs	217
エスニック集団	193
NPM	84、89、90
NPO	89、90
NPO法	90、271
エネルギー振り分けの裁量	146
M字カーブ	243
エリー調査	22
L.D. ホワイト	76
エンゲルス	18
王朝的国際主義	65
オーグジリア的スタッフ	140
ODA	184
大部屋主義	137
公の施設	91

索引

オピニオン・リーダー	23

か行

ガーブナー	24
海外派遣	186
海外派兵	183、186
外勤職員	146
外交	60、178、192
外国人の包摂	200
介護保険制度	240
海上自衛隊	182、186
改正育児介護休業法	225
外的政治的有効性感覚	17
開放型任用性	136
下位目的の内面化	82
科学的管理法	76
核開発疑惑	188
学習社会	253
核兵器	69
革命	46
かけがえのない地球 Only One Earth	215
舵取り	93
課税権	93
課題解決社会	263
課題設定	150、155
肩車型	238
割拠性	82、144
家庭生活における活動と他の活動の両立	231
ガバナンス	85
貨幣主義者	83
川路利良	280
環境影響評価	214
環境基準	214
環境基本計画	214
環境基本法	213
環境税	153
環境庁	212
環境と開発に関する国際連合会議	216
環境と開発に関する世界委員会	216
環境と開発に関するリオ宣言	216
間接差別	225
間接侵略	182
間接民主主義	5
間接民主制	3
完全合理主義モデル	79
環太平洋パートナーシップ	14
官民連携	85
関与の三原則	128
管理科学論集	76
官僚	146
官僚制	80、136
官僚制の逆機能	82
議会	95
議会基本条例	116
機関委任事務	124
機関委任事務制度	98
機関競争主義	113
機構的リベラリズム	66、67

気候変動に関する国際連合枠組み条約	216
疑似環境	21
議事機関	95、103
疑似市場の導入	84
技術的スタッフ	140
規制手法	152、160
議題設定効果	23、24
技能実習生	194
機能平等論	226
騎馬戦型	238
規範への過剰同調	82
基本的人権の尊重	5
究極の本人	95
教育基本法	262
狭義の政策	143
共産主義者	19
行政横断的政策	227
行政学研究序説	76
行政管理の理論	76
行政規則	97
強制競争入札	84
行政計画	233
行政国家	75
行政国家化現象	78
行政主体の多元化	168
『行政の科学―3つの問題』	78
協治	85
共治	85
共通だが差異のある責任	216
共通目的	79
協働	92、274、275
協働型行政	92
協働システム	79
協働体系	79
協働への意欲	79
京都議定書	217
強力効果	21、23
虚偽意識	18
近代兵器	67
欽定主義	48
均等法	233
クーデター	46
国・地方係争処理委員会	130
国と地方の関係	98
グリーン・イノベーション	217
グリーン経済	217
グローバリゼーション	193
グローバル化	70
訓練された無能力	82
計画	160
経済手法	152、161
経済調和条項	211
経済的措置	214
経済的リベラリズム	65、66
警察予備隊	54、182
形式的平等	228
警視庁	282
警備隊	182
警保寮	280

索引

血統主義	198	公職追放令	53
権威受容説	79	公正・透明の原則	129
厳格な合理的審査基準	229	高度外国人材	195
厳格な審査基準	229	交番所	280
憲政の常道	50	公民関係	92
現代的無関心	17	公民連携	85
限定効果	23	効率性	151
限定された合理性	78	高齢化社会	239
憲法大綱領	48	高齢社会	239
公益的機能	154	国際的協調	231
公害健康被害の補償等に関する法律	212	国際テロ	190
公害健康被害補償法	212	国際平和協力	179、185、192
公害対策基本法	211	国際平和協力法	186、191
公害防止事業費事業者負担法	212	国際平和支援法	191
公議	47	国際法	60
広義の政策	143	国際連合	67、179、180、183
公共サービス	90	国際連合環境開発会議	216
公共財	189、208	国際連盟	67
供給主体の多様化	91	告発型のまちづくり運動	270
公共性	162	国防の基本方針	183、190
公共政策	94、143、149	国連環境計画	209、215
公共選択学派	82	国連持続可能な開発会議	217
公共選択論者	82	国連人間環境会議	215
公共問題	89、149	国連婦人の十年	223
航空自衛隊	182	国連平和維持活動	187、191
合計特殊出生率	241	個室主義	137
公私協働	168	55年体制	36、56
公衆	11	個人のエンパワーメント	227
工場排水規制法	211	個人の尊重	227
公職選挙法	39	古代ギリシア	59

古代ローマ	60
国家安全保障戦略	190
国家間の政治	59
国家地方警察	282
国家内の政治	59
国家賠償法	167
COP21	217
古典的組織論	76
個別自衛	179
個別的自衛権	183
コミュニケーション	79
婚姻、妊娠、出産等を理由とする不利益的扱い	232

さ行

最大動員型システム	137
在日コリアン	194
作業の協同化	76
作業の標準化	76
佐藤栄作	53
サミュエル・ハンチントン	83
参画	227
参議院議員選挙	38
三権分立	5
3人1組論	139
サンフランシスコ平和条約	180
参謀的スタッフ	140
残余的福祉	244
GHQ	52
GGI	225
CCT	84
自衛隊	55
ジェファーソン大統領	77
ジェンダー平等	224、225、234
ジェンダー平等と女性のエンパワーメントのための国連機関	224
市街化区域	268
市街化調整区域	268
資格任用制	136
自己責任	246
施策	143
自主行政権	103
自主財政権	103
自主立法権	103
市場化テスト	84、91
市場原理	153
自助努力	246
自然環境保全法	212
持続可能な開発	213
持続可能な開発 sustainable development	216
持続可能な開発に関する世界サミット	217
持続可能な開発に関するヨハネスブルグ宣言	217
持続可能な開発目標	217
自治基本条例	93、116
自治事務	98
自治体警察	282

索引

自治体の憲法	116
市町村合併	98
執行機関	95、103
執行庁	84
実施過程研究	100
実質的な合理的関連性	229
実質的平等	228
執政機関	88
執政制度	27
指定管理者制度	85、91、170
シティズンシップ	3
児童虐待防止法	225
芝信用金庫事件	228
資本主義経済の調整弁	235
市民教育・主権者教育	42
事務事業	143
社会における制度又は慣行についての配慮	230
社会主義者	19
社会制御	100
社会的諸価値の権威的配分	94
社会的正義	7
社会保険診療報酬支払基金事件	228
ジャクソン大統領	77、136
衆議院議員選挙	37
就業差別	199
集権―分権	98
自由主義	5
自由主義者	19
自由主義的国際主義	65
終身雇用制	137
集団自衛	179
集団的自衛権	189、191、192
周辺事態	189
自由民主党	56
重要影響事態	191
主権	5
主権国家体制	62、63、69、71
首長	95
主要国首脳会議	70
順次回覧決裁型	141
純粋民主制	3
生涯学習	252
生涯学習社会	261
生涯学習審議会	260
生涯教育	253
消極国家	75
少数代表法	37
情報手法	152、153、163
条例	159
条例・規制の制定権	93
条例制定改廃の直接請求	111
条例制定権	103
ショー	23
職能国家	75
女性活躍推進法	235
女性差別撤廃条約	223、224
女性の貧困	223、235
職階制	138
新規学卒者の一括採用	137
新公共管理	84

索引

新公営経営	84	政策パッケージ	153、163
新自由主義	84	政策評価	151、158
森林環境税	153	政策立案	142、150、157
森林に関する原則声明	216	政治行政二分論	76、95
水質汚濁防止法	211	政治行政分断論	76
水質二法	211	政治行政融合論	78、97
水質保全法	211	政治的無関心	17
枢密院	52	政治的有効性感覚	17
スタッフ	140	政治的リーダーシップ	96
スタッフ部門	77	政治的リベラリズム	65、67
ストーカー規制法	225、289	生態系サービス	209
ストックホルム会議	215	政党	31
ストリート・レベルの行政職員	146	政党支持なし層の増大	32
スパン・オブ・コントロール	77	政党の機能	31
スポイルズ・システム	77、136	政党の逆機能	31
住友セメント事件	228	政党の衰退	31
政官（政行）関係	96	政党優位論	35
政策	142	政府開発援助	184
政策移転	150	政府間関係	97
政策過程	150	政府政策	143
政策形成	97、142	政府体系	99
政策結果	151	生物多様性条約	216
政策決定	151、157	政府の失敗	84
政策サイクル	150、158	性別を理由とする差別の禁止	232
政策実施	151、157	勢力均衡	60
政策終結	151	勢力均衡	63
政策手法	151、159	世界経済フォーラム	234
政策体系	143	石油ショック	84
政策等の立案及び決定への共同参画	231	セクショナリズム	82、144
政策波及	156	世襲議員	36

299

索引

積極国家	75
積極的格差是正措置	233
絶対的貧困	247
ゼロベース	145
ゼロベース予算	145
尖閣諸島	190
専業主婦	235
前決定過程	151
漸進主義	48、145
戦争	60
漸変主義	145
専門性と永続性に基づく官僚制	77
総合安全保障	184
総合計画	118
相対的平等	228
相対的貧困	247
総力戦	67
組織均衡理論	79
措置制度	91
存立危機事態	191

た行

代位責任説	167
第一次石油危機	185
大気汚染防止法	211
第3セクター	91
大衆	11
大正デモクラシー	51
大政翼賛会	52
代表民主主義	5
代表民主制	3
大量破壊兵器	190
多国間対話	188
多国籍企業	70
多国籍軍	186
太政官三院制	48
太政官政	48
多数決	10
多数決	2
多数代表法	37
ただ乗り	161、209
脱物質主義	19、20
WSSD	217
男女共同参画基本計画	232
男女共同参画社会基本法	223、225、230
男女共同参画社会の形成に影響を及ぼすと認められる施策	232
男女共同参画社会の形成の促進に関する施策	232
男女共同参画推進条例	234
男女雇用機会均等法	223、224、232
男女同一賃金の原則	232
男女の人権の尊重	230
男女平等	225、226、227、234、235
男女共同参画白書	226
男女平等ランキング	226
男性稼ぎ主型	244
弾道ミサイル	188、191
地域経営	89

地域コミュニティー組織	90	直接侵略	182
地域地区制度	268	直接民主制	3
地域力	271	賃金格差	235
チェスター・バーナード	78	沈黙の螺旋	24、25
地球（環境）サミット	216	ＴＰＰ	14
地球環境問題	213	DV防止法	225
知の循環型社会	262	帝国	60、63、69
地方警察	282	帝国型	60
地方公共団体の長	95	デスクワークの職員	146
地方交付税	98	伝統型無関心	17
地方自治の本旨	103	伝統的行政学	76
地方政府形態	103	電話詐欺	289
地方独立行政法人	84	胴上げ型	238
地方分権一括法	98、107、123	同一性の危機	80
地方分権改革推進計画	123	東京警視庁	280
地方分権改革推進法	123	東京警視本署	281
地方分権推進委員会	123	東京府兵	279
地方分権推進委員会の勧告	122	動作・時間研究	76
地方分権推進計画	123	同質性の基準	77
地方分権推進法	106、122	統帥権	52
地方分権の推進に関する決議	106	統制範囲の限界	77
中央環境審議会	214	東南アジア諸国連合	184
中央教育審議会	254	特定非営利活動促進法	90
中ソ同盟	180	特別法の住民投票	104、111
超高齢社会	239	独立行政法人	84
張作霖爆殺事件	51	都市化・生活型公害	213
超然主義	48	都市計画区域マスタープラン	269
朝鮮戦争	54、182	都市国家	59
朝鮮半島	180	トップダウン	139
直接差別	225	トランスナショナル	193

取り込み	82		ノエル＝ノイマン	24

な行

内閣制	48	パーソナル・コミュニケーション	23
内勤職員	146	パートタイム労働法	225
内的政治的有効性感覚	17	ハーバート・サイモン	78
内務省	280	廃棄物の処理及び清掃に関する法律	211
ナイロビ会議	215	配偶者控除	235
長い平和	69	配偶者特別控除	235
二元代表制	95	培養（涵養）理論	24
二元的代表制	113	破壊活動防止法	288
二重国籍	202	派遣労働者	197
二重統治	45	破綻国家	70
2030アジェンダ	217	鳩山一郎	53
日米安全保障共同宣言	188	パトロネージ	136
日米安全保障条約	54、180、185	パブリックコメント	274
日韓経済協力	184	public policy	149
日系南米人	195	パリ協定	217
日産自動車事件	228	晩婚化	241
日本型福祉社会論	244	晩産化	241
日本自由党	53	阪神・淡路大震災	90
日本版PFI	84	バンドワゴン（band-wagon）効果	24
日本民主党	55	繁文縟礼	82
ニューディール政策	78	PFI	84、91
人間環境宣言	215	PKO	187
ネーション・ステート	5	PPP	85
ネオ・コーポラティズム（新職能代表制）	32	東シナ海	188
年功序列制	137	東日本大震災	90、93
		非国家主体	70

は行

非婚化	241	分割統治	40
非人格性	81	分離—融合	98
非正規雇用	235	閉鎖型任用制	137
非正規社員	197	米ソ冷戦	69、180
非政府組織	70	平民宰相	51
必要最小限度の相違の範囲内	229	並立型	60
ヒトラー	21	平和安全法制	183、190、191
皮膚注射モデル	21	ベトナム戦争	185
標準化された作業の統制	76	ベル	19
貧困の連鎖	235	ペンドルトン法	136
ファシスト	19	保安隊	54、182
フィリップ・セルズニック	82	防衛	178、192
フォーラムとしての議会	112	防衛出動	183
武器使用	187	包摂	82
福祉国家	75	法定外税	131
不就学	203	法定主義の原則	129
不戦条約	67	法定受託事務	98
普通税	160	法適用の裁量	146
普通選挙法	51	法の支配	5
復古	47	暴力団員による不当な行為の防止等に関する法律	288
プライミング効果	24		
プラン	233、234	ポール・アップルビー	78
フランク・グッドナウ	76	補強効果	23
フランクリン・ルーズヴェルト	22	ポジティブ・アクション	229、233
フランクリン・ルーズベルト大統領	78	保守合同	56
フリーライダー	209	保守主義者	19
ブルントラント委員会	216	補助機関	95
フレーミング効果	24	補助金	98、161
フレデリック・テーラー	76	補助的スタッフ	140
プロジェクト・チーム	142	POSDCoRB	77

細川護熙	56	無差別圏	79
ボトムアップ	139	明治維新	46
ポピュリズム	32	命令系統一元化の原理	142
ボランティア	89	命令系統の一元化	77
policy outcome	151	メリット・システム	136
policy cycle	150	免許返上	290
		目的・手段の連鎖構造	143

ま行

		目的税	160
		目的の転移	82
		持ち回り決裁型	141
マイケル・リプスキー	146		
マコームズ	23		
まちづくり会社	271		

や行

マッカーサー	52		
マックス・ウェーバー	77、81	優しさの中の差別	231
マネタリスト	83	安上がりの政府	75
マルクス	18、19	やむを得ない理由	229
満足化原理	79	UN Women	224
満足化モデル	79	UNCED	216
未婚化	241	有権解釈	55
南シナ海	188、190、191	有効性	151
ミルトン・フリードマン	83	ユーロ	70
ミレニアム開発目標	217	UNESCO	253
民間非営利組織	90	UNEP	215
民主自由党	53	要綱・要領	161
民主主義	95	要綱行政	162
民主政治	2、9	予算極大化仮説	83
民主的正統性	95	吉田茂	53
民族学校	203	予測可能性	81
無関心圏	79	世論	20、21
無作為抽出	20、21	世論調査	20

ら行

ライン	140
ライン部門	77
ラザースフェルド	21、22、23
邂卒	279
リアリズム	68、70
リースマン	17
リオ・サミット	216
リオ＋20	217
リカレント教育	253
陸上自衛隊	182
リコール	111
立憲主義	5、6
リップマン	21
リベラリズム	65、68、70
猟官制	77、136
稟議制	140
臨時教育審議会	257
リンダル・アーウィック	76
ルーサー・ギューリック	76
レッセフェール	84
レッドテープ	82
連結政府	85
連合国軍総司令部	52
連立政権	36
労働基準法	225、228、232、233
ロッド・ローズ	85
ロバート・ダール	78
ロバート・マートン	81
ロンドン軍縮会議	51

わ行

ワークショップ形式	273
われら共通の未来　Our Common Future	216
湾岸戦争	186

著者略歴

■**江藤俊昭**（えとう・としあき）
　山梨学院大学法学部教授　博士（政治学）
　専攻：地域政治論、政治過程論
　中央大学大学院法学研究科博士後期課程満期退学
　主要著書・論文
　『地方議会改革の第2ステージ』（ぎょうせい、2016年）
　『地方議会改革の最前線』（編著、学陽書房、2015年）

■**大髙瑞郁**（おおたか・みずか）
　山梨学院大学法学部准教授　博士（社会心理学）
　専攻：社会心理学
　東京大学大学院人文社会系研究科博士課程修了
　主要著書・論文
　『社会心理学：過去から未来へ』（共著、北大路書房、2015年）
　『成人形成期の子どもの父親に対する態度を規定する要因：父親からの行動に関する子どもの認知に着目して』（共著、『社会心理学研究』31号、2015年）

■**小笠原高雪**（おがさわら・たかゆき）
　山梨学院大学法学部教授
　専攻：国際政治
　慶応義塾大学大学院法学研究科政治学専攻博士課程単位取得満期退学
　主要著書・論文
　『「米中対峙」下のASEAN』（共著、明石書店、2014年）
　『平和構築へのアプローチ』（共著、吉田書店、2013年）

■**清水知佳**（しみず・ちか）
　山梨学院大学法学部准教授、博士（環境学）
　専攻：行政法、地方自治
　上智大学大学院地球環境学研究科博士後期課程単位取得満期退学
　主要著書・論文
　『福島原発事故と法政策』（共著、第一法規、2016年）

■竹端　寛（たけばた・ひろし）
山梨学院大学法学部教授　博士（人間科学）
専攻：社会福祉学、福祉社会学
大阪大学大学院人間科学研究科博士後期課修了
主要著書・論文
『枠組み外しの旅－「個性化」が変える福祉社会』（青灯社、2012年）
『権利擁護が支援を変える―セルフアドボカシーから虐待防止まで』（現代書館、2013年）

■外川伸一（とがわ・しんいち）
山梨学院大学法学部教授、政治行政学科長
専攻：行政学、地方自治論
早稲田大学大学院経済学研究科博士前期課程修了
主要著書・論文
『分権型社会における都道府県改革の視座』（公人の友社、2001年）
『地方分権と法定外税』（公人の友社、2002年）

■中井道夫（なかい・みちお）
山梨学院大学法学部教授
専攻：都市社会学、都市政策
創価大学大学院文学研究科社会学専攻博士後期課程単位取得満期退学
主要著書・論文
『人間と地域社会』（共著、学文社、1997年）
「19世紀における公衆浴場政策の日英米比較」（『法学論集』68号、2011年）

■永井健夫（ながい・かつお）
山梨学院大学法学部教授
専攻：成人学習論
東京大学大学院教育学研究科博士課程単位取得満期退学
主要著書・論文
「成人学習論としての省察的学習論の意義について」（『日本の社会教育』第48集、2004年）
『よくわかる生涯学習 [改訂版]』（共編著、ミネルヴァ書房、2016年）

著者略歴

■原　百年（はら・ももとし）
山梨学院大学法学部教授、国際交流センター長
専攻：ナショナリズム論
テキサス大学オースチン校大学院博士課程退学（政治学修士）
主要著書・論文
『ナショナリズム論　社会構成主義的再考』（有信堂、2011年）
『ナショナリストたちのネーションの語り―ガーゲン・モデルの応用』（『社会志林』60号、2014年）

■原　禎嗣（はら・よしつぐ）
山梨学院大学法学部教授
専攻：日本法制史
慶応義塾大学大学院法学研究科後期博士課程単位取得退学
主要著書・論文
『法学概論』（共著、慶応義塾大学出版会、2015年）
『日本法制史講義ノート（第2版）』（共著、慶応義塾大学出版会、2012年）

■日髙昭夫（ひだか・あきお）
山梨学院大学法学部教授、副学長
専攻：自治体行政学
中央大学大学院法学研究科博士課程前期課程修了（法学修士）
主要著書・論文
『地域のメタ・ガバナンスと基礎自治体の使命』（イマジン出版、2004年）
『コミュニティ事典』共編著（春風社、2017年）

■丸山正次（まるやま・まさつぐ）
山梨学院大学法学部教授，法学部長、学習・教育開発センター長
専攻：環境政治理論
慶応義塾大学大学院法学研究科博士過程単位取得満期退学
主要著書・論文
『環境政治理論』（風行社、2006年）
『岩波講座　政治哲学6―政治哲学と現代』（共著、岩波書店、2014年）

■山内幸雄（やまうち・ゆきお）
山梨学院大学法学部政治行政学科教授
専攻：憲法学、男女共同参画法制論
近畿大学大学院法学研究科公法学専攻博士課程単位取得退学
主要著書・論文
『日本国憲法講義』（共編著、啓正社、1997 年）
『行政の透明性』（共同執筆、第一法規、1997 年）
『未来につなげる男女共同参画』（共同執筆、生活思想社、2013 年）

政治行政入門（新版）

2017年9月5日　初版発行

　　著　者　　山梨学院大学政治行政研究会
　　発行人　　武内英晴
　　発行所　　公人の友社
　　　　　　　〒112-0002　東京都文京区小石川5－26－8
　　　　　　　ＴＥＬ 03－3811－5701
　　　　　　　ＦＡＸ 03－3811－5795
　　　　　　　Ｅメール info@koujinnotomo.com
　　　　　　　http://koujinnotomo.com/